SABINE APPEL

Caroline Schlegel-Schelling

SABINE APPEL

Caroline Schlegel-Schelling

Das Wagnis der Freiheit

C.H.BECK

Satz: Fotosatz Amann, Aichstetten
Druck und Bindung: CPI – Ebner & Spiegel, Ulm
Umschlaggestaltung: Geviert – Büro für Kommunikationsdesign, München, Christian Otto
Umschlagabbildung: Caroline Schlegel-Schelling, Portrait von Johann Friedrich August Tischbein, 1798, Foto: © Wolfgang Kunz
Gedruckt auf säurefreiem, alterungsbeständigem Papier (hergestellt aus chlorfrei gebleichtem Zellstoff)
Printed in Germany
ISBN 978 3 406 64626 3

www.beck.de

INHALT

Professorentochter in Göttingen
1763–1784

Dorothea Caroline Albertine Michaelis wurde am 2. September 1763 in Göttingen im Kurfürstentum Hannover geboren. Sie wuchs gegenüber der Universitätsbibliothek auf, nachdem ihr Vater, der renommierte Professor Johann David Michaelis, der an der noch jungen Georgia Augusta orientalische Sprachen und Theologie lehrte, 1764 das Haus an der Mühlenpforte gekauft hatte. Erworben zum stolzen Preis von 4300 Talern und großzügig umgebaut für weitere 3000 Taler, war der einstmals vornehme Gasthof (die «Londonschenke») als Heim der Familie, in dem der Hausherr auch Vorlesungen abhielt und dessen Seitenflügel an Studenten vermietet wurde, das prächtigste Haus in der Stadt. Das war Professor Michaelis seinem Ruf schuldig. Johann David Michaelis stand im Zenit seines Ruhms. Besucher von nah und fern säumten sein Haus, darunter Lessing und Alexander von Humboldt, 1766 sogar Benjamin Franklin.

Die kleine Caroline bekam das allenfalls in der Peripherie mit. Ihre Mutter, Louise Philippine Antoinette Schröder, war die zweite Frau des Professors, zweiundzwanzig Jahre jünger als er. Das Porträt zeigt eine üppige, attraktive Blondine. Doch diese Mutter war freudlos, nervenschwach und latent depressiv, wenig mit mütterlicher Wärme gesegnet, dafür aber von rigider Strenge und übertriebener Ordnungsliebe. Ihre Verfassung hatte vielleicht auch nicht wenig mit den neun Schwangerschaften zu tun, die sie in relativ kurzer Folge durchlebte. Von einer Liebesheirat mit dem Professor konnte schwerlich die Rede sein. Sie war die Tochter des Göttinger Oberpostcommissarius, und sie brachte Vermögen mit in die Ehe, nachdem Michaelis' erste Frau Friederike, von der er bereits einen Sohn hatte, nach zehnjähriger Ehe gestorben war. Die nervenschwache, allen Aufregungen abholde Mutter und der leicht aufbrausende Vater, deren Verbindung doch immerhin äußerst fruchtbar war, zwischen denen aber auch eine ganze Generation stand und ein beträchtlicher Temperamentsunterschied, arrangierten ihr Zusammenleben einschließlich Kindern, Hauswirtschaft und Lehrbetrieb so, dass die Lebensbereiche völlig getrennt waren, was aufgrund der großzügigen Verhältnisse in dem weiträumigen Haus ohne weiteres möglich war. Das Schlaf- und Arbeitszimmer des Vaters befand sich im ersten Stock, während Mutter und Kinder – außer Caroline überlebten aus dieser Ehe lediglich drei weitere Kinder – im Erdgeschoss wohnten. Die Mahlzeiten, bis auf das Abendessen, nahmen alle getrennt ein, in ihren Zimmern. Carolines Bezugspersonen waren, wie es scheint, ihre Geschwister, vor allem der innig geliebte und bewunderte, neun Jahre ältere Halbbruder Fritz. Da sie von den Kindern aus der zweiten Ehe ihres Vaters die Älteste war, lief ihre Rolle hier naturgemäß eher auf Führung und Vorleben, auf Verantwortung hinaus. Sie musste früh mit sich selbst klarkommen und akzeptierte das auch. Eine sorglose und ausgedehnte Kindheit war das wohl kaum, eher ein frühes, allzu frühes Erwachsenwerden. Auffällig ist eine erstaunliche Abgeklärtheit bei der noch kindlichen Caroline, und andererseits ihre lebenslang erhaltene natürliche Art. Beides nimmt etwas Wunder angesichts der Überspanntheiten ihrer Epoche. Es machte sie aber auch für andere ungemein attraktiv. Sie lebte aus einer inneren Mitte heraus, und das blieb auch ihr Kraftquell, was da auch kommen mochte. Manches, was sie später erlebte, hätte weniger starke Naturen zerstört. Eine weitere Abgrenzungsmöglichkeit, die auch Selbstschutz war, typisch für weibliches Leben in einer gesellschaftlichen Defensivposition, die traditionell bis dato die vorgesehene und meistens die einzige war, typisch aber auch für die Enge der Kleinstadt in einer allzu dicht gedrängten Sozialgemeinschaft, und sei es auch eine durch die Universität dominierte, war der Spott. Caroline hat sich hier sehr früh geübt. Sie musste einstecken, und sie teilte auch aus, und das tat weh bei ihr; sie war niemals zimperlich mit ihrem Gegenstand. Sie erwies sich als die geborene Rezensentin, als sie zum Schluss ihre Rolle fand.

Was bedeutete es, eine Professorentochter zu sein? Caroline Michaelis teilte das Schicksal in Göttingen mit Philippine Gatterer, Therese Heyne, Meta Wedekind und Dorothea Schlözer, der ersten zum Dr.

phil. promovierten Frau Deutschlands. Die Werdegänge der fünf Mädchen sind unterschiedlich, aber haben doch einen gemeinsamen Nenner: die Selbstverständlichkeit eines hochgebildeten Umfelds, das nicht nur Bildungsimpulse verlieh, sondern auch die gesellschaftlichen Rahmenbedingungen abgab, um gegebenenfalls die eigene Produktivität anzuregen. Das Problem dabei war nur: Ein Gelehrten- und Künstlerdasein war für Frauen nicht vorgesehen; derartige Anwandlungen endeten spätestens mit der Ehe. Wie diese fünf Göttinger Mädchen ihren spezifischen Weg dennoch weiterverfolgten, in einer überaus spannenden Zeit, die vieles zur Disposition stellte, werden wir sehen. Caroline war ausnehmend sprachbegabt. Sie lernte Englisch, Französisch und Italienisch nahezu mühelos, sie las Shakespeare, Milton, Pope, Hume und Young im Original, mit Sicherheit auch die empfindsamen Romane aus England, und sie fertigte zum Zeitvertreib Übersetzungen an, zum Beispiel aus dem Italienischen die Komödien Goldonis. Und natürlich ging sie auch ins Theater, dessen Programm gemischt war wie alle zeitgenössischen Bühnen, die das Haus voll kriegen und zusehen mussten, einem breiten Publikumsgeschmack zu genügen. Carolines Lektüren und auch die modernen Fremdsprachen hatten mit der Wissenschaft ihres Vaters allerdings nichts zu tun. Auch pflegen Professoren bei den Familienmahlzeiten selten über ihre Forschungsgebiete zu sprechen, und außerhalb dieser Abendmahlzeiten hatte Caroline mit ihrem Vater vermutlich wenig Kontakt. Sie hatte diverse Privatlehrer und weilte drei Jahre auf einem Gothaer Pensionat; Näheres wissen wir nicht. Unmittelbar inspirierender in ihrem Elternhaus waren wahrscheinlich die vielen illustren Besucher und die Berühmtheit des Vaters, sofern sie den Gegenstand wiedergab, also die weltbewegenden Dinge abspiegelte, mit denen er sich beschäftigte. Er war ein Kenner der alten Sprachen, beherrschte Hebräisch, Arabisch, Syrisch und Aramäisch. 1761 hatte er König Friedrich V. von Dänemark zu einer Expedition in den Jemen inspiriert. Von dieser Reise kehrte 1767 als einziger Überlebender der Kartograph Carsten Niebuhr zurück, der Michaelis die Antworten auf seinen Fragenkatalog vorlegte, womit dieser im Sinne von Montesquieus «Geist der Gesetze» arabische Brauchtümer

Johann David Michaelis, um 1780

auf die mosaischen Gesetze bezog. Michaelis hat eine Lebensbeschreibung verfasst, in der er ein wenig akademische und gesellschaftliche Rechenschaft ablegte sowie seinen Nachruhm absicherte. Er galt als eitel, als geltungsbewusst. So ging er gerne gestiefelt und gespornt in die Vorlesung, *«den Degen an der Seite, die Bibel unterm Arm»*. Seine Vorlesungen aber waren höchst unterhaltsam, in freier, fließender Rede gehalten und gelegentlich mit deftigen Zoten gewürzt. Georg Christoph Lichtenberg, auch ein Göttinger Unikat, mokierte sich über Michaelis' Lust an der Selbstdarstellung und über sein professorales Gehabe. Und dann sein Geiz, über den man in der Stadt klatschte! In seinem der großen Welt geöffneten Haus gebe es dürftig zu essen, so hieß es. Er befleißige sich einer *«Ängstlichkeit im Erwerben»*, zum Beispiel bei Buchhändlern, zähle gerne die Louisdor und gebe keinem Straßenbettler auch nur einen Heller. Das tat er wirklich nicht, weil er glaubte, dass diesem damit nicht geholfen sei. Als in Göttingen später eine systematische Armenfürsorge eingerichtet wurde, gab Michaelis von allen Bürgern das meiste. Er war ein Aufklärer, so wie zahlreiche andere Göttinger Zelebritäten. 1717 in Halle geboren, und zwar als Sohn des Theologen und Orientalisten Christian Benedikt Michaelis, der unter anderen auch sein Lehrer war, besuchte Johann David in Halle zunächst medizinische, mathematische und historische Vorlesungen, um sich dann der Theologie und den orientalischen Sprachen zu widmen. Dem gingen aber diverse Glaubenskrisen, moralische Skrupel und Zweifel voraus, gewiss im Zusammenhang mit dem Leibniz-Wolffschen Rationalismus, den ihm der Vater zuführte und den er in den Hallenser Jahren studierte. Der Kandidat blieb bei der Mathesis universalis und betrieb von da aus auch seine Theologie. In seinem Lebensrückblick betont Michaelis, er sei ausschließlich Professor für Philosophie gewesen und habe nie eine theologische Professur innegehabt (wie übrigens auch keine für orientalische Sprachen, obwohl er auch diese namentlich lehrte), einen entsprechenden auswärtigen Ruf habe er bewusst abgelehnt. Michaelis wusste, warum. Es folgte eine Reise nach England, *«ganz ohne Endzweck, wie Deutsche häufig zu reisen pflegen»*. In Oxford und Cambridge war er nur noch unter Engländern, erlebte die Gastfreundschaft in England, besonders gegenüber Gelehrten und hier insbesondere gegenüber deutschen Gelehrten, und er imaginiert: Was wäre es für ein Triumphzug geworden, hätte er später, zu Zeiten seines länderübergreifenden Ruhms, diese Reise noch einmal gemacht! Die Zeit in Oxford, so Michaelis, sei die schönste in seinem Leben gewesen. Auch habe er Englisch wie eine zweite Muttersprache sprechen gelernt. 1750 wurde er ordentlicher Professor in Göttingen, ein Jahr später *«auf Hallers Verlangen Secretair der damals neugestifteten Societät der Wissenschaften»*, zehn Jahre später erhielt er den Hofratstitel. Wieder einige Jahre danach wurde er Mitglied der Pariser und der Londoner Akademie, und 1775 erhielt er gar von König Gustav III. von Schweden als erster Ausländer den Nordsternorden, der ihn berechtigte, sich «Ritter» zu nennen. Gustavs Vorgänger hatte seine lateinische Dogmatik verbieten lassen, das 1760 erschienene «Compendium theologiae dogmaticae», und der König versuchte ihn auf diese Art zu entschädigen. Der Göttinger Professor konnte nicht klagen. Und wer sagte, dass Wissenschaft keinen Ruhm brachte?

Die Gründung der Göttinger Universität erst vor wenigen Jahren fiel mit der bemerkenswerten Tatsache zusammen, dass gerade ein Hannoveraner auf Englands Thron saß: Georg August, Kurfürst von Braunschweig-Lüneburg (Kurhannover) und als Georg II. König von Großbritannien und Irland. Sein Vorgänger, der als Georg I. englischer König geworden war, war dies nur aus dem einen Grunde geworden: Er war Protestant, während der direkte Stuart-Erbe römisch-katholisch war und unter keinen Umständen bereit, zu konvertieren. In einem Act of Settlement wurde James Francis Edward Stuart, Halbbruder der verstorbenen Königin Anne, als Thronfolger ausgeschaltet und der hannoveranische Anwärter von Gottes Gnaden zum König erklärt. Die englische Geschichtsschreibung geht nicht sehr zartfühlend mit ihren Hannoveraner-Königen um und verabsäumt auch nie, darauf hinzuweisen, dass es keineswegs so war, dass man sie wollte, sondern dass man vielmehr den anderen nicht wollte. Notgedrungen führte das Ganze dann nämlich wieder zu einer erneuten Verstrickung in die Geschicke des europäischen Kontinents. Außerdem waren den Briten die Braunschweig-Lüneburgischen auf ihrem Thron einfach zu deutsch und zu unbeweglich. Über den ersten heißt es: *«Er war klein, übergewichtig, schlecht gelaunt, und es fehlte ihm an Manieren und persönlichem Charme.»* Lady Mary Wortley Montagu bezeichnete ihn als *«ehrbaren Dummkopf»* und Lord Chesterfield als *«rechtschaffenen, schwerfälligen deutschen Gentleman, so unfähig wie unwillig, die Rolle des Königs zu spielen»*. Dass er sich meistens in seinem heimischen Kurfürstentum aufhielt und nie richtig Englisch lernte, kam bei den Briten ebenfalls nicht gut an. Auch in der nächsten Generation sammelte sich die Auflistung deutscher Klischee-Eigenschaften: Sturheit, ein etwas ungehobeltes Auftreten, hyperkorrekte Detailbesessenheit, mangelnde Flexibilität. Georg II. respektive Georg August von Hannover, der in Göttingen die «Georgia Augusta» gründete, machte sich in England gänzlich zur Karikatur, wenn er, ein Liebhaber von Militäruniformen, jeden Abend punkt sieben Uhr seine Mätresse aufsuchte und die letzte Viertelstunde bis zum Glockenschlag vor ihren

Räumen auf- und abpatrouillierte. Das Familienleben dieser bis heute im Übrigen nicht unterbrochenen anglo-deutschen Linie im englischen Königshaus sprengte an Zerwürfnissen und Skandalen ebenfalls alle nur denkbaren Grenzen. Georg I. und Georg II. überwarfen sich mit ihren ältesten Söhnen und Thronfolgern. Georg I. sperrte seine Ehefrau bis zum Lebensende in ein Schloss, nachdem er sie in flagranti mit einem Liebhaber erwischt hatte, der dann auf nie geklärte Weise ums Leben kam. Caroline, die in England äußerst populäre Gemahlin Georgs II., arbeitete dagegen mit Chefminister Sir Robert Walpole zusammen – etwas zu eng, wie man munkelte, wenn es auch sicher dem Land diente. Georg III. wurde als erster der Hannoveraner in England geboren und auch erzogen, und er war, anders als seine Vorgänger, äußerst beliebt bei seinem Volk. Leider verlor er aber auf halber Wegstrecke seinen Verstand und hielt einmal einen Eichbaum für einen ausländischen Gesandten, mit dem er über Politik plauderte, nachdem er sich höflich vor ihm verbeugt hatte. *«Das kam aber nicht alle Tage vor»*, so der historische Kommentator – dem dritten Hannoveraner nun doch einigermaßen wohlwollend gesonnen. Georg I. hat Georg Friedrich Händel nach London geholt und damit Musikgeschichte geschrieben. Händels «Rinaldo» oder sein «Amadigi» im Londoner Haymarket sind musikalische Sternstunden, für die man gerne einmal zurück in die Zeit reisen würde. Bis heute halten viele Engländer «Handel», der in der Westminster Abbey bestattet ist, für einen englischen Komponisten.

1737 wurde also die Georgia Augusta, nach Helmstedt die zweite Universität des Kurfürstentums, festlich eingeweiht und damit offiziell gegründet. Göttingen war von Anfang an als Universität der Aufklärung, als Reformuniversität konzipiert. Die theologische Fakultät hatte keine dominierende Funktion an der Georgia Augusta, sie besaß kein Aufsichtsrecht über die anderen Fakultäten, und die Forschungsergebnisse unterlagen nicht der Zensur durch die Kirche. Damit wird schließlich auch klar, warum Johann David Michaelis in seinen schmissigen Theologie-Vorlesungen ohne jegliche Probleme von oben *«soviel unanständiges Zeug»* in seine Auslegung der Bibelstellen einbringen konnte, dass man befürchtete, seine Zuhörer verlören darüber alle Hochachtung vor der Heiligen Schrift – Theologieprofessur hin oder her. Von Halle kommend, Deutschlands erster Aufklärungsuniversität, an deren Gründung der Jurist Christian Thomasius, erster Prorektor, und der Philosoph Christian Wolff von Gelehrtenseite maßgeblich beteiligt waren, konnte er sich mit dem Geist der neuen Universität gut identifizieren. Thomasius war ein Wegbereiter der Frühaufklärung. Unter anderem forderte er die Abschaffung der Hexenprozesse, während in Deutschland noch mit wissenschaftlichem Instrumentarium die Hexenlehre betrieben wurde, zum Beispiel in Leipzig, an Thomasius' ursprünglicher Universität. Er wurde dann auch von Vertretern der lutherischen Orthodoxie aus Leipzig vertrieben und las darauf an der Halleschen Reiterakademie. So kam es zur Gründung der Alma Mater Hallensis. Nach dem Beispiel Halles wurde nun auch in Göttingen der Jurisprudenz eine herausragende Rolle eingeräumt. Deutschlands damals renommiertester Staatsrechtler Johann Stephan Pütter erhielt ein Jahr nach Michaelis seinen Ruf an die Georgia Augusta. Der Schweizer Mediziner, Botaniker, eigentlich aber Universalgelehrte und sogar Literat Albrecht von Haller, Gründer der Sozietät der Wissenschaften und der noch heute erscheinenden Göttingischen Gelehrten Anzeigen, auch er eine internationale Berühmtheit, war vom Gründungsjahr an mit dabei, ging aber Anfang der Fünfziger Jahre zurück in die Schweiz. Hervorzuheben wäre auch der Mathematiker Abraham Gotthelf Kästner, nach dem ein Mondkrater benannt wurde und der in Göttingen ab 1763 die Sternwarte leitete. Wegbereiter historischer Forschung wie der Historiker Johann Christoph Gatterer und der Altertumswissenschaftler Christian Gottlob Heyne trugen ebenfalls zum hervorragenden Ruf bei, den die junge Universität sehr bald genoss. Johann Wolfgang Goethe, der zum Wintersemester 1765 von seinem Vater zum Jurastudium nach Leipzig geschickt wurde, drückt in «Dichtung und Wahrheit» in Erinnerung an diese Zeit sein Bedauern darüber aus, dass es nicht Göttingen sein konnte, obwohl er da doch viel lieber studiert hätte. «*Auf Männer wie Heyne, Michaelis und manchem andern ruhte mein ganzes Vertrauen; mein sehnlichster Wunsch war, zu ihren Füßen zu sitzen und auf ihre Lehren zu merken. Aber mein Vater blieb unbeweglich.*» Erster Kurator der Göttinger Universität war der vom Kurfürsten und englischen König eingesetzte

Minister und Geheime Rat Gerlach Adolph von Münchhausen – übrigens ein Cousin des «Lügenbarons». Münchhausen hatte ein sehr klares Bild von seiner Universität vor Augen, die unter seinen Händen gedieh: hohe wissenschaftliche Reputation der Professoren, eine zeitgemäße, sogar progressive geistige Ausrichtung, Freiheit in Forschung und Lehre und eine zahlungskräftige, gerne auch blaublütige Studierendenklientel. Der Kurator wollte, dass nicht nur Ruhm, sondern auch Geld in die Stadt hereinströmte, und er wollte die Universität, in deutlichem Unterschied zu den rüden Sitten und Umgangsformen, der Burschenherrlichkeit, Sauf- und Raufkultur in den älteren Universitätsstädten, zu einem Ort höfischer Eleganz ausbauen. Bezeichnenderweise war das Reithaus früher fertiggestellt als die Bibliothek. Es gab eine Fechthalle und Lehrveranstaltungen im Tranchieren des Wildbrets, repräsentative Logierhäuser, und im Städtchen mussten auch ausreichend Friseure für die aristokratischen Studiosi vorhanden sein. Das war schon eine andere Szenerie als in Jena, Halle, Tübingen oder Heidelberg, und es war sicherlich eine andere Realität als die der armen Schlucker, oft Theologen, die andernorts in Schlafsälen zu zwanzig Mann auf Stroh lagerten – den Vorläufern der Studentenwohnheime. 1786 würden sich sogar drei englische Prinzen, der Herzog von Cumberland, der Herzog von Sussex und der Herzog von Cambridge, alle drei Söhne Georgs III., in Göttingen immatrikulieren. Für ein allgemeines Publikum war Göttingen ein teures Studienvergnügen – das ganz gewiss. Das Konzept erwies sich jedenfalls als eine Kombination, die sich auszahlte im wörtlichen Sinn, jedenfalls für das Kurfürstentum. Alles in allem war dieses junge Eldorado ein weiteres Beispiel dafür, wie es die Pariser Intellektuelle Germaine de Staël 1803/04 bei ihrer ersten Deutschlandreise völlig verblüfft an einem anderen, viel berühmteren Genius loci festmachen würde: dass von kaum je außerhalb des Reiches buchstabierten Orten in der deutschen Provinz, zwischen Gänsen und Hühnern auf kaum befestigten Straßen geistige Leuchtpunkte ausgingen, die auf Europa ausstrahlen konnten.

Im Sommer 1766 machte der amerikanische Staatsmann Benjamin Franklin, damals Interessenvertreter der Kolonien in London, Professor Michaelis im Haus an der Mühlenpforte seine Aufwartung. Michaelis hat ein interessantes Gespräch dieses Besuchs in seinen Lebenserinnerungen dokumentiert: «*Als er bey mir speisete, redeten wir viel von America, den Wilden, dem schnellen Aufblühen der englischen Kolonien, ihrer Volksmenge, deren Verdoppelung in 25 Jahren u. s. f., und ich sagte: daß, als ich 1741 in London den Zustand dieser Colonien aus englischen Büchern und Nachrichten genauer hätte kennen lernen, wäre ich auf den Gedanken gekommen, den ich auch damals gegen andere geäussert hätte: sie würden einmahl von England abfallen; man habe mich zwar ausgelacht, ich dächte aber demohngeachtet noch so. Er antwortete mir mit seinem ernsthaften, viel sagenden und klugen Gesichte: darin irrte ich mich, die Americaner hätten eine sehr grosse Liebe zum Mutterlande. Ich sagte: das glaubte ich; allein das mächtige Interesse würde bald starck wirken, jene Liebe überwiegen, oder gar auslöschen. Er konnte nicht leugnen, daß dieß wohl möglich wäre, allein der Abfall sey dennoch unmöglich; denn alles, was die Americaner Wichtiges hätten, Boston, Neuyork, Philadelphia, läge den englischen Flotten ausgesetzt, Boston könne man gleich durch ein Bombardement zerstören. Dieß war mir unbeantwortlich, ich dachte damahls nicht, daß ich mit dem Manne redete, der, aber umgestimmt und in England beleidigt, wenige Jahre nachher einen so grossen Antheil an der Erfüllung meiner widersprechenden Muthmaßung haben würde. Indeß da die Unruhen wirklich ausbrachen, wartete ich immer darauf, daß man den Anfang mit dem Bombardement von Boston machen würde; allein die Sachen nahmen eine ganz andere Wendung.*» Dieser vielseitige Selfmade-Man Benjamin Franklin, Sohn eines Seifen- und Kerzenmachers, der aus England in die Neue Welt eingewandert war, wurde in der Tat einer der Gründungsväter der Vereinigten Staaten und Mitunterzeichner der Declaration of Independence, die die Ideen der europäischen Aufklärung politisch verwirklichte. Es hat einen Stein ins Rollen gebracht, auch im alten Europa. Bekanntlich hat Benjamin Franklin unter anderem auch den Blitzableiter erfunden. Damit war gewissermaßen die letzte bedrohliche Naturerscheinung entzaubert.

Auch in Göttingen blitzte es viel – nicht nur Geistesblitze. Der Physiker Lichtenberg schien wie besessen vom Blitz, und er hat auch gele-

Georg Christoph Lichtenberg, Karikatur von G. H. W. Blumenbach (Zuschreibung unsicher)

gentlich mit Michaelis über das Phänomen reflektiert, dem es aufgefallen war, dass in der Bibel oder bei den jüdischen Historikern nie erwähnt wurde, dass Blitze in den salomonischen Tempel von Jerusalem einschlugen, obwohl dieser mit einem metallverkleideten Turm von 120 Ellen Höhe und auf dem höchsten Punkt eines Hügels gelegen doch für Blitzeinschläge geradezu prädestiniert sein musste. Die Römer berichteten dagegen häufig von Blitzen, die auf dem Kapitol einschlugen. Dann aber fand Michaelis gerade bei Flavius Josephus die Information, dass auf Salomons Tempel zum Schutze vor nistenden Vögeln Spitzen angebracht waren. Diese wirkten, schlussfolgerte Michaelis, als elektrische Konduktoren. Er fragte Lichtenberg, und dieser bestätigte seine Vermutung, sofern die Spitzen Verbindung mit der Erde besaßen. Das war interdisziplinäre Göttinger Wissenschaft! Jedenfalls installierte Lichtenberg an seinem Gartenhaus diverse Konstrukte, die die Göttinger in Angst und Schrecken versetzten. Man müsse einen geerdeten Käfig mit einer Spitze um alle Häuser bauen, meinte er. «*Das Eisen könnte allerlei Verzierungen enthalten z. E. einen Jupiter, dem ein Professor der Physik den Blitz auspisset.»* Er zum Beispiel, Professor Lichtenberg, als Modell. In den Dörfern um Göttingen wurde er einmal Zeuge eines gewaltigen Unwetters. *«Allein unsystematischere Blitze habe ich in meinem Leben nicht gesehen. Wenn der selige Münchhausen noch gelebt hätte, so wären sie gewiß anders ausgefallen, es war gar nichts dran zu lernen … Nach der Idee, die ich mir von einem Universitäts-Donnerwetter mache, sollte der Blitz deutlich angeben ERSTENS ZWEITENS DRITTENS: Es scheint aber, der Himmel bekümmert sich wenig um unsere Compendia.»* Also, die akademische Selbstironie hatte die Georgia Augusta mit diesem Zeitgenossen bestimmt. Es war eine kleinstädtische Atmosphäre, die in Göttingen herrschte, unter den Professorenfamilien wie unter den übrigen Bürgern. Klatsch und Tratsch waren allgegenwärtig, und jeder wusste gewissermaßen alles von jedem. Einige bekümmerten sich allerdings nicht darum, und zu denen gehörte auch Lichtenberg, von den Studenten *«der starke August»* genannt, weil er, wiewohl klein, buckelig, schlaksig, mit dünnen Vogelbeinen und einem enormen Schädel, vorgeschobener Kinnlade und aufgeworfenen Lippen, eine verblüffende Reihe von Mädchen aus der unteren Volksklasse schwängerte. Eins dieser Mädchen, Maria Dorothea Stechard, entdeckte er als etwa zwölfjährige Blumenverkäuferin. Mit noch nicht ganz 15 nahm er sie in sein Haus, wo sie ihm offziell den Haushalt führte und seine Geliebte wurde, aber auch, aufgeweckt, wie sie war, Freude an seinen physikalischen Experimenten entwickelte. «Mamsell Stechardin» starb mit knapp siebzehn Jahren, von Lichtenberg unsäglich betrauert. Nach der Blumenverkäuferin, der Köchin, dem Malermodell, dem Bettelmädchen etc. folgte die Tochter eines Anstreichers, die der Schwerenöter nach einer Reihe gemeinsamer unehelicher Kinder am Ende auch heiratete: Margarete Kellner, indes auch zu dieser Zeit kaum sein einziges Erotikon. Von der kurfürstlichen Regierung ob all der Fama zurechtgewiesen (schließlich war er Professor an der Georgia Augusta), antwortete Lichtenberg, er sei viel zu hässlich, als dass sich ein Mädchen in ihn verlieben könne, geschweige denn, ihm die Treue erweisen. Damit war die Sache vom Tisch. Der Dichter, Theologe und Jurist Gottfried August Bürger, der mit seiner 1774 veröffentlichten Ballade

«Lenore» einen sagenhaften literarischen Erfolg feierte und der Nachwelt die ebenso sagenhaften Abenteuer des Barons von Münchhausen hinterließ, galt auch nicht gerade als Beispiel bürgerlicher Moral. In seinen Göttinger Studienjahren verprasste er das Geld seines Großvaters und lebte auch sonst als Bruder Leichtfuß, und in den Jahren danach, als Gerichtsherr des Amts Altengleichen, bevor er 1785 als außerordentlicher Professor an die Georgia Augusta zurückkehrte, lebte er mit zwei Frauen zusammen. Mit der einen, Dorette, war er verheiratet, die andere war Dorettes Schwester Augusta, und mit beiden bekam er mehrere Kinder. Er feierte Gustchen und ihren *«Wonneschoß»* unter dem Pseudonym «Molly» in seiner Lyrik, und nicht nur Göttingen, sondern ganz Deutschland wusste, wessen Schoß da gemeint war. Am Ende starb Dorette an der Schwindsucht, und Gustchen, die Bürger dann heiratete, als er zurück nach Göttingen ging, überlebte die Geburt einer Tochter nicht. Wahrscheinlich hat diese «ménage-à-trois», die in aller Munde war, auch Goethes «Stella» befruchtet, die 1775 entstand und die im Übrigen auch Caroline Michaelis gelesen hat – den Gegenstand *«sonderbar»* findend. Bürgers letzte Ehe, in ihren intimen Details in Göttingen über die schwatzhafte Dienerschaft unter die Leute gebracht, war dann noch einmal ganz besonders pikant.

Es erübrigt sich beinahe zu sagen, dass für bürgerliche Frauen, besonders unverheiratete bürgerliche Mädchen, ganz andere moralische Maßstäbe galten. Da musste jeder Schritt, jeder Satz, jeder Blick kontrolliert sein, im Rahmen des Schicklichen und über jeden Zweifel erhaben. Die halbwüchsige Caroline Michaelis, die eine spontane Natur war, merkte sehr früh, wie schnell man unschuldig ins Gerede kam und schlimmstenfalls ohne wirklichen Anlass seinen guten Namen verlor. Allein ihre Spontaneität und Natürlichkeit machten sie offenbar schon suspekt. Heinrich Christian Boie, der als Jurastudent nach Göttingen gekommen war und hier zusammen mit Friedrich Wilhelm Gotter den Göttinger Musenalmanach gegründet hatte (in dem auch Bürgers «Lenore» erschien), dann aber als Stabssekretär nach Hannover ging, befand 1779, als er nach längerer Zeit wieder einmal Göttingen besuchte: *«Mamsell Michaelis ist – ein wenig wild.»* Da war Mamsell sechzehn. Der Göttinger Hainbund, dessen Sprachrohr der Musenalmanach war, hatte sich bereits aufgelöst, weil ihre Gründer und Mitglieder ihr Studium beendet und die Universitätsstadt verlassen hatten. Nichtsdestotrotz wirkte das aber doch noch sehr nach: Schwärmerei, Freundschaftskult, Gefühlsseligkeit, beseelte Natur, allgegenwärtige Poesie. Wir finden diese poetische Grundstimmung in Carolines Briefen an ihre Freundinnen wieder – aber eben auch an geeigneter Stelle die Notbremse, die Distanzierung. Eine aparte und ungewöhnliche Mischung. Am 28. September 1778 schreibt die fünfzehnjährige Caroline an ihre Freundin Juliana von Studnitz (Übersetzung aus dem Französischen): «*Liebste und zärtliche Freundin, Sie scheinen Ihre Caroline wenig zu kennen, da Sie sie verdächtigen können, nicht aufrichtig Ihnen gegenüber zu sein, wenn sie zu Lobreden Ihrer Tugenden ansetzt. Konnten Sie dieses Herz so verkennen, das Sie so sehr liebt? Ich schmeichle niemals, ich sage immer, was ich denke und fühle. Folglich ist es mir ganz natürlich, diese lebendige Freundschaft, die ich für meine Julie hege, nicht in mir zu verschließen. Und sollte sie mir nicht einen Vorwurf aus diesen Herzensergießungen machen? Aber nein, sie tut es nicht, und ihre Bescheidenheit löst wieder eine Lobrede auf sie aus, vereint sie doch diese so seltene Tugend mit anderen, die allein ihr schon das Ansehen und die Freundschaft aller Welt eintragen.*» Schöne französische und empfindsame Stilübungen. In ihrer Muttersprache klingt das schon etwas anders. Mit Luise Stieler, Tochter eines Gothaer Hofrats, die Caroline im Pensionat kennengelernt hat und mit der sie eine lebenslange Freundschaft verband, korrespondierte Caroline auf Deutsch. Die pubertären Selbstfindungswirren der Schreiberin kollidieren mit den Erwartungen ihrer Umgebung, mit den Unzulänglichkeiten der Nächsten, mit Sitte und gutem Ton und nicht zuletzt mit dem poetischen Zeitgeist, der anzieht und gleichzeitig Distanznahme auslöst. Der Brief ist nur wenige Tage nach dem zuletzt zitierten geschrieben: «*Könt ich Dir doch, beste theuerste Freundinn, die Empfindungen meines Herzens ausdrücken! Aber ich kans nicht, und warum solt ich etwas unternehmen, wovon ich schon zum voraus sehe, daß ich nie genug Worte finden, die Dir ganz sagten, was mein dankbahres Herz für Dich fühlt! Mit welcher Schonung tröstest*

Du mich. Nein, Louise, ich kan nie ganz unglücklich seyn, da Du meine Freundinn bist. Glaub es nur, ich bin keine Schwärmerin, keine Enthousiastin, meine Gedanken sind das Resultat von meiner, wens möglich ist, bei kalten Blut angestellten Überlegung. Ich bin gar nicht mit mir zufrieden, mein Herz ist sich keinen Augenblick selbst gleich, es ist so unbeständig, Du must das selbst wissen, da Dir meine Briefe immer meine ganze Seele schildern. Ich habe wahres festes Vertrauen auf Gott, ich bitte ihn so sehnlich mich glücklich zu machen, aber ich habe so verschiedene Wünsche, wodurch ich das zu werden suchte, daß, wenn er sie alle nach meiner Phantasie erfüllen wolte, ich nothwendig unglücklich werden müste. Du mein Gott, der du mein Herz kenst, der du mich schuffst, erfülle keinen Wunsch, der dir misfällig, ich verlaße mich auf dich! Hätte ich nicht ein so muntres Temperament als ich wirklich besitze, wie würds da um mich aussehen! Wie viele Ursachen zur Betrübniß habe ich nicht, und doch vergeße ich sie so leicht, tröste mich so gut ich kann und laße Gott für das Übrige sorgen. Daß mir meine Geschwister von meiner Mutter vorgezogen werden, ist das nicht schon Kränkung genug? Dazu komt eine so fehlgeschlagne Erwartung, und doch will ich die am leichtesten verschmerzen; aber, meinen guten Nahmen verlohren zu haben, doch so arg ists vielleicht nicht, meine Einbildungskraft vergrößert mir mein Unglück, aber doch bin ich wenigstens doch das Gespräche des schlechtern Theils unsrer Stadt, und das durch eine Ursache, an der ich so wahrhaftig unschuldig bin, bloß meine Unbesonnenheit hat mich da hineingestürzt, ich darfs Dir nicht schreiben, weils meine Mutter verboten hat, Du weist noch gar nichts davon. Habe ich einmal eine einsame Stunde, wo ich nicht fürchten darf überrascht zu werden, so solst Du es erfahren, aber bis dahin bitte ich Dich laß Dir nichts davon merken.»

Wir wissen nicht, was passiert ist, aber dramatisch kann es nicht gewesen sein, denn sonst wäre es wohl überliefert. In selbigem Brief berichtet Caroline der Freundin von der bevorstehenden Abreise ihres Bruders Fritz nach Amerika. Er schickte sich an, als Stabsmedikus bei den hessischen Truppen zu dienen, die im Unabhängigkeitskrieg auf britischer Seite gegen Amerika kämpften. Ein großes Abenteuer, aber für die Schwester auch ein großer Anlass zur Sorge. *«Bete mit mir für den Erhalt dieses geliebten Bruders!»*, schreibt sie am 1. Mai an Juliana, als sie Fritz bereits seit zwei Wochen *«auf dem offenen Meer»* weiß. *«Sein Schiff heißt Europa.»* Fritz schrieb ihr im Frühjahr 1780 von einer Expedition unter General Clinton, und zwar aus Carolina – *«das selige Land, das deinen Nahmen führt und wo es mehr Ananas giebt als bey uns Cartoffeln»*. Er kam wohlbehalten in die Heimat zurück, und drei Jahre später, anlässlich einer Reise nach Kassel, in die Residenzstadt des hessischen Landgrafen, wird sich Caroline darüber empören, dass der Landgraf Untertanen an die britische Armee verkaufte, *«um in Caßel Palläste zu bauen»*. Da war sie dann Neunzehn und hatte einen merklich erweiterten Blick auf die Welt. Keine *«Schwärmerin»*, keine *«Enthousiastin»* zu sein, hat sie sich offenbar früh vorgenommen. Das war ein Bollwerk gegen den Empfindsamkeitskult, der sicher kein gutes Rüstzeug war, um in der Wirklichkeit zu bestehen. Die wohltemperierte Rolle hat sie in der Familie vielleicht auch ein wenig als Pflichtrolle empfunden, denn die Mutter scheint schon mit 38 Jahren verbraucht, nervlich jedenfalls außerordentlich angeschlagen gewesen zu sein, sodass sie als stabilisierender Faktor für ihre Kinder wohl ausschied. Auch der Vater war früh vergrämt. Er war immer schon schwierig im Umgang, und Zerwürfnisse mit Kollegen ließen ihn allmählich Ämter und Einfluss in der Universitätsstadt verlieren – ein Umstand, mit dem der ruhmverwöhnte Mann gar nicht zurechtkam, zumal es den Alterungsprozess nicht gerade versüßte. Obwohl die Mutter dieses vielleicht sehr viel nötiger gehabt hätte, gönnte *er* sich, Michaelis, alljährlich das Kurbad, und zwar das mondäne Modebad Pyrmont, in dem die Schönen und Reichen verkehrten. Seine Tochter Caroline stellte im Sommer 1779 fest, er sei *«verjüngt und guter Dinge»* aus Pyrmont zurückgekommen, *«als ob er erst vierzig Jahre alt wäre»*, traf aber die Mutter zu Hause wieder von einer Krankheit genesend an, einer *«Nervenschwäche»*. In der nächsten Kursaison hatte Caroline dann sogar das Vergnügen, den Vater an diesem eleganten Ort zu besuchen. Mutter und Schwester waren mit von der Partie, doch die Mutter fühlte sich schon vier Meilen hinter Göttingen so schlecht, dass sie zurückblieb. Die fünfzehn-, sechzehnjährige Caroline bangte in diesen Jahren, ihre Mutter vor der Zeit zu verlieren – und die jüngste Schwester Luise war doch erst neun Jahre alt, Philipp elf, Lotte dreizehn. Sie *musste* stark sein, vor sich und vor anderen. Währenddessen unterhielt sie ein langjähriges unschuldiges Techtelmechtel mit einem aus Heidelberg stammenden Jurastudenten. Der Student Wilhelm Link schrieb ihr seit ihrem vierzehnten Lebensjahr glühende Briefe, und sie ließ ihn auch hoffen und harren, aber das Ganze versiegte dann doch, denn der schüchterne junge Mann konnte sich offensichtlich zu keinerlei Aktivität überwinden, jedenfalls nicht in ihrer Gegenwart, erwies sich in der allgegenwärtigen Intrigenstimmung dieser kleinen Gesellschaftszirkel auch als nicht persönlichkeitsstark genug, um allen Nuancen gewachsen zu sein und völlig zu Caroline zu stehen. Und dann war da noch ein unerbittlicher reicher Onkel, von dem der Student finanziell abhing und der seinem Neffen selbst eine Frau aussuchen wollte. Fest und entschlossen ist schließlich Carolines Einstellung am Scheidepunkt dieser ersten keimenden Liebesromanze. Die noch nicht ganz Siebzehnjährige schreibt an die mittlerweile mit dem Schriftsteller Friedrich Wilhelm Gotter verheiratete Freundin Luise: «… *Fern von mir sey jede romanhafte Idee! Ich fühle, daß ich Linken jeden andern vorziehn könte, ich weis, daß er den Vorzug verdient, den ich ihm gebe, ich hoffe, daß meine Neigung zu ihm, da sie auf die Eigenschaften seiner Seele, auf seine vortrefliche Denkungsart gegründet ist, unschuldig ist, und unserm gütigen Vater im Himmel nicht misfällig seyn könne. Schwierigkeiten von beyden Seiten können unsre Verbindung hindern. Mein Vater kent ihn nicht, und solte er seine Tochter, die er so väterlich liebt, einen Unbekanten überlaßen? Link ist zwar sehr reich, hängt doch aber sehr von einen Onkel ab, und wird ders zugeben. Ich weis das alles und bin ruhig dabei. Ists gut für mich auf diese Art glücklich zu seyn, so wird uns Gott vereinigen. Ist es nicht gut, so trent er uns, und ich habe den wahrhaft göttlichen Trost, daß jedes Schicksal, was mir begegnen mag, zu meinen Wohl dient. Ich bin nicht so romanhaft zu sagen, daß ich nie einen andern heirathen wolle wie ihn, nein, ich überlaße mich so ganz, mit so ruhiger Seele der Führung Gottes, daß ich ohnmöglich unglücklich werden kann.*

Beruhige dich also, meine zärtliche Freundin, erlaube mir nur mit der Anhänglichkeit an ihn zu denken, die mich für vielen Thorheiten bewahren kan, und die schon sehr vieles in meinen Herzen gebeßert, keinen Funken von Stolz drin übrig gelaßen hat. Ich denke mir Linken als Freund, nicht als Geliebten. Ob er gleich das Gegenteil wohl wünschte, so bleibt er doch selbst in den Gränzen der Freundschaft. Er liebt mich seit dem Augenblick, da er mich sah, seit 3 Jahren bis jetzt unverändert, aber seine Bescheidenheit gegen mich war immer dieselbe, nie hat er mir ein Compliment, ein zärtliches Wort gesagt, aber die Heftigkeit, mit der er fühlte, zeigt sich in seinen Briefen. Sein Freund bat ihn mir zu schreiben, er wolte durchaus nicht. Ich erinnre mich noch an den Augenblick, da ich ihn nach Jahren langen Hierseyn zum erstenmal sprach, es war erst vorigen Winter auf einen Ball. Er zitterte, konte kaum reden, und Deine arme Caroline, ach sie war nicht viel beßer dran, aber weg mit dem Andenken! Es möchte die schöne festgesetzte Heiterkeit meiner Seele zerstören. Was soll ich mir in der Blüthe des Lebens ängstliche Stunden machen. Ich will meinen Frühling genießen, erst 16 Jahr und mir vor Sorgen und Kummer graue Haare wachsen zu laßen, das ist meine Sache nicht …» Und das blieb ihr Lebensmotto, auch für die reiferen Jahre. Aber sie hatte leicht reden, denn sie hatte noch nicht geliebt. Auch als sie Braut und Ehefrau wurde (die Ehefrau eines anderen), hatte sie noch nicht geliebt. Die «*Heiterkeit ihrer Seele*» verlor sie dann kurzzeitig trotzdem an die prosaische Realität.

Indessen war die große Schwester beträchtlich in Sorge um die erst dreizehnjährige Lotte. Die war in Liebesdingen nämlich sehr viel unbedingter und noch etwas frühreifer als Caroline. In den kommenden Jahren gab es noch einige Aufregung in der Familie, bis Lotte endlich unter der Haube und in vermeintlicher Sicherheit war, aber auch da hörten die Wirren und Sorgen nicht auf. Lotte hatte sich in einen Mieter ihres Vaters in den Studentenwohnungen des Michaelishauses verliebt, den Juristen Pedro Hockel aus Lissabon. Besonders weit wird die Sache wahrscheinlich auch nicht gegangen sein, und über den iberischen Galan ist auch nichts weiter bekannt: wie alt er war, welche Absichten er hegte … Caroline unterstellt ihm einen boshaften Charakter

Therese Huber, geborene Heyne. Scherenschnitt

und üble Absichten, aber das muss man vielleicht nicht so ernst nehmen. Ihre Schilderungen enthüllen eine so aufgesetzte Dramatik, dass sie wirklich wie aus der Literatur, nicht der besten, abgeschrieben erscheinen. Sie, Caroline, sei an Hockel gerächt, «*denn man bestraft ihn mit der grösten Geringschätzung, und allgemeinen Haß. Meine Schwester wird es erst seyn, wenn sein Gewißen einst erwacht und das Gewicht seiner Bosheiten seine Seele zerschmettert.*» Die heißblütige junge Liebende musste jedenfalls, schon um Schlimmeres zu verhindern, beizeiten unter Verschluss gebracht werden. Man schickte sie vorerst in das Gothaer Pensionat, in dem auch Caroline gewesen war, und übergab sie der Obhut der Pensionsleiterin Madame Schläger, die den Michaelis-Töchtern, wie es scheint, als liebevolle Ersatzmutter diente.

Was Caroline fürchterlich aufregte, war die Tatsache, dass die Töchter von Professor Heyne, Therese und Marianne, die im Nachbarhaus wohnten, die Verbindung zwischen Lotte und Hockel schützten und unterstützten – selbstredend gegen die Eltern Michaelis und auch gegen die gestrenge ältere Schwester gerichtet. Therese Heyne, die etwas januskköpfige Freundin, Tochter des unmittelbaren Konkurrenten ihres Vaters an der Georgia Augusta, spielte in Carolines Leben eine immer wiederkehrende Rolle. Durch die Konkurrenz ihrer Väter war schon eine gewisse Problematik vorprogrammiert, und offenbar hat Vater

Heyne seiner Tochter auch den Kontakt mit den Michaelis-Töchtern verboten. Die beiden Mädchen, die Haus an Haus wohnten, befreundeten sich trotzdem, für Therese, die insgesamt einsam aufwuchs, eine ziemlich ausschließliche Freundschaftsverbindung, aber nie ungetrübt, auch nicht im späteren Leben, das die Lebenslinien der beiden noch verschiedentlich miteinander verband. Therese Heyne war eine anspruchsvolle und komplizierte Persönlichkeit, und Caroline konnte sicherlich auch intrigant sein, wenn sie nur wollte, vor allem aber, wenn man sie angriff, ungerechtfertigt oder auch nicht, notfalls, wie man sehen würde, auch prophylaktisch. Was die Mädchen außer ihren gelehrten Vätern gemeinsam hatten, war eine schwierige Mutterbeziehung, Defizite infolgedessen, die aber ganz unterschiedlich verarbeitet und kompensiert worden sind. Therese schildert ihre betrübliche Kindheit sehr plastisch und ungehemmt: von allen Geschwistern am meisten vernachlässigt – «*ich war häßlich, heftig und wahrscheinlich nie brillant*» –, war sie, wie die anderen auch, mit einer Mutter geplagt, die ihr noch Jahrzehnte später unsäglich peinlich war. «*Sie war gar keine Hausfrau, wir wurden in Schmutz und Unordnung erzogen, in so einem Grade, daß Ungeziefer uns plagte, und wir weder ganze Hemden noch Schuhe hatten. Sie hatte höchst unelegante Sitten, sie war unschamhaft mit ihrer Person.*» So unschamhaft, dass die Tochter ihr rückblickend in Folge zwei Liebhaber zuspricht, «*niedere Verhältnisse*», die ihr, der Tochter, «*frühe Galle*» gemacht haben. «*Diese Galle brütete mich groß.*» Es gab hässliche Szenen zwischen den Eltern, dann starb die Mutter an Schwindsucht, als Therese zwölf Jahre alt war, und der Vater heiratete erneut – diesmal mit mehr Glück. Die frühen Verhältnisse, in Verbindung mit ihrer Zurücksetzung und ihrer «*Hässlichkeit*», haben bei Therese aber bleibende Schäden hinterlassen. Auch der von ihr so vergötterte Vater ließ es, meinte sie, an Zuwendung fehlen, selbst an Bildung für sein «*Ruschelhänschen*», wie er sie doch zärtlich nannte. Therese beklagte, sie wurde fast nur von «*armen Studenten*» erzogen, die ins Haus schneiten oder auch nicht, musste sich auch das nahezu selbständig aneignen und lebenslang nachholen. Jedenfalls stellte sie es so dar. Sie hatte aber auch einen gebrochenen Blick, einen, der Dinge, Menschen und Welt hinterfragte.

Sie besaß Geist, Eigensinn und eine außerordentlich skeptische Grundhaltung. Alle Welt schwärmte damals von Goethes «Werther», vom «Götz von Berlichingen», von Rousseaus «Nouvelle Héloise», von Schillers «Räubern». Nicht so Therese. Sie war *«den Modegötzen nicht untertan»*, sah die Menschen töricht darum werden, las es dann auch, blieb aber kalt, unbetört und sah auch die nachteiligen Seiten darin. Selbst sogenannte freigeisterische Schriften vermochten sie nicht zu beeindrucken. Sie empfand sie als so dogmatisch wie alle anderen und meinte, Zweifel an Kirchenglauben, Gott, Unsterblichkeit, Pflichterfüllung etc. seien überall zu finden, wo man auf gebildete Menschen treffe. *«Leßens Höllenstrafen und jede Gottlosigkeit war mir gleich fatal und erregte meine Geringschätzung. Ich las leichtfertige Bücher und belustigte mich am Wiz ohne je einen leichtfertigen Gedanken zu haben. [...] Ich hörte Archäologie von meinem Vater sprechen, Naturgeschichte von Bl[u]m[en]bach, Anatomie u Medezin von meinem Bruder, Politik Staatengeschichte von meinem Onkel Brandes – mit dem saß ich spät in der Nacht und ersannen Reden die wir auf dem Schaffot halten wollten wenn wir wie Algemoor sterben dürften –»* Auch Caroline äußerte es einmal nicht ohne Unbehagen: Therese sei ein *«Freigeist»* und verberge es nicht einmal. Eine unbequeme Person, aber nicht ohne Reiz – auch für die Männerwelt. Als der weitgereiste und bereits berühmte Georg Forster, Naturforscher, Anthropologe, Reiseschriftsteller, später Revolutionär und politischer Essayist, der mit siebzehn Jahren Captain Cook auf seiner zweiten Weltumsegelung begleitet und den Bestseller «Reise um die Welt» verfasst hatte, 1779 nach Göttingen kam und dort die Professorenhäuser aufsuchte, da war es Therese, die ihn beeindruckte und dauerhaft einnahm, nicht die hübschere und gefälligere Caroline, obwohl er ihr anfangs auch seine Aufwartung machte und ihr, ebenso wie Therese, ein Tuch aus «Otahiti» schenkte, aus dem Caroline sich ein Ballkleid schneidern ließ. Es blieb seinerseits eine tragische, schmerzliche und leider unglückliche Liebe, wenn es ihm auch gelang, Therese zu heiraten, da sie von seiner Berühmtheit geschmeichelt war und sicher auch von dem Gedanken gereizt, an seiner Seite ein wenig mehr «Welt» kennenzulernen als die heimische Universitätsstadt, die ihr zu eng wurde. Die am 4. September 1785 in Göttingen geschlossene Ehe war im Grunde genommen ein Unglück für beide, aus dem sich die Frau später lösen konnte, um noch einmal neu anzufangen, der Mann aber nicht.

Es gab in Göttingen mehrere weibliche Ausnahmegestalten, die schon in der Jugend die weiblichen Rollenvorgaben sprengten. Caroline Michaelis kommentierte das mit Süffisanz, einer eindeutig ablehnenden Haltung, teilweise sogar mit Häme und Spott. Warum sie das tat, ist nicht ganz klar, wurde sie doch selbst später zur großen Lebensverwirklicherin, die die Grenzen durchbrach und gegen alle üble Nachrede dafür stand, authentisch zu leben. Vielleicht war es zu der Zeit noch eine latente Angst vor der eigenen Courage, dass sie so an den Konventionen festhielt und gegen Geschlechtsgenossinnen ins Feld zog, die neue Wege gingen oder einfach nur ihr Potential verwirklichen wollten. Da war die Tochter von Professor Gatterer, die sich als Lyrikerin einen Namen machte. Die ersten Gedichte Philippine Gatterers erschienen im Göttinger Musenalmanach, dann aber gab die Autorin kurzerhand einen eigenen Gedichtband beim Verleger Dieterich heraus, nachdem sie sich von den Almanach-Redakteuren nicht angemessen gewürdigt fühlte, jedenfalls alles ihrer Meinung nach nicht schnell genug ging. Dazu Caroline an Luise Gotter: «... *Du kenst doch gewiß, Dank seys der Göttin des Ruhms! unsre göttingische Muse Mlle Gatterer, und ihre Gedichte. Wie wahr ist doch das Sprichwort: Kein Prophet gilt in seinen Vaterlande, und wie sehr recht hat Miss G., wenn sie sagt, man weiß mich hier nicht zu schäzen. Hier redt man nicht von ihr, man bewundert sie nicht, ohngeachtet ihres lebhaften Verstands, ihres feurigen Wizes, der lezte hat im Gegentheil [sie] schon manchen Unannehmlichkeiten bloß gestellt, und kaum läst sie sich auswärts blicken, so ist alles voll von ihr. Sie hat kürzlich eine Reise nach Caßel gemacht, und hat so viel Beyfall gefunden, daß man fürchtet, sie werde ganz betäubt davon werden. Tischbein hat sie gemahlt als Muse in einem himmelblauen Gewand, auf die Leyer gestüzt und einen Kranz von Lorbeern und Rosen im Haar. Ein Bild hat er ihr im schönen Rahmen hieher geschickt, das zweyte hat er behalten, das dritte ist in der Caßelschen Bilder Gallerie aufgestellt worden. Sie ist nichts weniger als schön, das Portrait soll ähnlich seyn und doch hübsch. Das ist das schöne der Kunst. Aber was würde nicht Tischbeins Pinsel verschönern?... Kurz, ihr ist so viel Ehre wiederfahren, daß es kein Wunder ist, wenn ihr der Kopf schwindelt. Vor den Leipziger Almanach wird sie in Kupfer gestochen werden. Zu diesem allen sezt nun noch die leidige Medisance so sehr zu, waß sie alles von sich selbst bey diesen Gelegenheiten gesagt haben soll, daß ichs nicht wiederholen will, weil vermuthlich der größte Theil falsch ist. Wenn die Gatterer aber mehr Bescheidenheit hätte, so würde sie noch sehr viel liebenswürdiger. Ihr Herz ist gewiß gut, ihr Verstand untadelhaft, aber für ein Frauenzimmer hat sie zu viel Muth, denkt und redt zu frey, hat überhaupt so wenig vom sanften weiblichen Charakter, als daß sie aus dem Gesichtspunkt betrachtet gefallen würde. Ich habe Briefe von ihr, denn ich habe hier mit ihr correspondiert, die ihr mehr Ehre machen.»* Mit dieser spöttischen Darstellung – weibliches Selbstgefühl darf sich nie zu dem Anspruch auf Ruhm oder Anerkennung geistiger Eigenleistung hinreißen lassen, denn das sind Prätentionen, und eine Frau, die als Frau zur Bescheidenheit und zur zweiten Rolle verpflichtet ist, macht sich damit per se lächerlich – argumentiert die spätere Lebensverwirklicherin hier geradezu systemstabilisierend. In den damals verbreiteten «Taschenkalendern für Damen», in den moralischen Wochenschriften für das schöne Geschlecht und selbst in den Romanen der Sophie von La Roche, die sich selbst außerordentlich in ihrem literarischen Ruhm sonnte, würde man das kaum anders dargestellt finden. Fern von jeder Schöngeistigkeit, die er ihr bewusst vorenthielt, arbeitete dagegen Professor Schlözer an der wissenschaftlichen Ausbildung seiner hochbegabten Tochter Dorothea, die sieben Jahre jünger war als Caroline. Seine Erstgeborene nahm Schlözer, Professor für Geschichte und Staatswissenschaft und ein europaweit anerkannter politischer Publizist, dessen Ruf bis zur russischen Zarin Katharina und zur Kaiserin Maria Theresia gedrungen war, von Anfang an unter seine Fittiche (und wenn Frauen von solchem Format wie Katharina von Russland und Maria Theresia von Österreich die Weltgeschicke leiteten, konnte er, mochte er denken, auch eine Wissenschaftlerin von Rang aus der Taufe heben). *«Mein Dortgen»*, schrieb er, als Dorothea gerade fünfzehn Monate alt war, *«hat nun 87 Wörter und*

192 Ideen, falls ich richtig gezählet habe.» Als besonders begabt erwies sich «Dortgen» für Mathematik und Geometrie. Sie wurde von Professor Kästner selbst unterrichtet, und dieser äußerte: *«Ein Kind von sieben Jahren, dessen Hand noch zu schwach ist, den Zirkel zu führen, sein Verstand aber gelernt hat, von den Lehrsätzen und Beweisen der beiden ersten Lehrbücher des Euklid Rechenschaft zu geben!»* Das erstaunte auch diese Koryphäe, die es gewöhnlich mit deutlich älteren, vor allem aber mit männlichen Studenten zu tun hatte. Als «Dortgen» elf Jahre alt war, plante Schlözer eine Reise nach Rom, für die er sich von der Universität beurlauben ließ und auf die er das Kind mitnehmen wollte. Laut Caroline Michaelis, die auch das kommentierte, die *«bizarren Projekte»* eines allzu ehrgeizigen Vaters, der seiner Tochter damit nur den Kopf verdrehe, ein Skandalon. An Luise Gotter schrieb sie: *«Du hast Schlözer und seine Tochter kennen gelernt. Was sagst Du zu dieser Reise, und zu der sonderbaren Erziehung? Ich wundre mich, daß ein Mann mit so viel feinen, durchdringenden, umfaßenden Verstand, zuweilen mit so wenig Vernunft handelt. Es ist wahr, Dortchen hat unendlich viel Talent und Geist, aber zu ihren Unglück, denn mit diesen Anlagen und den bizarren Projecten des Vaters, die sie zu der höchsten Eitelkeit reizen werden, kan sie weder wahres Glück noch Achtung erwarten. Man schäzt ein Frauenzimmer nur nach dem, was sie als Frauenzimmer ist. Ein redendes Beispiel davon habe ich an der Prinzeßin von Gallitzin, die hier war, gesehen, sie war eine Fürstinn, hatte viel Gelehrsamkeit und Kentniße, und war mit alledem der Gegenstand des Spotts, und nichts weniger wie geehrt. Dortchen wird eine andre Gallitzin werden.»* Zur «Gallitzin» später noch. «Dortchen» jedenfalls hat die Italienreise gut überstanden und ungemein davon profitiert. Caroline ist der zurückkehrenden Reisegesellschaft selbst in Gesellschaft bis Kassel entgegengefahren und war Zeugin des rührenden Wiedersehens der Familie Schlözer.

Freilich: Solche Reisen waren damals nicht ungefährlich, und das elfjährige Mädchen war währenddessen ohne dauerhafte weibliche Aufsicht. Das kriegte dieser engagierte Vater aber ziemlich gut hin, der dann eben teilweise auch Mutterstelle vertrat, Vater und Mutter in einem war, und der das Töchterchen während des Rom-Aufenthalts bei der resoluten Signora Barazzi unterbrachte, die schon auf ihre Art dafür sorgte, dass das liebe Kind nicht überfordert wurde. Ob aus Carolines Worten unter anderem ein wenig Neid sprach, dass sie von ihrem Vater keine vergleichbare Zuwendung und Förderung erfuhr? Als die siebzehnjährige Dorothea Schlözer im 50. Jubiläumsjahr der Göttinger Universität 1787 nach dreieinhalbstündigem Examen, abgenommen von acht Professoren, darunter dem Mathematiker Kästner, dem Historiker Gatterer, dem Philologen Heyne und dem Orientalisten Michaelis, und einer entsprechenden Vielzahl von Fächern im Michaelis-Haus promoviert wurde, so geschah dies auf einen Vorschlag von Michaelis hin, der seiner Georgia Augusta im Jubiläumsjahr einen weiteren, ungewöhnlichen Glanzpunkt verabreichen wollte. Der Doktortitel hat der Demoiselle jedenfalls fürs weitere Leben sicherlich nicht geschadet. Die Angst vieler Mädchen, als «Blaustrumpf» verspottet zu werden und durch zu viel Bildung ihre weibliche Attraktivität zu verlieren, die auch aus Carolines Worten sehr deutlich spricht, wurde ihnen vielleicht von den weniger mutigen oder erfolgreichen Geschlechtsgenossinnen mitunter stärker nahegelegt als von den Männern. Dorothea hat das wenig gekümmert. Sie heiratete 1792 den Lübecker Senator Matthäus Rodde, einen reichen, allerdings auch sehr verschwenderischen, kunst- und literatursinnigen Mann, der sich das Doktordiplom seiner Frau an die Wand nagelte, und lebte später mehr oder weniger offiziell mit dem Exilfranzosen Charles de Villers zusammen, mit dem sie auch ins napoleonische Paris reiste und der gewissermaßen ein Freund des Hauses war, während sie in Lübeck immer wieder ihre Repräsentationspflichten als Senatorenfrau wahrnahm. Leider bankrottierte der Ehemann mit einem enormen Schuldenberg, wurde zum Pflegefall, Villers starb, und Dorothea, die selbst ein trauriges Ende fand und zwei ihrer drei Kinder durch Krankheit verlor, hatte zum Schluss Mühe genug, einen Teil ihres väterlichen Vermögens durch die Schuldenmasse des Gatten zu retten – aber das sind ja wieder ganz andere Dinge, eben die Wechselfälle des Lebens. Insgesamt ist die biographische Grobrichtung ein keineswegs seltener Werdegang von Frauen aus Carolines Umfeld, Bildungsstand und Generation, die im

Jahrhundert der Aufklärung und seiner Aufbruchsstimmung auf den Geschmack gekommen sind: eine Konventionsehe und drei bis vier Kinder, dann, nach diesem Pflichtprogramm, ein Aufbruch, ein «zweites Leben», auf welche Weise auch immer. Und während sie sozusagen diese innere Revolution in die Tat umsetzten, vertraten sie zum Teil konventionelle Ansichten über die Rolle der Frau, die ihr gegenwärtiges oder späteres Leben eigentlich Lügen straften. Eine merkwürdige Ambivalenz, die ihre Erklärung eventuell darin findet, dass diese ganze Zeit ein einziges Experiment war, ein Vorstoß ohne wirkliche Grundlage, der später gewissermaßen wieder zurückgenommen wurde, nach der fehlgeschlagenen politischen Revolution.

Meta Wedekind, auch eine Göttinger Professorentochter und eine äußerst produktive literarische Übersetzerin, womit sie über weite Strecken ihren Lebensunterhalt finanzierte, hatte ebenfalls ein bewegtes Leben mit zahlreichen Brüchen vorzuweisen, wobei sie beträchtlichen persönlichen Mut unter Beweis stellte. Caroline begegnete ihr wieder in den wilden Tagen von Mainz. Als die Fürstin Amalie von Gallitzin, von der schon in Carolines Briefen die Rede war, Tochter des preußischen Feldmarschalls von Schmettau, im Spätsommer 1781 nach Göttingen kam, um die Professoren aufzusuchen und von der Bibliothek zu profitieren, lebte sie getrennt von ihrem Ehemann, Fürst Dimitrij Aleksejewitsch Golizyn, russischer Gesandter in Paris, dann in Den Haag, und sie konzentrierte sich völlig auf ihre geistigen Pionierfahrten zwischen Hemsterhuis und Voltaire, Diderot und dem Katholizismus (was ja ein recht breites Spannungsfeld ist) und auf die Erziehung ihrer Kinder, die so fortschrittlich wie eben möglich sein sollte. Rousseaus «Emile» stand dafür Pate. Die Gallitzin-Kinder waren nicht die einzigen pädagogischen Opfer in Anlehnung an Rousseaus Erziehungsroman, dessen Autor seine eigenen Kinder, die er von seiner Geliebten hatte, im Findelhaus abgab. Aber vielleicht hat es die Fürstin, eine Art Frühfeministin, ein wenig sinniger umgesetzt als manche andere. Ihren spektakulären Auftritt in Göttingen beschreibt Caroline folgendermaßen: *«Wir haben hier einen bemerkenswerten Besuch. Das ist eine Fürstin von Galitzin, deren Ehemann Botschafter am russischen Hof in Den Haag ist. Eine sehr gelehrte Dame, geklei-*

det in ein griechisches Gewand, mit kurz geschnittenen Haaren, flachen Schuhen, selten ohne einen Diener zu sehen, der ein halbes Dutzend Foliobände trägt, wenn sie mit einem Gefolge von sechs bis acht Herren am hellichten Tage in unserer Leine badet etc. Ihre Kinder sind sehr leicht gekleidet, der Sohn trägt lange Hosen und ein Hemd anstelle anderer Kleidung, und die Tochter eine Art Nachtgewand, im Rücken von oben bis unten offen und nur oben zusammengebunden. Alle beide sind barfuß, und ihre Haare sind nicht geschnitten, sondern abgeschoren. Sie sind schwarz wie die Neger. Die Fürstin ist sehr hübsch und hat einen schönen Teint, obwohl sie ihn so viel exponiert. Sie muss sehr viel Geist und Kenntnisse haben. Sie liest Homer im Original, und in Hofgeismar, woher sie gerade kommt, ließ sie sich jeden Morgen ins Bad tragen. Für die Erziehung ihrer Kinder scheint sie die einfache Natur zum Vorbild zu nehmen, ohne sich darum zu bekümmern, dass die Natur manchmal ein wenig schmutzig ist. Sie will vielleicht Rousseau imitieren, aber ich fürchte, Rousseau hat seinen Emile anders erzogen. Sie lebt in Münster, getrennt von ihrem Gatten, um sich ganz ihren Kindern und der Philosophie zu widmen. Was sie hierhergezogen hat, sind die Bibliothek und die Vorlesungen unserer Professoren, und so wird sie sich auf einen längeren Aufenthalt einstellen. Sie sehen, liebe Julie, dass diese Dame eines unserer größten Genies ist, abgesehen davon, dass sie gelehrt ist, denn ich meine erkannt zu haben, dass dergleichen nicht gerade die Stärke unserer heutigen Genies ist. Sie mögen am Ende selbst über sie urteilen. Was mich angeht, so fühle ich, dass ich sie wohl bewundern, aber nicht achten könnte, und ich fürchte, dass sie nicht als Frau gefällt, sondern nur als ausgefallene Erscheinung, als Absonderlichkeit, und so verzichte ich von ganzem Herzen auf die Achtung zugunsten der Bewunderung. Ich meine, dass eine Frau so viele Pflichten auf dieser Erde zu erfüllen hat, die, obwohl darum doch nicht im Entferntesten so viel Lärm gemacht wird wie um die der Männer, so viel beschwerlicher sind und so viel Einfluss auf die menschliche Natur haben, da doch die erste Erziehung die wichtigste ist, die über den Rest des Lebens entscheidet, dass sie es gar nicht nötig hat, gelehrt zu sein oder solche Absonderlichkeiten aufzuweisen, wie sie sie [die Gallitzin] in ihren

Lieblingsbeschäftigungen zeigt. Ich sage damit noch nichts darüber, ob die Fürstin wohl durch ihre Wissenschaft ihren Gatten vernachlässigt …» Voilà Mademoiselle Musterschülerin auf vorgetretener Spur, preisverdächtig für konventionelle Denkweise. Und der Spott schien wirklich ein animierender Teil ihres Lebens zu sein. Das zeugt von Unsicherheit. Carolines allzu klar akzentuierte Disposition wirkt ein klein wenig aufgesetzt, zumal sie durchzogen ist von einer stilisierten Gefühlswelt, von der sie sich dann wieder übergangslos distanziert. «*Falsch*» aber sind nur die anderen, zum Beispiel Therese. Interessante Ansätze und innovative Aspekte sind aber doch in allem enthalten, was Caroline schreibt – und die Briefe, die sie der Welt hinterließ, sind ihr Werk, ihre Blaupause. So hier: Dass der Erstkontakt zwischen Mutter und Kind, die vorhandene oder nicht vorhandene Zuwendung in diesen ersten Jahren und die daraus hervorgehende Beziehung zur Welt über das ganze Leben entscheiden, dass diese Aufgabe der Frauen, neben anderen, wenig gewürdigt wird, obwohl sie wahrscheinlich mehr Einfluss aufs Menschengeschlecht hat (allerdings auch im negativen Sinn, beim Misslingen) als alle Wissenschaft. Oder dass der Geniekult der Zeit, wenig fundiert und folglich schwer festzumachen, auch nicht gerade vor Missbrauch geschützt ist – alles mit Bedacht zwischen den Zeilen gelesen. Die junge Frau schreibt sich frei.

Da sie so artig war und so wenig gewillt, absonderliche Experimente zu machen, heiratete Caroline den Nachbarssohn. Das war kein Junge mehr wie der unentschlossene Heidelberger Student, sondern ein gestandener junger Mann, dreißig Jahre alt, also zehn Jahre älter als sie, mit Medizinexamen und einer auskömmlichen Anstellung in der Tasche, um eine Familie damit ernähren zu können. Aber was noch mehr für Johann Franz Wilhelm Böhmer sprach, Sohn des wie Carolines Vater aus Halle stammenden Geheimen Justizrats und Professors der Jurisprudenz Georg Ludewig Böhmer, war die Tatsache, dass er mit ihrem geliebten Bruder befreundet war. Dass Fritz diesen Mann für sie ausgesucht hatte, war der eigentliche Ausschlag für Caroline, Franz Wilhelm Böhmer zu heiraten. Sie war mit seiner Schwester Friederike befreundet, Zaun an Zaun aufgewachsen an angrenzenden Gärten, sie kannte die ganze Familie, und alles war ihr vertraut. Was wollte sie mehr? An Julie von Studnitz schrieb Caroline: «*Ich heirate einen liebenswerten und allseits geliebten Mann, von einem Charakter, wie sie nicht allzu zahlreich sind, den Freund eines geliebten Bruders und den Bruder der besten Freundin, die ich hier habe. Ich werde Mitglied einer charmanten Familie, die mich mit offenen Armen empfängt. Sie sind alle in meinem Herzen, und ich bin der Verbindungspunkt zu ihnen allen.*» Ja, was wollte sie mehr? Dass sie ohne Liebe leben könne, aber nicht ohne Freundschaft, hat Caroline in diesen letzten Göttinger Jahren einmal bekannt. Und sie vermutete damals, dass das eine bei ihr in dem anderen aufgehen müsse, dass sie für dieses allseits gepriesene exklusive und himmelstürmende Gefühl Liebe vielleicht gar nicht geschaffen sei, dass sie ohnehin niemanden so wertschätzen könne wie ihren Bruder, und diese diffusen Gedanken führten sie schließlich doch zumindest in der Vorstellung zu einer gewissen Abweichung vom geradlinigen Weg. «*... Vielleicht sind auch meine Begriffe von der Freundschaft zu ausgedehnt, und ich begreife die Liebe mit drunter, doch wircklich verlieben werde ich mich gewiß nie (denn was ich bisher dafür hielt, war nur Täuschung meiner selbst, ich entsagte diesen Hirngespinsten mit so weniger Mühe;) aber wenn ich heirathen sollte, so würde ich für meinen Mann die höchste Freundschaft, und doch vielleicht nicht so viel, wie für meinen Bruder hegen, – Soll ich Dir noch eins sagen, das auch wohl Folge einer kleinen Sonderbarkeit ist, ich würde, wenn ich ganz mein eigner Herr wäre, und außerdem in einer anständigen und angenehmen Lage leben könte, weit lieber gar nicht heyrathen, und auf andre Weise der Welt zu nuzen suchen ...*» Aber das war ja nun nicht die Frage, über drei Jahre danach. Es gab wenig bis keine Alternative zum vorgegebenen Weg.

Die Verbindung mit Franz Wilhelm Böhmer war bereits eine abgesprochene Sache und die Verlobung perfekt. Ziemlich bemerkenswert ist indessen, dass die Schilderungen, die Caroline in der noch bestehenden Brautzeit von ihrem Bräutigam abgibt, sich so ziemlich auf den einen Satz über seinen guten Charakter beschränken, während sie sichtlich nach Worten ringt, um die Herrlichkeit ihres Bruders und ihre Empfindungen zu beschreiben, als dieser im Mai 1784 endlich aus

Amerika zurückkommt und sie wieder in seine Arme schließt: seine wunderbare Gestalt, seine innere und äußere Schönheit, die wunderbarsten Anlagen, nun zur Vollkommenheit ausgebildet und unbeschädigt sogar vom gefährlichen Schauplatz der Neuen Welt und sicher mannigfachen Versuchungen, seine Reinheit und unbefleckte Tugend, feine Sitten durch den Umgang mit Engländern, die Delikatesse seiner Empfindungen. *«Seine Lebhaftigkeit, sein Feuer ist dasselbe; die Heftigkeit seiner Leidenschaften auch, aber die Stärke seines Geistes hält ihnen das Gleichgewicht, und das macht ihn zum Mann.»* Sie legt der Freundin eine Ganzkörpersilhouette von Fritz bei. So sehe er also jetzt aus. Sie seien einander das Liebste auf der Welt, schreibt sie – wohl wissend auf beiden Seiten, dass das nicht so bleiben kann. Da Fritz nur ihr Halbbruder war, waren diese Empfindungen wechselseitigerweise auch gewissermaßen nur halb-inzestuös. Außerdem lag die Geschwisterliebe literarisch im Trend: zum Beispiel bei Marmontel oder in Gellerts Roman «Das Leben der schwedischen Gräfin von G…». Die Liebes- und Freundschaftsschwüre des Hainbundes und der ganzen Empfindsamkeitsbewegung machten da auch keinen so klaren Unterschied. Von «Schwester» und «Bruder» im Sinne von «Seelenfreundin» und «Seelenfreund» sprach man immerzu, die Übergänge zum Liebesschwur waren fließend, und Goethes erstes literarisches Produkt zu Beginn seiner Weimarer Zeit war der seltsame Einakter «Die Geschwister», entstanden im Oktober 1776 in seinem Weimarer Gartenhaus. Caroline fand auch diesen Stoff *«sonderbar»*, wie Goethes «Stella». Sie hatte keine moralischen Konflikte wegen ihrer Gefühle für ihren Bruder; sie hatte aber unübersehbare Skrupel vor dem Schritt ihrer Eheschließung mit Böhmer, der auch das Ende der Bruderliebe bedeutete. Ende Mai gab es schon einmal einen Vorgeschmack auf die Trennung, als Fritz nach Kassel abreiste. Sie selbst würde nach der Hochzeit am 15. Juni mit Böhmer nach Clausthal im Harz ziehen, wo ihr Zukünftiger eine Stellung als Bergmedicus innehatte; er hatte sich bereits seit Februar in dem Bergstädtchen eingerichtet. *«Da hab ich alle Freuden des Wiedersehns noch einmal genoßen, aber ich war matt und krank am Abend, denn es war unstreitig der Tag meines Lebens, der durch die stärksten Empfindungen bezeichnet ist. Wie mich mein Bruder seinem Freund übergab – ich zwischen beyden – ihr Streit, wer mich am meisten liebte – [...] Und dann zuweilen auch schmerzliche Augenblicke dazwischen, und noch andre, wo ich mein Glück hätte aufopfern können es dem Bruder zu geben. Nur nicht eine Minute Schwärmerey, denn ich fühlte nur, was ich sah.»* Professor Spittler aus Württemberg, der als Kirchenhistoriker gerade die anderen Ordinarii Göttingens in den Schatten stellte, bot Caroline an, ihr noch ein ganz privates Kollegium über den Ehestand zu lesen. «*Ich hab es aber versäumt und muß nun unvorbereitet in den verfänglichsten aller Stände treten. Hab ich viel verlohren oder komt man mit guten Glück am besten fort?*» Der Professor war selbst erst seit kurzem verheiratet mit einer blutjungen, entzückenden Frau – eine wie sie, so Caroline, würde sie sich auch für Fritz wünschen, ihren innig geliebten Bruder. Spittlers Einstellung und Empfehlung als Ehemann lautete jedenfalls: «*Er behauptet, jede gute Frau beherrscht ihren Mann auf erlaubte weise. Ich habe ihn gebeten ganz davon zu schweigen, weil ich mich so klein dabey dünkte beherrschen zu wollen, und er meint, das sey sehr fein philosophirt.*» In diesem Sinne ...

Da der Harz schließlich die Schweiz im Kleinen genannt wurde und Lichtenberg ihr zudem versichert hatte, Clausthal habe die größte Ähnlichkeit mit Bath in England – wenigstens auf den ersten Blick –, ging Caroline einfach mit bester Hoffnung in diesen unabsehbaren neuen Lebensabschnitt, der auch eine beträchtliche Kulissenänderung mit sich brachte. Im Land des gesunden Menschenverstands hatte Lichtenberg schließlich auch den größten, mitunter sarkastischen Abstand zur Göttinger Hainpoesie und der entsprechenden Haltung gewonnen. Vielleicht nahm seine realitätsentschlossene Mitbürgerin davon etwas mit. «*Nicht eine Minute Schwärmerei*» für Caroline. So begann sie ihr Eheleben.

Die Clausthaler Einsamkeit
1784–1788

Clausthal im Harz: eine ansprechende kleine Mittelgebirgsstadt, durchsetzt von Häusern in traditioneller Bauweise mit bunten Holzfassaden, umgeben von dunkelgrünem Nadelwald und unzähligen Teichen auf 600 Metern Höhe. Heute ein Luftkurort, einladend für Wanderer und für gemäßigten Wintersport, interessant auch durch die lokal dokumentierte Geschichte des Bergbaus. Die herbe Landschaft des Oberharzes war von jeher literarisch anregend und Schauplatz von Legenden: In der Walpurgisnacht ritten die Hexen der Sage nach auf den Brocken, um die Gegend um Goslar rankten sich Gespenstergeschichten, Klopstock und Stolberg priesen den Harz im Schauspiel und im Gedicht, und Goethes und Heines Harzreisen sind literarisches Volksgut geworden. In Carolines Zeit waren Literatur, Müßiggang oder gar Freizeitsport allerdings noch kaum ins Alltagsbewusstsein der hier lebenden Menschen gedrungen. In dieser Gegend wurde hart gearbeitet und der Natur ihr unterirdisches Gut auf reichlich mühsamem Weg abgetrotzt. Das Oberharzer Bergrevier mit zahlreichen Gruben und Hütten hatte 1775 die erste montanistische Lehranstalt zur Ausbildung von Bergleuten hervorgebracht. Franz Wilhelm Böhmer arbeitete als Stadt- und Bergarzt in Clausthal mit einer privaten Praxis im Haus. Er behandelte unter anderem die in den Stollen verunglückten Arbeiter. Clausthal ist lediglich sechzig Kilometer von Göttingen entfernt, also eine durchaus überschaubare Entfernung, selbst für die Reisemöglichkeiten der damaligen Zeit. Und doch handelte es sich um eine andere Welt, allein schon klimatisch: kühle Sommer und endlose Winter. Die junge Ehefrau Caroline würde einmal den Schnee vor ihren Fenstern, gewaltige Schneemassen über Monate, als eine Scheidewand zwischen sich und der Welt bezeichnen. Die Stille und die herbe Naturschönheit konnten sie kaum so für sich einnehmen, dass sie ihr alles andere ersetzten, was sie gewohnt war und dessen Abwesenheit sie bald schmerzlich empfand: Anregung, Zerstreuung, Gesellschaften, die geistige Stimulation der Universitätsstadt und die geliebten Menschen um sie herum. Diese Stille wirkte wie eine Zwangseinkehr, die Natur schroff, unzugänglich, die Orte abweisend und ohne Leben. Von Anfang an empfand Caroline das so, denn sie schrieb ihrer Schwester Lotte nur wenige Wochen nach ihrer Hochzeit von einem Ausflug nach Goslar – und diese stimmungsträchtige Schilderung steht unter der Ankündigung: «*Nun mach mit mir eine Excursion ins Reich der Liebe*»; bedenklich genug –: «*So wie du die Nadelspizen der achteckigen Türme von weitem erblickst, erstirbt die Natur, das Gras verdört, alles neigt sich erschmachtend zu Boden. Du fährst zwischen kahlen Bergen hinein, in ein Thor – wo die Liebe selbst vor Schrecken ihren letzten Seufzer aushauchen müste, oder fürchterlich verzweifeln. […] Unerreichbar hohe Mauern umgeben die Stadt, die man nie ganz, sondern nur stückweis vor sich sieht. Klöster ohne Fenster und Kirchen ohne Zahl, und allenthalben 16eckige Wachttürme, die wie Kettenhunde aussehen. In der Mitte, wo der Brand wüthete, stehn ganz gute neue Häuser, zwey Etagen, gewöhnlich noch mit Strohfenstern. Sie stehn wie bekant wieder an den alten Stellen, und also bald hier bald dort eins in Labyrinthischen Winkelzügen. Zu beyden Seiten sind hohe Fusbänke von ausgebrochnen Steinen, die Bürgermeister und Rath ihre schiefen Beine kosten müsten, wenn hier nicht alles organisirt wär wie der Wohnplatz. In der Mitte kein Pflaster, sondern tief ausgefahrne Erde mit naßen Schlamm ausgefüllt. So fährt man wenigstens eine Stunde, eh man durchkömt, mit dem langweiligsten Gefühl, das alle Sinnen der Freude ertödtet und das Grab selbst unschmackhaft macht, ohne melankolischen Trost, den man sonst etwan in einen Nest der Eulen schöpft, ohn den, daß die Bewohner vielleicht gut, vielleicht noch interreßante Überreste der Ritter der vorigen Jahrhunderte sind, nein, es ist eine altmodische kleine lorkige Reichststadt voller Prätensionen auf Modernität.[…]Nun komt, Ihr lieblichen Tauben der Venus, und helft mir aus diesem Cloack in reinere Lüfte.*»

Das ist schon der Stil der Frühromantik, einschließlich der verblüffenden ironischen Einwürfe und lakonischen Wendungen. Caroline antizipiert diesen Stil – und die Passage ist im Übrigen auch eine bewusst konzipierte Gegenantwort auf ein galantes Gesellschaftsporträt, das die Schwester ihr gab aus der Göttinger Welt – Stilübungen. Aber ist diese trostlose Schilderung nicht auch ein Spiegel von Carolines Empfindungen? In der vorangegangenen Beschreibung der Hochzeitsfeierlichkeiten in Göttingen an ihre Freundinnen, die außerhalb Göttingens lebten und nicht dabei sein konnten, geschrieben in der Gartenlaube in ihrem neuen Clausthaler Heim, finden wir dagegen eine stilisierte und sentimentale Gefühlswelt, die doch weit weniger authentisch klingt als die Trostlosigkeit beim Durchreisen von Goslar – vor allem, wenn man den Schlusssatz des Hochzeitsbriefes ins Auge fasst: Ihr Glück mit diesem guten Ehemann (Caroline nennt ihn immer nur «*Böhmer*») müsse ein bleibendes sein, da es nicht übertrieben sei, ihr Gefühl für ihn nicht das Gepräge «*auflodernder Empfindungen*» trage. Nüchterner kann man eine eheliche Verbindung in ihren ersten Wochen schwerlich charakterisieren. Bezogen auf den Hochzeitsstag, heißt es: «*Keine hochzeittägliche Furcht – nur die Seelen tauschten sich um.*» Und doch schöpft die Autorin bei der Beschreibung der Feierlichkeiten das empfindsame Inventar vollkommen aus, denn das gehörte schließlich dazu, war dem Anlass ganz angemessen. Schön war diese Hochzeit offenbar in der Tat. Caroline lässt sie brieflich noch einmal Revue passieren, als sei sie der letzte und einzige Höhepunkt ihres Lebens, das doch zum Großteil noch vor ihr lag: der Brautkranz, der festlich geschmückte Saal, die Anteilnahme der Freunde, Geschwister, Familie und Nachbarn, ein Ständchen morgens vor ihrer Tür von den Schwestern, im Garten die zu einem Thron von Moos und Blumen mit Thronhimmel und Ehrenpforte gestaltete Laube, vor der ein kleiner Junge steht, Blumen streuend und wie Hymen gekleidet, ein Harfenspieler und Sänger, der hinter einem Gebüsch hervortritt, abends im Böhmerschen Garten Illuminationen und viele rührende Szenen – das Fest ging im Übrigen über mehrere Tage. Da hatte die junge Ehefrau noch eine Weile zu zehren von all den Bildern. «*Welch einen Taumel von Liebe, Freundschaft und Glück hab ich durchlebt, und mit welcher süßesten Wehmut – immer die Gränze, wo Schmerz und Freude sich treffen – mit welchem Dank genoß ich ihrer.»* Und: *«Ich stand da von meinen Freundinnen umringt, und dachte* d a s *am lebhaftesten, welch ein Zustand der meinige sein müste, wenn ich den Mann vor mir nicht liebte. Mein Vater, der noch beiweiten nicht ganz gesund war, führte mich vor den Prediger, und in diesen Augenblick sah ich mich nun neben Böhmer auf mein ganzes Leben, und zitterte nicht! weinte nicht während der Trauung! aber wie sie vorüber war, und Böhmer mich mit aller Gewalt der stärksten Liebe umarmte, und Eltern, Schwestern, Brüder, Freunde mit Wunsch, Seegen und Liebe mich begrüßten, wie noch je eine Braut begrüßt worden, mein Bruder außer sich war vor freudiger Rührung, da schmolz mein Herz und strömte über von Seeligkeit.»* Besonders echt klingt das nicht, eher wie eine Beschwörung. Als der Tag der Abreise nach Clausthal gekommen ist, wird die Endgültigkeit dieses Schrittes dann auch offenbar. *«Mittag reisten wir von beyden Familien begleitet ab, trennten uns in Nörthen, und nun fühlt ich zum erstenmal, daß ich verheirathet war, da ich dem Mann folgen mußte und alles zurückließ.»* Und so war es jetzt. Unwiderruflich.

Caroline wurde als Hausfrau und Mutter in dem Bergstädtchen depressiv. Unglücklich war sie von Anfang an, wie ihre Briefe zeigen, und sie schob das ausschließlich auf den Ort, obwohl es sich ja doch auch um ein Grundsatzproblem handelte. Sie hatte keine Aufgabe, während ihr Mann rund um die Uhr beschäftigt war, gefordert in mehr oder weniger permanentem Bereitschaftsdienst, wenn er sich nicht einmal für eine Auszeit, einen Verwandtenbesuch, einen Ausflug mit seiner Frau absentierte. Von gröberen Arbeiten der Haushaltung war die Arztgattin selbstverständlich befreit. Dafür hatte sie Angestellte, eine Magd, einen Diener. Dass die Menschen hier nicht dem entsprachen, was sie von Göttingen her gewohnt war, ist ziemlich gut nachzuvollziehen. Und so konnte sie sich nicht zurückhalten, über die Clausthaler Gesellschaft zu spotten: ihre Provinzialität, ihre Unwissenheit, ihren beschränkten Horizont, die Enge ihres Lebenskreises, mangelnde Eleganz. *«… Schlafmüzen sinds nicht, aber ihre Spirits haben keinen feinen Spiritus, und auch das möchte hingehn, wenns nur nicht so ein bös Menschengeschlecht in the whole wär, doch davon sagt Lottchen niemand etwas. Die Gesellschaften hier sind in 4 Abscheerungen getheilt, eine hölzerne Wand zwischen jedes Part nach den 4 Himmelswinden zu: die Weiber, die Männer, die Mädchen, die Junggesellen.»* Und: «*Ich für mein Theil werfe mich alle Tage mehr in Clausthal herein, ohne mich in die hiesige Form zu gießen. Misgönn doch einem ehrlichen Menschen die Lust nicht sich an 20 bis 30 albernen Menschengesichtern zu amüsiren, und laß lieber in der catholischen Kirche in der kurzen Straße eine Meße dafür lesen, daß ich das Ding von der Seite zu nehmen anfange... Heut hab ich wieder visitirt, bey Vetter Schichtrupp unter andern; dessen Frau – ein gutes Vieh – wie eine leibhaftige Tellermüze aussieht. Er ist fürchterlich unwißend. Hatte mal von amerikanischen Krieg gehört, wuste [nicht] ob ihn Hänschen oder Gretchen führt. Bey Prauns, wo ich doch, wie ich die langen Buchstaben schrieb, hinging, amusirt ich mich gut. Fr. v. Reden war sehr holdseelig, sie behangen von oben bis unten wie ein fürstlich Wochenbett. bouche close! Sie ist mir gewiß nicht gut von wegen des schwarzen Gürtels, und weil ihr Mann englisch mit mir sprach.»* An dieser Stelle wird klar, dass Caroline in ihrer durchaus nicht unprätentiösen Art mit dieser behäbigen Welt, der sie sich – sicher zurecht – überlegen dünkte, auf eine Art innere Konfrontation ging, ein Umstand, der sicherlich viel Distanz schuf, mitunter wohl auch die Gemüter erhitzte. Sie gab sich auch nicht besonders viel Mühe, das zu vermeiden. Mit übler Nachrede hatte sie immer zu schaffen, immer und überall, doch das verwundert nicht, wenn man ihre eigenen Kommentare und ihre Sicht auf die Menschen betrachtet, wenigstens zu dieser Zeit.

Als Gattin des Berg- und Stadtmedicus hatte sie ihren festen Platz in diesem kleinstädtischen Kosmos, aber eben auch ihre gesellschaftlichen Verpflichtungen, denen sie sich nicht völlig entziehen konnte. Böhmer war in der Tat ein guter Ehemann, wie Caroline vorausgesagt hatte. Er wollte, dass es seiner Frau gut ging, und als er spürte, dass sie in ihrem neuen Wirkungskreis unglücklich war, organisierte er Wechselbesuche mit seinen Osteroder Verwandten. Diese konnten indessen die Situation nur folgendermaßen kommentieren: Die junge Frau solle sich «*herabstimmen*» und den Mann «*glücklich machen*». Das war ihre Aufgabe und ihre Pflicht als Ehefrau. Alles andere behielten

Frauen im Allgemeinen für sich. Ab Spätsommer war Caroline in noch stärkerem Maße ans Haus gebunden und entsprechend eingeschränkt, denn sie war schwanger. Da blieben dann nur noch die Bücher, die Lotte ihr schicken musste. Caroline entwickelte eine wahre Lesesucht, da die Lektüre ihr alles ersetzen musste, was sie an Leben entbehrte. Einmal drückte sie der Schwester gegenüber ihre immense Enttäuschung aus, da diese ihr Uhrbänder geschickt hatte anstellte der georderten Bücher. *«Ich bitte dich um Brod, und Du giebest mir einen Stein.»* Ihre Lektüre erweiterte sich mit der Zeit auch auf Philosophisches. Sie forderte unter anderem Jacobis Briefe über die Lehre Spinozas und Herders Gottesgespräche. Kaum zufällig entstanden diese spirituellen Interessen nach den Erlebnissen zweier Niederkünfte, die erste mit grenzwertigem Charakter und langen Krankheitsphasen danach – Erfahrungen zwischen Leben und Tod. Aber bis es so weit war, konnte die werdende Mutter sich noch aus der Ferne mit Lottes Liebesleben beschäftigen, und das war eine Ablenkung, die in ihr selbst wieder die gewohnte Stärkung hervorbrachte, räsonierte sie doch dabei über die Schimären des menschlichen Herzens, seine Verführbarkeit, die illusorischen Bilder der Einbildungskraft, trügerische Gefühle, die der besonnene Mensch durchschauen und überwinden müsse, denn am Ende betrüge er sonst nur sich selbst, werde unglücklich, ein hilfloses Opfer der eigenen Leidenschaften. Die leicht entflammbare Lotte schien ihr dann auch ein wenig unheimlich zu sein, abgesehen von den Gefährdungen ihrer Ehre und ihrer Reputation, denen sie sich durch diverse «Romane» und Schwärmereien von reichlich flatterhafter Manier unentwegt aussetzte. *«Fruchtbar»* könne ihr schwesterlicher Rat wohl nicht sein, gestand sie zu Anfang eines solchen Briefes resigniert ein. Aber dann folgt doch der rätselhafte und etwas blutleere Satz: *«Liebe kan der nächste Schritt zur Tugend werden.»* Also: Lotte solle entsagen. Caroline gibt sich als eine wirkliche Kennerin des menschlichen Herzens, als eine Lebenserfahrene, die den anderen, die noch verstrickt sind in den Niederungen dumpfer Gefühlswirren, kluge Ratschläge erteilt – aus einer Position des sicheren Abstands heraus. Und so unrecht hat sie mit dem, was sie da schreibt, sicherlich nicht. Aber offensichtlich war Lotte in diesem Fall der Entsagung des aktuellen

Geliebten schon von sich aus ein ganzes Stück näher gekommen. «*Oft, meine liebe Lotte, das kan ich Dir nicht verhehlen, oft verwechselt die glühende Einbildungskraft den Gegenstand, sie jagt dem geistigen Wesen, daß sie nicht unterscheidend hell erblickt, nach, träumt sich in die Gefilde des Lichts und der Vollkommenheit hinein, und wacht auf, eh wirs glaubten, über den ersten besten Stoß.[...] Drum bitt ich Dich, mein bestes geliebtes Mädchen, such es nicht zu unterhalten, sondern nimm Deinen ganzen Verstand zu Hülfe, um Dir selbst jene Wahrheiten recht anschaulich zu machen, damit, wenns nun gedämpft ist, Du doch etwas festes davon trägst. Sonst bist Du ewig der unglückliche Raub Deiner eignen Fühlbarkeit, das elendeste Wesen, das durch Dich selbst stets hin und her geworfen wird. O Lotte, das Du doch auf immer dem grösten und hülflosesten aller Leiden, nicht eins mit sich zu seyn, entgehn möchtest!*»

Mit solchen Wünschen gelang es Caroline vermutlich auch, sich selbst mit ihrer Clausthaler Situation besser abzufinden und die eigene Seelenverfassung besser zu steuern. Ein Perspektivenwechsel verhalf schon so manchem aus einer unglücklichen, als unhaltbar empfundenen Lage heraus. Was Lotte betrifft, so handelte es sich aktuell noch um «W.», nicht genauer zu identifizieren, einen Verehrer von einst, den sie abgewiesen hatte, da sie einen anderen liebte, den sie nun aber doch an sich zog, da der Verlust des anderen drohte (was Caroline kaum zu Unrecht als Selbstbetrug dekodierte, ohne die Gefühle der Schwester dabei herabzusetzen oder nicht ernst zu nehmen). Bei dem Vorgänger «W.»s dürfte es sich um den Unterhaltungsschriftsteller August von Kotzebue handeln. Später ging es um einen Mann, der den Göttinger «*Universitätsmamsellen*», mindestens der ältesten und der jüngsten Michaelis-Schwester sowie der mit Georg Forster verlobten Therese Heyne, aber sicherlich auch der einen oder anderen des übrigen Damenflors in seiner Umgebung im Laufe der Zeit und an unterschiedlichen Schauplätzen nicht wenig süßen Verdruss brachte, eine windige, schwer zu fassende Figur, die doch auch so sehr ein Teil von Göttingen wurde wie die namhaften Professoren mit ihren Eigenheiten und Absonderlichkeiten. Sein Name war Meyer. Mit ihm strömte ein Hauch bürgerlicher Weltläufigkeit in das Universitätsstädtchen, in

Friedrich Ludwig Wilhelm Meyer. Scherenschnitt

dem er blieb, weil er gefiel, und das nicht nur den Damen. Meyer war attraktiv, einnehmend, ein wirklicher Schöngeist, eloquent, weitgereist. Wir haben einen Scherenschnitt von ihm: bezopft und im Halbprofil, mit einem sinnlichen Mund, scharf geschnittener Nase und einer einigermaßen selbstgefälligen Miene, einziges optisches Zeugnis seiner vielfältig bezeugten überragenden Ausstrahlung. Er hatte in Göttingen die Rechtswissenschaften studiert, dann aber durch einen betrügerischen Treuhänder den größeren Teil seines väterlichen Vermögens verloren. So kam der Sechsundzwanzigjährige im Sommer 1785 in die Universitätsstadt zurück, wo er als Kustos der Bibliothek angestellt wurde und als außerordentlicher Professor für Literatur und Philosophie. Auch in Göttingen lief, wie man sieht, manches auch abseits des geradlinigen akademischen Weges. Friedrich Ludwig Wilhelm Meyer hatte diverse Begabungen. Er hinterließ ein umfangreiches belletristisches Werk, schrieb Theaterstücke, Singspiele und sogar Lyrik, er wirkte als Übersetzer und Rezensent, war geschmeidig in Fremdsprachen, besaß weitreichende Kenntnisse in unterschiedlichen Wissenschaften, er vermochte sich gut in Szene zu setzen, und als Laienschauspieler hatte er schon in seiner Göttinger Studentenzeit geglänzt. Nicht wenig bezeichnend sind dann auch einige Titel seiner eher der leichteren Muse gewidmeten Bühnenwerke: «Das Blendwerk», «Spiel bringt Gefahr», «Der Glückswechsel» oder «Wie gewonnen, so zerronnen». Meyer war ein besonders hinreißendes Beispiel für genialen Dilettantismus mit einer unwiderstehlich erotischen Note. Seine Anziehungskraft auf die Damenwelt war besonders fatal, weil er selbst, wie es scheint, von Bindungsängsten getrieben war und eine umso schemenhaftere Rolle spielte – häufig auf mehreren Baustellen zugleich –, je größer die Gefahr für ihn wurde, sich wirklich irgendwo emotional zu engagieren. Die kluge und immer vernünftige Caroline hat das nicht völlig durchschaut, als sie aus der Ferne darüber in Kenntnis gesetzt wurde, wie Meyer ihrer kleinen Schwester den Kopf verdrehte, und so war sie fürs Künftige auch nicht gewappnet. In der Clausthaler Einsamkeit waren diese Dinge, die Ereignisse in ihrem früheren Lebensumfeld, aber nicht zuletzt dankbar angenommene Zerstreuungen, um sie aus ihrer eigenen zeitweiligen Misere zu reißen.

Am 28. April 1785 brachte Caroline ihre Tochter Auguste (Philippina Augusta) zur Welt. Die schwere Geburt, bei der Mutter und Kind nur knapp mit dem Leben davonkamen, wurde schon im Vorfeld verdüstert durch eine Ruhrepidemie in der Umgebung, der zwei Kinder einer befreundeten Familie zum Opfer fielen. Caroline wurde unmittelbar nach der Geburt selbst krank, und sie schildert ihr Martyrium ihrer Freundin Luise: «*Die letzten 14 Tage über, eingeschloßen in meinem Zimmer vom bösen Wetter und Furcht vor Ansteckung; zwar wohl Freuden, aber auch Leiden der Mutter im voraus fühlend – so kam endlich der Tag, der mich in tausend langwierigen Schmerzen und Angst selbst zur Mutter machte. Die letzten Augenblicke vorher trieben meine Anstrengung aufs höchste, denn ich fürchtete, das Kind sey todt – diese Vorstellung, vereint mit dem Anblick des lezten gebrochnen Strahls der Sonne, der in das gegenüberstehnde Bett fiel, als wolt er es zu Thränen einweihen – o es war Zeit, daß sie unterbrochen ward. Dann folgte ein nur zu kurzer Rausch der Freude, der sich durchs ganze Haus verbreitete – mein Mann, außer sich über das gerettete Leben seiner Frau und seines Kinds, die arme Lotte, die ich einige Tage nicht gesehn, in der Wonne ihres Herzens, kniend vor mei-*

nem Bett – ich deßen alles genießend. Ich fiel in einen Schlummer aus den ich ohne Besinnung erwachte, und nun folgten 14 fürchterliche Tage und Nächte, die ich unter einem heftigen Nervenfieber zubrachte, während welcher ich, ohngeachtet einer starken Neigung zum Schlaf, kein Auge schließen durfte, ohne von Zuckungen und schrecklichen Phantasien geweckt zu werden; wo Böhmer oft für mein Leben, und ich für meinen Verstand fürchtete, deßen Zerrüttung ich mir in äußerster Traurigkeit bewust war; wo ich überall Trauer sah, selbst mein liebenswürdiges Kind mir keine Freude machte, außer der betrübten Genugthuung, über daßelbe gebeugt, weinen zu können! Aueßerst schwach an Leib und Seele must ich Ruhe und Bewegung gleich scheuen. Es ist vorbey, und Gott sey Dank, der mich durch die Bemühungen meines Mannes gerettet, für den sich bey dieser Gelegenheit meine Achtung und Zärtlichkeit durch die vielfachen Beweise der seinigen und die Standhaftigkeit, die er nie verläugnete, selbst in der dringendsten Gefahr nicht, noch verdoppelt hat.» Das war mehr als eine postnatale Depression, und Carolines geschwächter Zustand hielt auch noch die nächsten Monate an. Im schneereichen Clausthaler Winter hatte sie dann nur noch das Gefühl, dass alles sich wiederholt, dieser Winter und noch ein Winter und schließlich so fort … «*Mit Trauer seh ich den Schnee, die Scheidewand zwischen mir und der Welt.*» Was sollte noch kommen? Anfang 1786 heißt es sogar: «*So bin ich ein elendes Geschöpf, das mit Gleichgültigkeit das Morgenlicht durch die Vorhänge schimmern sieht, und ohne Satisfaktion sich niederlegt*» – und das trotz ihrer liebenswerten kleinen Tochter, an der sie ja doch ihre Freude hatte. Es hätte eigentlich ein «Gustav» werden sollen, schreibt Caroline – ein Sohn war immer das Wunschresultat –, aber das liebe Geschöpf bitte durch seine Güte und Schönheit stillschweigend, doch mit ihr zufrieden zu sein, und ihr Mutterherz schlage ja auch bei einer Tochter, mit der sie sich früher beschäftigen könne, mit größerer Anteilnahme und stärkerer Anhänglichkeit – «*und der Vater? – ach, er vergaß gern die Wahl*». Der Rücksichtnahme ihres Ehemanns dürfte es dann auch zu verdanken sein, dass sie nicht umgehend wieder schwanger wurde, sondern erst anderthalb Jahre danach. An seinen «*Bemühungen*» um sie lag es sicher nicht, dass Caroline nicht glücklich war. Ihre Selbstachtung aber gebot ihr auch in den dunkelsten Stunden, sich selbst einen Ausweg zu suchen, und da sollte es eben so sein, dass die Herbstnebel sich verflüchtigen, aber auch die rosenfarbenen Bilder, die nur Schimären sind – hin zu einer gefassten Wirklichkeit, deren Annahme auch die Lebenskraft und die Zuversicht wieder zurückgeben kann. Es ist eindrucksvoll, wie Caroline in einem einzigen Brief derart verschiedene Stadien durchläuft, dass es letztlich in einer gelungenen Selbsttherapie kulminiert. «*Meine Wünsche sind mäßig, aber eben so viel mehr gesagt, wie ein feurigerer, als die Locke in den Eimer Wasser zu tauchen mehr hieß, als in den Ozean.*» Die schönsten Farben der Zukunft, so meinte sie, würden immer in derartige Bilder übergehen, und das Gefühl einer gewissen Nichtigkeit werde sie am Ende doch alle auflösen. Die Schreiberin kennt alle Tücken der Einbildungskraft und nimmt daher auch die Tiefstände nicht allzu ernst. Dann kommt die Wendung: «*Lotte, wir wären elend – wenn nicht aus Kleinigkeiten unsre Glückseeligkeit zusammen gesezt wär, deren Summe eitel ist, aber die im einzelnen doch fähig sind uns ganz zu beschäftigen. Denn aus jener Stimmung, wo die Seele in sich zurück kehren zu wollen und im Begriff schien, ihre Tiefen und unser Wesen zu ergründen – ruft uns doch so leicht das mindeste zurück, eine Stimme, ein schneller Blick, der auf ein Band fällt, auf ein etwas – und das leitet uns wie ein Blitz zurück auf die Gegenwart, auf Annehmlichkeit und Abwechslung des Lebens. Geschmack und Freude daran leben auf. Es ist so – weiter weis ich nichts davon. Gestern hab ich tracktiert, und da war mir der Braten wichtiger wie Himmel und Erde.*»

Carolines Lebenskunst – sie half ihr aus allen Tälern und Tiefen heraus. Auch las sie in dieser Zeit gerne Memoiren. Wie andere wohl ihre Wegstrecke gingen, wie es ihnen dabei erging und wie sie die Tiefstände meisterten? Sie forderte den «Anton Reiser» von Karl Philipp Moritz, der offenbar schwer zu bekommen war, selbst aus Göttingen. Der solle ihr «*Herbstnebel*» sein, mitten im Winter. In der Tat: Der autobiographische Roman, gerade erschienen, die Geschichte eines Hutmacherlehrlings und gescheiterten Schauspielers, bietet für die Zeit so ziemlich das Äußerste an psychologischer Introspektion mit schonungslosen Entblößungen, der Beschreibung innerer und äußerer Abhängigkeit, von Demütigungen, Selbstzerfleischungen, Hypochondrie. Wir erfahren nicht, ob Caroline den «Anton Reiser» bekommen hat. Er enthält viel Gesellschaftskritik, beginnt mit einer fast sarkastischen Schilderung der pietistischen Abwege und weltflüchtigen Frömmeleien im Milieu seines Autors und zielt letztlich auch darauf ab, eine Darstellung *«der durch bürgerliche Verhältnisse unterdrückten Menschheit»* zu sein. Wie sozialkritisch Caroline zu dieser Zeit war, wissen wir nicht. Die Clausthaler Jahre haben aber aller Wahrscheinlichkeit nach ein ziemlich waches Bewusstsein dafür hinterlassen, wie äußere Lebensumstände eine Seele drücken und krank machen können, den Entschluss späterer Zeiten vorausgreifend, fortan die Meisterin ihrer eigenen Verhältnisse zu sein, sich nie wieder von außen derart beschränken zu lassen. Einstweilen erteilte sie nahezu herrische Befehle an die alte Heimat, welche Büchersendungen sie hier und jetzt wünsche, immer den stillen und manchmal auch ausgesprochenen Vorwurf im Hintergrund, dass man sie doch in ihrer Einöde nicht völlig sich selbst überlasse. Lottes Techtelmechtel mit Meyer mochte immerhin dafür herhalten, dass dieser Schöngeist dank seiner diversen Eigenschaften und seiner Quellennähe Literatur liefern konnte, wenn die ungefällige Madame Volborth mit ihrem Lesezirkel, die man teuer bezahlen musste, schon nicht genug hergab. *«Nun bitt ich Meyern, erstlich um etwas amüsantes gut zu lesen, wenn man auf dem Sopha liegt. Das muß kein Foliant seyn, sondern was man mit einer Hand hält. Wohl möchte ich neuere französische Trauerspiele, kleinere Romane, Memoires oder auch etwas ernsthaftes. Gott! er muß es ja wißen. Mir ist alles willkommen, waß ich noch nicht gelesen habe. Zweytens möcht ich etwas zu lesen, wenn man auf dem Sopha sitzt und einen Tisch vor sich hat, als ältere englische Geschichte aus Alfreds Zeiten; und den 4ten Theil von Plutarch (die andern hab ich gelesen). Alles auf einmal will ichs nicht. Bey der nächsten Gelegenheit kömt auch Winkelmann und Oßian wieder. Betreib dies ein bischen für Deine Schwester; es ist unverantwortlich, daß man mich so gleichgültig zum Aschenbrödel werden läßt. Mach es Meyern wichtig. Bekomm ich nichts, so glaub ich nicht an Deine Gewalt über ihn.*» Kurz darauf heißt es: «*Warum habe ich Oßian nicht gekriegt?*» Über Meyer, den sie indessen noch aus seiner Studienzeit kannte und kaum vergessen hatte, dem sie wahrscheinlich auch im Sommer wieder begegnet ist, als sie sich ab Mitte Juli einige Wochen besuchsweise in Göttingen aufhielt, hat sich die Schreiberin aus aktuellem Anlass erneut ein kritisches Urteil gebildet, was aber eine gewisse Faszination kaum verdecken kann. «*Noch begreif ich den ganzen Menschen nicht, aber ich mag ihn nicht leiden*», räsoniert sie und warnt Lotte. «*Seinen Stolz zu demüthigen ist der Mühe werth, weil er unbändig groß ist.*» Als sie dann allerdings hört, dass Meyer geäußert habe, sie, Caroline, sei unglücklich in ihrem Clausthaler Leben – und dies auch noch in Gegenwart und mit der Billigung Therese Heynes –, bäumt sich ihr eigener Stolz so weit auf, dass sie sich umgehend Rechenschaft von ihrer Lage ablegt. Die Harzlandschaft gefalle ihr allmählich, ihr Töchterchen sei entzückend, und sie freue sich auf Lottes Besuch und gemeinsame Unternehmungen, Wanderungen im Harz beispielsweise. «*Was Meyer übrigens einst sagte, ist thöricht. Ich bin nicht unglücklich, wenigstens nicht durch meine Lage, ja was sag ich wenigstens? Bin ichs denn überall? Nennt ers ein Unglück eine Seele zu haben? So scheints mir beynah. Es war eine Zeit, wo Therese sich alle die unglücklich dachte, die sie liebte, daher schreibt sich das. Sie ist von dieser Grille zurückgekommen. Sie glaubt an Glückseeligkeit. Die meinige ist nicht überspannt, aber ich bin ihre Schöpferin, fiel mir auch in den ersten Zeiten wohl der Gedanke ein – warum must Du hier Deine Jugend verleben, warum* D u h i e r *vor so vielen andern; und vor manchen doch fähig eine größre Rolle zu spielen, zu höhern Hofnungen berechtigt? Das war aber Eitelkeit. Jezt sagt mir mein Stolz, was ich habe ist mir gegeben, diese Situation zu tragen, mich selbst zu tragen. Ich bin sehr zufrieden. Ich leugne es nicht, es im Anfang nicht gewesen zu sein.*» Doch dieser Brief kippt ins Pessimistische um, wenn die Schreiberin ihn auch mit positiven Beschwörungen und Bekenntnissen enden lässt. All ihr Stolz gegenüber Therese, die sie fatalerweise von ihrer eigenen Unzufriedenheit wissen ließ und von der sie sich distanzieren muss, kann dagegen nicht aufkommen, gegen ihr Clausthaler Lebensgefühl und gegen ihren resignierenden

Blick in die Zukunft, den sie allenfalls durch entschlossene Teilnahme an der Gegenwart mit allen ihr gebotenen Kräften bekämpfen kann. «*Ich bin nicht mehr Mädchen, die Liebe giebt mir nichts zu thun als in leichten häuslichen Pflichten – ich erwarte nichts mehr von einer rosenfarbnen Zukunft – mein Loos ist geworfen. Auch bin ich keine mystische Religions Enthousiastin – das sind doch die beyden Sphären, in denen sich der Weiber Leidenschaften drehn. Da ich also nichts nahes fand, was mich beschäftigte, so blieb die weite Welt mir offen – und die – machte mich weinen. Da ist immer die Rede von schwachen Stunden. Weh mir, wenn in guten es mir an Freuden mangelte. So eingeschränkt bin ich nicht. Durch Interreße an Dingen außer mir, durch Betrachtung, durch Mutterschaft, durch alles waß ich thu, genieß ich mein Daseyn.*»

Doch es blieb nur ein knapper Sieg einer entschlossenen Vernunft über die untergründige Gemütslage der Briefschreiberin, besonders, da eine Änderung in dem vor ihr liegenden Leben kaum absehbar war. In der zweiten Jahreshälfte 1786 war die Gattin des Clausthaler Stadtmedicus erneut schwanger. Vor ihrer zweiten Entbindung im Frühjahr 1787 versuchte sich Caroline im Voraus zu «*wappnen*». Dass sie beim ersten Mal so «*herunter*» war, sei, wenigstens unter anderem, eine «*Crisis der schwärmenden Vernunft*» gewesen, und dagegen wollte sie diesmal entschlossen ankämpfen. Ihre Schwester Luise kündigte sich an, um ihr in der schweren Stunde beizustehen; bei Augustes Geburt war es Lotte gewesen, gefolgt vom Besuch der Eltern aus Göttingen nach ihrer Niederkunft. Carolines Freundin Luise Gotter in Gotha hatte bereits zwei Kinder im zarten Alter verloren. Frühe Kindstode waren allgegenwärtig, und bei jeder Niederkunft stand die Gebärende auf Messers Schneide. Ganz unbegründet waren die Ängste und düsteren Phantasien einer Schwangeren sowie ihr Zustand danach also ganz sicher nicht, von der hormonellen Situation, die wir heute zumindest kennen und einordnen, bis zu einem gewissen Grad auch behandeln können, ganz abgesehen. Umso bezeichnender, dass Bruder Fritz, der als Mediziner doch für diese Zusammenhänge eine gewisse Sensibilität aufbringen sollte, der Schwester in einer solchen Zeit schreibt, er begreife sie nicht, ihre «*finstern Phantome*». Für die Befindlichkeit schwangerer und gebärender Frauen sowie Wöchnerinnen, für viele ein Ablauf in Permanenz, hatte man in diesem Zeitalter wenig Verständnis. Carolines zweite Tochter Sophie Therese, «Rose» oder auch «Röschen» genannt, wurde am 23. April 1787 geboren. Die Geburt war zumindest komplikationslos, und Caroline wurde anschließend auch nicht im krisenhaft-pathologischen Sinn depressiv. Wenigstens erfahren wir darüber nichts. Ihr Leben pendelte sich danach in ein ruhiges Fahrwasser ein, und sie übte sich in einer stillen und gelassenen Resignation. Weihnachten mit den beiden Kleinen, der acht Monate alten Therese und der fast dreijährigen Auguste, mit Spielsachen, Zuckerbildern und anderen Gaben, der Freude der Kinder und festlicher Stimmung, erlebte die junge Mutter durchaus auch in Momenten häuslichen Glücks (wieder wird «Böhmer», der Gatte, überhaupt nicht erwähnt, so, als ob er nicht da war). *«Augustens Weynachtsfreude übertraf [...] meine Erwartung, und ihre Dankbarkeit war allerliebst. Sie kam mit ausgebreiteten Armen in die erleuchtete Stube, und freute sich dann laut, naiv über jedes einzelne Stück.»* Aber von solchen schönen Momenten und gesegneten Zeiten abgesehen: Die Kinder allein konnten Caroline nicht ausfüllen, so sehr die Mutterschaft auch ein bewusst angenommener Teil ihres Lebens war. Währenddessen war sie seit Herbst zum dritten Mal schwanger. An die Freundin Luise hatte sie in der Vorweihnachtszeit geschrieben, im Anschluss an die Frage, wie es den Kindern gehe, und der Mitteilung, dass die ihrigen wachsen und gedeihen: *«Von meinem übrigen Leben ist wenig zu sagen; es ist von außen so einförmig daß man sich nur beym erzählen wiederholen würde. Die Innre Geschichte ist um desto mannichfaltiger, und zu weitläufig.»* Das lässt dann doch einigen Raum.

Über Nacht, schlagartig änderten sich Carolines Verhältnisse – unvorhersehbar, wie das Leben gelegentlich ist und den Schicksalsgläubigen ein Beweis für Bestimmung. Dr. Böhmer zog sich in seiner medizinischen Praxis eine nicht näher bezeichnete Infektionskrankheit zu – wobei auch das nicht verbrieft ist, nur, dass es sehr schnell ging: Krankheitsausbruch und Tod. Er starb am 4. Februar 1788 und machte Caroline, die mit dem dritten Kind schwanger war, mit 24 Jahren zur Witwe. Genau genommen, stand ihr jetzt die Welt wieder offen. Aber ein Schlag war es doch. Die so unerwartet Hinterbliebene beschreibt ihren Zustand, allein mit den Kindern in Clausthal und in Erinnerung an die letzten Blicke des sterbenden Mannes, als eine «*traumähnliche Betäubung.*» Und Böhmer, der wirklich vorbildliche Gatte, der ihre letzten vier Jahre begleitet hatte, der Vater ihrer drei Kinder, wurde sicher aus ehrlichem Herzen beweint.

Wanderjahre
1788–1792

Bevor Caroline im Herbst endgültig den Clausthaler Haushalt auflöste, war sie schon lange vorher wieder ein Teil des Göttinger Lebens. Hier wurde am 20. Juli 1788 ihr Sohn Johann Franz Wilhelm geboren, eine letzte namensgleiche Reminiszenz an seinen verstorbenen Vater. Tragischerweise starb das Söhnchen etwa zwei Monate später. Caroline erlebte dieses zweite erschütternde Sterben innerhalb weniger Monate in Gegenwart eines Mannes, der nach ihrer Rückkehr nach Göttingen, wahrscheinlich unmittelbar danach, eine große Bedeutung in ihrem Leben einnahm – leider nicht mit gutem Ausgang, wie man vorwegnehmen kann. Sie hatte auch ihn schon vor ihrer Eheschließung gekannt. Die Universitätsstadt war klein; jeder kannte hier jeden. Die getrennten Gesellschaftssphären, die allerdings zwischen dem (akademischen) Bürgertum und dem Adel schon eine gewisse Durchlässigkeit zeigten, bildeten die Voraussetzung des sozialen Lebens, seine Erfolgsgeschichten, Assimilationen, Begegnungen, aber auch seine Grenzen und Brüche. Georg Ernst Tatter, den Caroline schon einmal in einem Brief in der Clausthaler Zeit erwähnt hat – sie nannte ihn den *«schönen Datter»* –, entstammte der unteren Mittelschicht, brachte es aber dank seiner Beziehungen zum kurhannoveranischen Hof und geschmeidiger Eigenschaften des Geistes wie auch der Persönlichkeit bis zum britisch-hannoveranischen Legationsrat und königlich-großbritannischen Vertreter am Zarenhof in St. Petersburg, wo er schließlich auch starb. Seine Persönlichkeit rückt diesen schillernden Höfling in die Nähe des ebenso schillernden Meyer, zu dem er auch einen guten Draht hatte. Seine Lebensgeschichte und was Zeitgenossen über ihn sagen, auch was seine Beziehung zu Caroline, die spärlich genug dokumentiert ist, da eine ganze Reihe von Briefen zwischen den beiden verlorenging, an Rückschlüssen möglich macht, zeigt aber einen zerrissenen Menschen, determiniert nicht zuletzt durch die gesellschaftlichen Divergenzen seiner Epoche. Er wurde 1757 als ältester Sohn des Gartenmeisters der Herrenhäuser Gärten und Enkel des hannoverischen Hofgärtners Georg Ernst Tatter geboren, und zwar in Montbrillant bei Hannover, gegenüber dem Schloss Herrenhausen. Hofnähe also von Anfang an, aber in der Bedienstetenrolle, so sehr er auch später von Grafen und Prinzen geschätzt und geliebt wurde. Hofmeister, Prinzenerzieher war eine häufige Rolle von Existenzen seiner Art, und diese Rolle übernahm er unter anderem ebenfalls. Er durfte in Hannover am Hof essen, aber er musste mit den anderen Domestiken am Katzentisch sitzen. Das kennzeichnete seine Situation, die auch Goethes Situation in den ersten Weimarer Jahren war – mit dem Unterschied allerdings, dass Goethe aus dem reichen Bürgertum kam und den Hof in pekuniärer Hinsicht nicht brauchte, vom reichsstädtisch stolzen Vater auch immer vor dem Adel gewarnt worden war.

Jedenfalls scheint Tatters Vater, der Gartenmeister, der auch auf andere Art rührig war und achtzehn Kinder mit seiner Gattin gezeugt hat, von denen mindestens zwölf überlebten, für diesen Sohn eine besondere Laufbahn beschlossen zu haben, denn als Einziger seiner Geschwister durfte Georg Ernst Tatter studieren. Er studierte ab April 1776 in Göttingen Theologie, bekam aber sehr bald Gewissensnöte ob dieses Studiums. Er brach es ab, wandte sich anderen Inhalten zu, vor allem der Philosophie und der Politik. Seine Tagebuchaufzeichnungen aus dem Jahre 1781 dokumentieren Glaubenszweifel und depressive Verstimmungen, Todessehnsucht und andere Anfechtungen, unter anderem sexueller Natur. Tatters Zerrissenheit speiste sich sicher aus mehreren Quellen. Eine klare und fassliche Natur war er nicht, so geschmeidig und angenehm er sich auch geben mochte, wenn seine feudalen Brötchengeber das von ihm erwarteten. Er hatte 1780 eine Zeitlang in Leipzig studiert, war aber im selben Jahr schon zum Hofmeister der jüngeren Kinder des Reichsgrafen von Wallmoden ernannt worden, mit denen er 1783 auch nach Lausanne ging. Johann Ludwig von Wallmoden-Gimborn war kurhannoverscher Generalleutnant. Tatter betätigte sich, während Wallmoden als britischer Gesandter am

Hof in Wien weilte, als sein Sekretär. Diesen Beziehungen und vor allem der Tatsache, dass der Hofmeister mit den Kindern des Reichsgrafen in einem so guten Verhältnis stand, dürfte es zu verdanken sein, dass Tatter 1786 zum englischen Legationssekretär und zum Prinzenerzieher der gerade eingetroffenen Söhne des englischen Königs ernannt wurde. Diese Prinzenankunft sorgte für einigen Aufruhr in Göttingen, und sie zeigt auch sehr mustergültig, wie es stand um das Verhältnis von Adel und Bürgertum und wo die berühmten Professoren der Georgia Augusta, Gelehrte von Weltrang, in diesem Gesellschaftsgefüge ihren Stellenwert hatten. Die Aristokraten unter den Studiosi (die im Übrigen kein Examen ablegen mussten), für die das Reithaus und die Fechthalle in so eiliger Priorität gebaut und für die sogar ein Ballhaus geplant worden war, rückten nicht selten mit Equipage, einer Schar Jagdhunde und Dienerschaft an, und sofern sie ein Domizil für sich auserwählt hatten, mussten gegebenenfalls selbst alteingesessene und angesehene Bürger ihr Haus räumen. Als die 15-, 13- und 12-jährigen englischen Prinzen, der Herzog von Cumberland, der Herzog von Sussex und der Herzog von Cambridge, in Göttingen auftauchten, entschied sich ihr Stab umgehend für das repräsentative Haus von Professor Michaelis, und da genügten dann auch die schönen Logierwohnungen nicht, die sich im Seitentrakt des Hauses befanden; man wollte das ganze Haus. Caroline hatte sich damals von Clausthal aus unverkennbar darüber ereifert. Die standesgemäße Unterkunft der englischen Prinzen machte ihr jedenfalls erheblich weniger Sorge als die Lebensumstände ihres alternden Vaters. *«Das wünscht ich nicht»*, schrieb sie, *«daß Vater auf seine alten Tage seine bequeme Wohnung aufopferte, auch keinem Königssohn!»* Da Michaelis einen unmäßigen Preis forderte – 2000 Taler Miete, 20 000 Taler für den Verkauf –, kamen die Prinzen woanders unter, da man den hohen Preis wohl zurecht als Unwillen des Besitzers interpretierte, der sein Haus verständlicherweise nicht hergeben wollte. Sie wohnten beim Buchhändler Dieterich und erschienen von Zeit zu Zeit als Teegäste im Michaelishaus. Carolines Äußerungen über Aristokraten zeugen bis dato von keiner übertriebenen Ehrfurcht, eher von latenter Kritik, die sich mitunter auch in Ironie oder gar in Sarkasmus äußerte.

1781 hatte Herzog Karl Eugen von Württemberg Göttingen einen Besuch abgestattet, und Caroline hatte diesen ausgiebig kommentiert. Dieser schwäbische Sonnenkönig-Verschnitt, der auf Kosten seiner armen Untertanen einen unglaublich prunkvollen Lebenswandel genoss und der den Räten der Stadt Tübingen, die sich weigerten, immer neue, willkürlich erhobene Steuern zu zahlen und die ihrem Herrscher die Not des Vaterlandes ans Herz legten, geantwortet hatte: *«Ah, bas, Vatterland! Ich bin das Vatterland!»*, hatte vor einigen Jahren ein neues Hobby entdeckt und eine respektable Geliebte gefunden. Das erste war Pädagogik; in seiner *«militärischen Pflanzschule»*, der späteren Hohen Carlsschule, vergeudete Friedrich Schiller seine geknechtete Jugend; und die zweite war die unscheinbare, aber persönlichkeitsstarke und warmherzige Franziska von Hohenheim, die diesen Despoten bis zu einem gewissen Grad zu zähmen vermochte und so etwas wie die besten Seiten in ihm hervorholte. Das war die Phase, in der die Göttinger den Herzog von Württemberg in ihrem Städtchen zu sehen bekamen. Die damals siebzehnjährige Caroline hatte diesen Besuch einer Freundin folgendermaßen beschrieben: *«Diese Woche beehrte der Herzog von Würtenberg und Gräfin Hohenheim, die mit ihm reiset [*Dieser Nebensatz ist hervorgehoben*], unsre Stadt. Er besuchte alle Collegia, sah und hörte Naturalien Cabinet, Bibliothek, Disputationen, Societäten, alles was nur aufzutreiben war, war sehr höflich, sehr gnädig, tractirte die Profeßores ec. Sie besah mit, und ennuyirte sich die übrige Zeit im Gasthofe. Jeder, der sie gesehn hat, macht die reizendste Beschreibung von ihr, sie soll nicht schön, aber im höchsten Grad annehmlich, gelehrt, voller Einsicht und Verstand seyn. Gelehrsamkeit ist jetzt so sein Steckenpferd, daß es ihn lächerlich und zum Pedanten macht. Er ist häßlich, verliebt mag sie wohl nicht in ihn seyn, ob sie gleich ihren Mann um seinetwillen verließ. Seine Unterthanen wünschen, daß er sie heirathet, er traut aber selbst seiner Beständigkeit nicht genug das zu thun. Tugend und Religion ist jetzt sein drittes Wort, er, der Unterdrücker weiblicher Tugend, der Zerstörer der Ruhe so mancher Familie, der Verläugner seiner Religion, wenn sie aus Thaten besteht, wagts diese heiligen Nahmen zu misbrauchen. O er ist mir verhast! Wilst Du sein*

Bild, so stell Dir einen großen und nicht magern Mann, mit einem rothen Angesicht, großer Nase nebst kleinen ditos drauf, große hervorstehende Augen, einen braunen kurzen Rock, schwefelgelbe Weste, so lang, daß man die schwarzatlaßne Beinkleider, über die graue Strümpfe nach alter Mode gewickelt waren, kaum sah, denn Weste und Strümpfe stießen zusammen, Stiefel mit Fischbein steif gemacht, den Gang eines alten Greises vor. Möchtest Du, ich sage nicht Gräfinn Hohenheim, sondern auch nur um den Preis rechtmäßige Herzogin von Würtenberg seyn?»

Das ist fast eine aristokratische Karikatur. Selbst im Blick auf die Mode gehört dieser Herzog zu einer untergehenden Welt. Die Ausführungen der Michaelis-Tochter lassen es, rückwärts betrachtet, nicht sehr überraschend erscheinen, dass sie in den wilden Tagen von Mainz zur Republikanerin wurde. Da sie außerdem zu den Menschen gehörte, die nichts bereuen und die Verantwortung für ihr Tun übernehmen, welchen Ausgang es auch immer nimmt, konnte sie auch die Konsequenzen bejahen, und etwas von dieser Erfahrung und Einstellung behielt sie lebenslang bei, auch nach dem Scheitern der Revolution und als die politischen Lesarten andere waren. Hier aber liegt schon das Scheitern ihrer Beziehung mit Ernst Georg Tatter begründet, denn der war anders, fast gegenteilig, in Wesen, Mentalität und Charakter, und seine Situation gebot ihm auch andere Rücksichten. Caroline war fasziniert von seiner Zerrissenheit – dergleichen fesselte sie noch mehrfach an Männern, denn da konnte sie wirken und aufrichten, und das gab ihr Befriedigung. Sie, die ewig Vernünftige, Mäßigende, die für alle anderen die Verantwortung mit übernahm, was sich nicht nur aus ihrer Kindheit und Jugend erklärt, sondern gerade auch jetzt sichtbar wurde, da die Geschwisterschar sich in alle Winde zerstreute und alle so ihre eigenen Egomanien entwickelten, während niemand außer ihr das System Familie im Ganzen bedachte oder den immer verdrießlicher, sicher auch einsamer werdenden Vater, fühlte sich angezogen von einem Mann, der nicht nur äußerlich anziehend war und das höfische Element, wohl auch eine schöne Galanterie, verinnerlicht hatte, sondern dessen inneres Schwanken anscheinend auf äußerst einnehmende Art ästhetisiert war. Menschen mit starker physischer Ausstrahlung, mit Anmut und Charme, schaffen so etwas. Anders als sie, Caroline, war Tatter unentschlossen, verzagt, ängstlich fast. «*Er war ein Mann von ungewöhnlichen Fähigkeiten, unter einem andern zu arbeiten, aber von ängstlichem Wesen und wenig Charakterfestigkeit, sobald er allein stehen und handeln sollte*», urteilt die Witwe des Grafen Münster, mit dem er befreundet war und für den er arbeitete, verbunden mit einem ziemlich dramatischen Ausgang und dem frühzeitigen Tod des erst 48-Jährigen, der es doch in der großen Welt letztlich so weit gebracht hatte, über Ernst Georg Tatter. Ein weiterer Umstand im wörtlichen Sinne charakterisierte das Zusammentreffen dieser beiden, des Prinzenerziehers und Legationssekretärs und der frisch verwitweten Madame Böhmer, denn Caroline war hochschwanger, als sie im Sommer 1788 nach Göttingen kam. Dass sich zweimal mehrere Männer in diesem Zustand in sie verliebten, in dem eine Frau sich normalerweise nicht unbedingt auf der Höhe ihrer Attraktivität fühlt – mindestens Tatter und beide Schlegel-Brüder in allerdings unterschiedlichen Situationen –, ist vielleicht nicht ganz zufällig und deutet möglicherweise auf ein Wesensmerkmal Carolines hin, eine Eigenart, eine Ausstrahlung als Frau, die ihre diversen Chronisten, Biographen und Parteigänger in ein stellenweise esoterisch anmutendes Vokabular tauchen. Dass sie etwas Mütterliches und Bergendes an sich hatte, Weiblichkeit, gepaart mit einer gewissen Erdung und intuitiven Sicherheit, die besonders für den suchenden Typ Mann, der mit sich und der Welt haderte, ungemein anziehend war, dafür gibt es wohl doch einige Hinweise. Im Grunde haben wir nur ein einziges Abbild von ihr, das aber einiges offenbart und mit den Zeugnissen ihrer Zeitgenossen wie auch den Zeugnissen aus ihrer eigenen Feder konform geht. Es ist von Tischbein. An der Kunst des Porträtmalers in punkto Wirklichkeitstreue ist also auch kaum zu zweifeln. 1798 entstanden, zeigt das Porträt die Mittdreißigerin Caroline, also zehn Jahre nach ihrem Wegzug aus Clausthal. Das ist die Romantik, wie sie leibt und lebt: ungebändigte dunkle Locken, ziemlich lose von einem Haarband, das eigentlich ein Stirnband sein mochte, zusammengehalten, ein nachthemdähnliches, hauchzartes Gewand, darüber ein seidenartiger Umhang, ein dünnes Halstuch, nach vorne geknotet, alles leger

Caroline. Gemälde von Friedrich August Tischbein

und ein wenig wie improvisiert. Wir sehen ein rundes, fast kindliches Gesicht mit aufmerksamen, symmetrischen Augen, starke Augenbrauen, eine Stupsnase und einen Kirschmund. Das Bild ist ein wenig ins Kindliche stilisiert, ins Naive, aber man kann sich die Person, die da abgebildet ist, doch ganz gut vorstellen. Caroline war ziemlich klein, zierlich. *«Die kleine Frau»*, so liest man gelegentlich. *«Meine schwerfällige kleine Figur»*, scherzte sie über sich selbst in der Endphase der zweiten Schwangerschaft mit Therese.

Tatter hat das Sterben des kleinen Wilhelm miterlebt, und es hinterließ einen bleibenden Eindruck bei ihm. Er beschreibt es später aus der Erinnerung: Wie er über dem entseelten Körper des Sohnes einer Mutter hing, die er liebte. Was sonst zwischen ihnen beiden geschah und verhandelt wurde in dieser Göttinger Zeit, Herbst/Winter 1788, können wir nur erahnen. Die ganze Liebesgeschichte lässt sich sowieso nur aus Briefen der Mainzer Zeit rekapitulieren, die Caroline an Meyer schrieb. Meyer schien sich nach ihrer Rückkehr nach Göttingen Caroline völlig entzogen zu haben, was seltsam genug ist. Dies wird ersichtlich aus einem Brief Tatters an Meyer am 25. Januar 1789, worin es heißt: «*Es ist mir jetzt unbegreiflich, daß Sie diese Frau gekannt hatten und also wußten, was sie ist, und doch sie hier nicht mehr zu kennen schienen.*» Meyer war im Begriffe, sich auf eine ausgiebige und mehrjährige Bildungsreise nach England, Frankreich und Italien zu begeben, war vermutlich im Herbst 1788 auch schon unterwegs, ungeachtet der Tatsache, dass er immer über Geldsorgen klagte und behauptete, mit den 300 Talern Jahresgehalt von der Universität nicht auskommen zu können. Geheimnisvolle Quellen, wie es sich für einen geheimnisvollen Menschen wie Meyer gebührte. Vielleicht zahlte man ihm auch einfach sein universitäres Gehalt weiter, was trotzdem die Reisekosten kaum abgedeckt haben dürfte. Therese Heyne hatte in ihrer Verlobungszeit mit Georg Forster eine heiße Affäre mit ihm gehabt. Wirkliche Sinnlichkeit, Leidenschaft, so Therese, habe sie erstmals mit Meyer erlebt und zwar «*ohne dem Bräutigam etwas wegzunehmen*», was immer das heißen mag. Meyer gehörte sich selbst und der Welt. Alle suchten seinen Kontakt, taten aber wohl gut daran, nicht allzu hohe Erwartungen in ihn zu setzen. Caroline, die von Clausthal aus die eine oder andere Spitze gegen ihn losgelassen hatte und sehr wohl wusste, wie man ihn einordnen musste, schrieb ihm die kommenden Jahre gleichsam ins Blaue hinein, zum Teil, ohne zu wissen, wo ihn der Brief antreffen würde, auf welcher Poststation, und diese Briefe in die blaue Ferne an einen Menschen, der so etwas war wie der schöne Schein, gaben ihr eine vollkommene Freiheit des Ausdrucks auf der Suche nach sich selbst in diesen Wanderjahren, die sich bei ihr allerdings auf Deutschland beschränkten; der Radius war, umständebedingt, nicht allzu groß. Die Briefe an Meyer aus dieser Zeit atmen Entdeckerfreude, die Freude am eigenen Ich und die Lust an der Freiheit. Fern von Tragik und Schmerz, auch von Enttäuschungen waren diese Jahre nicht; da kam noch einiges auf sie zu. Aber Caroline hatte sich selbst wiedergefunden, und nun war sie bereit, sich der ganzen Vielfalt des Lebens zu öffnen – was immer da kommen mochte. Es sind die Briefe eines Menschen, der das Leben zu nehmen verstand, und Meyer war die Verkörperung all der unvergleichbaren Größen, Ungereimtheiten und nicht messbaren Ausgänge, in denen sich das

Leben, sofern man's nicht glattbügelte, nun einmal zeigte, den Unerschrockenen allemal. Immerhin hatte sich Meyer mittlerweile von sich aus gemeldet, vielleicht auf die Rüge Georg Ernst Tatters hin.

Göttingen, 1. März 1789. Caroline an Meyer: «*Wenn mir etwas unerwartetes begegnen konnte, in einer Welt, die ich alle Tage wunderbarer finde, und worüber ich mich also immer weniger wundere, denn l'Admiration est la fille de l'Ignorance – sagte mir sonst Mad. Schlegel – so war es Ihr Brief, aber befremdet hat er mich nicht, denn Sie konnten und mußten sehr gut wißen, daß ich Sie gern um Nachrichten von Ihnen befragt hätte? wie ich sehr oft nach Ihnen gefragt habe, wenn ich nur die geringste Veranlaßung dazu gehabt hätte. Ja, meine Schwester und ich haben uns mehr wie einmal mit der abentheuerlichen Idee getragen – abentheuerlich nenne ich sie, weil vieles was natürlich ist so genannt wird – ohne alle Veranlaßung, ein Sendschreiben an Sie ergehen zu laßen, daß Ihnen mein leztes Wort wiederhohlt hätte: Sie würden uns nie fremd werden. in Göttingen mußten Sie es zu seyn scheinen, wo ich Sie aber künftig auch finde und weiß, da sind Sie mir es nicht. An Ihrem Schicksal Theil zu nehmen, das ist vielleicht ein undankbares Werk, doch in so fern Sie und Ihre Laune der Schöpfer desselben sind, muß ich ihm unwillkürlich folgen. Sie sollen sich aber so wenig um das meinige bekümmern und nur mir den Antheil nicht ganz entziehen, den Sie ihm zusagen – ich bekümmere mich selbst nicht darum, ich sorge nicht und mache keine Pläne, nur Einem glaube ich mit festem Schritt nachgehen zu müßen, dem Wohl meiner beiden kleinen Mädchen, alles übrige liegt vor mir da wie die wogende See, schwindelt mich vor dem Anblick, so schließe ich meine Augen, allein ich vertraue mich ihr ohne Furcht. Ich weiß nicht, ob ich je ganz glücklich seyn kan, aber das weiß ich, daß ich nie ganz unglücklich seyn werde; Sie haben mich in einer Lage gekant, wo ich, von allen Seiten eingeschränkt, durch den Druck meines eignen Gewichts niedersank – grausam bin ich herausgerißen, doch fühle ich, daß ich es bin, denn es ist so hell um mich geworden, als wenn ich zum erstenmal lebte, wie der Kranke, der ins Leben zurückkehrt und eine Kraft nach der andern wieder erlangt und neue reine Frühlingsluft athmet, und in nie empfundenem Bewußtseyn schwelgt. Ein*

Schleyer fällt nach dem andern, es ist mir nichts mehr sehr wichtig – Erfahrung mindert den Werth der Dinge, denn es nimmt ihnen die Neuheit – ich schätze nichts mehr als was mir mein Herz giebt, und erwerbe nichts als was ich mir selbst bereite. Sie prahlen ein wenig mit Ihrer Armuth, und meine kränkt mich wenigstens nicht, mir ists, als hätte ich die Menschen nie weniger bedurft und höher herabgeschaut, als seit sie wohl gar meinten, ich würde mich fester an sie anschließen. – Wir sind stolze Bettler, lieber Meyer, und ich kenne noch einige von der Art, laßen Sie uns lieber einmal eine Bande zusammen machen, einen geheimen Orden, der die Ordnung der Dinge umkehrt, und wie die Illuminaten die Klugen an die Stelle der Thoren setzen wollten, so möchten denn die Reichen abtreten und die Armen die Welt regieren.»

Etwas, so scheint es, machte Meyer zu Carolines Seelenverwandtem. Seine Vogelfreiheit schien ihr erstrebenswert, nachvollziehbar, vertraut, so unverständlich sie auch für den Großteil der Menschen mit ihrem Sicherheitsstreben und ihren konventionellen Blickwinkeln sein mochte. Der Brief ist wahrlich verblüffend. Was aber war nun mit Tatter? Da Caroline später keine Hemmungen hatte, ihre Beziehung zu Tatter Meyer gegenüber wenigstens in Umrissen zu erwähnen, ja, den gemeinsamen Freund sogar zum Mitwisser und Vertrauten zu machen, ist es bezeichnend, dass sie ihn hier überhaupt nicht erwähnt, auch nichts anklingen lässt. Die Schreiberin fühlt sich stark, wie am Beginn einer neuen Epoche, Morgenluft schnuppernd. Kein Anklang von Schmerz oder Liebeswirren. Nur kurze Zeit nach diesem Brief verließ Caroline die Stadt und ging bis auf weiteres zu ihrem Bruder nach Marburg. Was war geschehen? Unmittelbar nach Carolines Rückkehr nach Göttingen muss diese Liebesgeschichte zwischen den beiden begonnen haben. Sohn Wilhelm wurde am 20. Juli geboren und starb etwa zwei Monate später, also gegen Ende September, und da war die Liebe schon auf intensivem Wege, sicher vertieft durch das entsetzliche Todeserlebnis. Aber es wurde nichts aus der Verbindung. Caroline riss sich entschlossen los, scheinbar ohne Not, ohne Schmerz, mit weiser Einsicht in die Unabänderlichkeit, wie wir es von ihr kennen – diesmal aber doch vor dem Hintergrund einer Erfahrung, wie sie sie noch nie gemacht hatte. Erschrak sie vor dieser Eigendynamik? Verweigerte sie sich einem Gefühl, das beinahe notgedrungen zu Leid führen musste?

Kompliziert war die Sache anscheinend von Anfang an, doch das verwundert nicht bei einem in sich verschlungenen Menschen wie Georg Ernst Tatter. Über drei Jahre später, von Mainz aus, als sie Grund haben wird, einen wirklich endgültigen Schlussstrich unter das schmerzlichsüße Kapitel dieser Liebe zu ziehen, bekennt Caroline Meyer, dem zwischen beiden stehenden Freund, der sich bezeichnenderweise doch auch gänzlich entzogen hatte in blaue und südliche Fernen: «*Hätte ich mit Mangel an Liebe zu kämpfen, so wär der Kampf bald zu Ende – aber ich streite gegen ein sonderbares Wesen, das mich anzieht, und mich zur Verweiflung bringt, weil es meine Gewöhnlichkeit nicht anerkennen will, und seine Ansprüche auf Glück und Stolz nicht verfolgt, das sein Leben für mich gäbe, und meine heißesten Wünsche unerfüllt läßt – ein Mensch, zum Einsiedler gebohren, der sich der Liebe hingab wie ein Kind – der gefühlvollste Stoiker – der aus Empfindlichkeit gegen Freyheit sich unnöthige Ketten anlegt, und die liebsten Pflichten schlechter beobachtet wie die überflüßigen.*» Mit der «*Gewöhnlichkeit*» meint Caroline vielleicht «*Lebenszugewandtheit*», eine Normalität, mit der sie sich von Tatter, diesem «*sonderbaren Wesen*», das sie nicht durchschauen, vor allem aber nicht überzeugen kann, in einem für ihn entwaffnenden Sinne abzugrenzen versucht. Vielleicht ist es auch eine auf seine Stärkung bedachte Replik auf Tatters Gebrochenheit, Minderwertigkeitsgefühle, die zweifellos auch sozialer Natur sind, eine Folge seiner seltsamen Stellung. Tatter war vollkommen abhängig von der Fürstengunst seiner jeweiligen Auftraggeber, die keinen Anspruch auf irgendetwas verbriefte. Er hätte diese Abhängigkeit überwinden können, wenn er sein Theologiestudium abgeschlossen und ein Pastorenamt angestrebt hätte. Aber das tat er nicht; er hatte seine inneren Gründe dafür. Sein Blick zurück in den Spiegel zeigte ihm indessen nur einen unfertigen Weg und einen unfertigen Menschen, der alles mögliche anfing und nichts beendete. Es fehlte ihm seiner Meinung nach an allem, was einen erfolgreichen Menschen ausmachte: an guter Herkunft, an Selbstbewusstsein, an

Durchsetzungskraft, Energie, innerer Klarheit, Vertiefungstalent. Am 18. Dezember 1785, drei Jahre vor seiner Liebesbegegnung mit Caroline, hatte er dem Grafen von Wallmoden geschrieben: «*Mir scheint, man muß ganz entschiedne Talente haben, um in einer Stellung zur Welt, wie die meinige ist, sich die Ausführung eines gewißen Systems fürs Leben vorzunehmen, und, da ich nie mich gewöhnt habe, auf ausserordentliche Ereignisse zu rechnen und gewiß nie mich berechtigt gehalten habe, mein Verhältnis zu Ew. Exzellenz als einen Grund zu besondern Hoffnungen anzusehen, so kann ich mich nicht des Gedankens erwehren, daß ich von Seiten meines künftigen, meines bescheidensten Wünschen angemessenen Glücks in der Welt wenig zu erwarten habe … Ohne Vermögen und ohne ein eigentlich so genantes Brodtstudium – welch einen Weg habe ich mir vorzeichnen, welch ein Ziel mir vorstellen können? – – Ein sehr lebhaftes Intresse für philosophische Wissenschaften leitete mich zur Geschichte, beide flösten mir ein gleiches Intresse für Politik und Staatswirthschaft ein; aber, entweder weil mirs an den gehörigen Kräften fehlt, um mehr als die Oberfläche zu berühren oder an Zeit und Gelegenheit, um planmäßig viel und anhaltend zu arbeiten, mein Selbstgefühl sagte mir, dass blosses, auch lebhaftes Intresse zu keinen Erwartungen ein Recht giebt, und die Kenntniß des gewöhnlichen Ganzen der menschl. Dinge, daß Umstände, in welchen Elementarkenntnisse einer Wissenschaft, denn anders darf ich die meinigen nicht nennen, dahin gebracht werden können, daß man als ein nüzlicher Mann sich darin zeigen könne, unter die höchst seltnen Ereignisse gehören, auf die mit Grund kein Vernünftiger rechnen soll.*»

Die aufdringliche und masochistische Art, mit der Tatter sich hier allerdings seinem Herrn gegenüber herabsetzt, ist der Schmeichelei, wenn auch auf umgekehrtem und damit zumindest ausgefallenem Wege, nicht so ganz unähnlich, und sie hat am Ende ja auch ihr Ziel nicht verfehlt. Mit so einem Partner hätte Caroline die ganze Beziehungsdynamik alleine in Händen gehabt, auf jeden Fall die gesamte Verantwortung. Vielleicht reizte sie das. Wenn sie Meyer schrieb, er prahle mit seiner Armut, so muss sie es bei Tatter so empfunden haben, als kokettiere er mit seiner männlichen Schwäche. Aber sie liebte dergleichen. Sie liebte diesen geschmeidigen und ostentativ schwächlichen Typ, weil er ihr Rätsel aufgab und ihre Stärke herausforderte. Auf jeden Fall konnte Tatter keine Familie ernähren. Seine Hofmeister-Pflichten führten ihn heute hierhin und morgen dorthin, immer mit vagen Aussichten und ohne einen annähernd festen Ausgangspunkt oder ein planbares Einkommen. Vielleicht war das *sein* Vorwand, sich zu entziehen – gesellschaftlich betrachtet wohl Grund genug, auch wenn Caroline das nicht veranschlagt hätte. Sie hätte wahrscheinlich beschlossen, auch hier eine Lösung zu finden, notfalls mit ihrer tatkräftigen Mithilfe, denn die bewies sie in ihrem Leben noch häufig genug. Aber die äußeren Dinge waren es nicht, die die schöne Liebe unmöglich machten. Vielleicht war Carolines Umzug nach Marburg die Flucht nach vorn. Vielleicht ließ sie sich auch noch eine Hintertür offen und hoffte, der Geliebte würde ihren Verlust jetzt erst richtig empfinden und sich besinnen. Offenbar aber ging sie ohne sentimentale Reminiszenzen. Die Witwe Böhmer hatte Geschmack an der Freiheit gefunden, und dieses Lebensgefühl, zusammen mit dem Entschluss, kein Gefühl zu nähren, das ihr Qualen bereitete, überwog zeitweise ihre Leidenschaft für Georg Ernst Tatter. An Meyer schrieb sie drei Jahre später aus Mainz – und da liebte sie Tatter immer noch, und gerade wieder mit ganz aktuellem Anlass: «*Wenn eine Empfindung zu quälend wird, wenn der Schmerz nicht mehr süß ist – ists nicht natürlich, daß man sich loszureißen strebt?*» Marburg war offenbar der erste Versuch.

Caroline war bester Hoffnung, und sie freute sich auf das Zusammenleben mit Fritz. Die Rückkehr ins Göttinger Elternhaus, nachdem sie schon einmal ihren eigenen Hausstand gehabt hatte, war lediglich eine Übergangslösung und offenbar bereits jetzt über Gebühr strapaziert. Vor allem mit der Mutter, die sich massiv in die Erziehung ihrer Kinder einmischte, gab es aufreibende Auseinandersetzungen. Marburg versprach Freiheit, zumal Fritz, der in Marburg Professor war, schon so lange keine Zeit mehr gefunden hatte, in die alte Heimat zu kommen. Da der jüngere Bruder Philipp nun auch an der Marburger Universität Medizin studierte und Lotte zu einem längeren Aufenthalt anreiste, waren die drei Geschwister in der Stadt an der Lahn sogar zeitweilig vereint. Caroline lernte in Marburg die berühmte Schriftstellerin Sophie von La Roche kennen, die hier ihren Sohn besuchte. Sie wurde wie überall von ihrer Fangemeinde bestürmt – für Caroline war es eine äußerst zweischneidige Sache mit der Zelebrität. Sie hatte Abwechslung, Anregung, schöne Zerstreuung, wie sie sie wünschen konnte. Ihre Begeisterung über Marburg als Stadt hielt sich aber doch sehr in Grenzen. An Meyer schrieb sie: «*Marburg hat wenig – aber doch nicht die tödtende Einförmigkeit und den reichsstädtischen Dünkel. Die Menschen nicht so cultivirt und geschwätziger, aber doch toleranter. Man liebt mich sehr, weil mein Herz ein Gewand über die Vorzüge des Kopfs wirft* [eine kleine Koketterie und wahrscheinlich eine, leicht abgeänderte Sophie von La Roche-Paraphrase – «*Ich bin mehr Herz als Kopf.*» Frauen konnten sich auf diese Weise immer von dem Verdacht lossprechen, Anspruch auf «unweibliche» Gelehrsamkeit zu erheben], *daß mir beides Aeußerungen als Verdienst anrechnen läßt. Daß ich gehn kann wann ich will, macht, daß ich alles Ungemachs zum Troz bleibe – das ist die Art von Trägheit, welche der hat, der den Tod nicht fürchtet. Ich habe mir ein Ziel meines Bleibens gesezt – dann weiter, wohin mein Genie reicht – denn ich fürchte, das Geschick und ich haben keinen Einfluß mehr auf einander – seine gütigen Anerbietungen kan ich nicht brauchen – seine bösen Streiche will ich nicht achten. Wünsche hören auf bescheiden zu seyn, wenn in ihrer Erfüllung unsre höchste und süßte Glückseeligkeit läge – auf Wunder rechnet man nicht, wenn man sich fähig fühlt Wunder zu thun, und ein wiederstrebendes Schicksaal durch ein glühendes, überfülltes, in Schmerz wie in Freuden schwelgendes Herz zu bezwingen.*» Das ist wunderbar formulierte Lebenskunst, vielleicht zeitweise ein Selbstzweck für Caroline, die so etwas wie die weite Welt vor sich liegen sah und darin schwelgte, diesem Lebensgefühl Ausdruck zu geben. Was sie im Sinn hatte, war ganz sicher nicht, wieder irgendwo unter die Haube zu kommen. Aber sie wollte gerne die Lebensfäden ihrer Liebsten und Nächsten mit steuern – ob sie daran nun interessiert waren oder auch nicht. So versuchte sie Meyer aus der Ferne in Lohn und Brot zu bekommen, um auf diese Weise noch in zukunftsträchtiger Relation mit ihm zu bleiben, ihn sich vielleicht auch verbindlich zu machen. Der Erbprinz von Kassel, so Caroline, brauche einen neuen Prinzenerzieher, und sie könne sich da über seinen jetzigen Hofmeister, der abgelöst werden solle, für ihn verwenden. Sie wolle ihm, Meyer, freilich seine geplante Italienreise nicht ausreden, aber man könne es doch vielleicht so machen, dass er nach dieser Reise, wenn auch der Prinz, der zunächst in die Schweiz reisen solle, zurückgekehrt sei, in Marburg vorstellig werde. So jedenfalls habe sie sich das gedacht. Caroline hatte ohne Frage mitunter auch etwas Bevormundendes in ihrer Art, die Angelegenheiten anderer Leute zu regeln. Der Tonfall, in dem sie etwa in dieser Zeit ihren Geschwistern schreibt, die immerhin auch schon erwachsene Leute waren, ist doch ein wenig gewöhnungsbedürftig. Lotte freilich tändelte immer noch so herum. Irgendwann gab Caroline sie auf.

Philipp entwickelte sich ihrer Meinung nach ebenfalls allmählich zu einem Filou, und sie maßregelte ihn ein ums andere Mal, seine Stellung in der Welt nicht aus dem Blick zu verlieren, seine Dinge zu ordnen, seine Zukunft zu planen, sich auf sein Studium zu konzentrieren, Vater und Mutter zu ehren, seine Pflichten zu wahren und so weiter und so weiter. Wenn er im Elternhaus sei, gebe er dem Vater immer so einsilbige Antworten und setze die Mutter, die ihn verteidige, dadurch in eine peinvolle Lage. Seine ganze Entwicklung sei zu sehr in eine verwöhnte, verweichlichte Richtung gegangen. «*Für Dein Alter hast Du Dich schon zu viel mit Weibern abgegeben – Deine anscheinende Redlichkeit zieht sie an – Sie gewöhnen sich durch Deine Häuslichkeit, und dadurch, daß Du ihnen kein[en] Zwang auflegst, an Dich, nehmen Dich auf und an – Deine Eitelkeit kan bey dieser Art von Triumph eben keine große Rechnung finden – doch beschäftigt dichs mehr wie es sollte. Du kenst das Vergnügen, und beym Phlegma Deines Körperbaus scheust Du um so leichter die Anstrengung der Arbeit, läßest Dich zu leicht abhalten, und nimst es zu wenig als Hauptsache.*» Zurück in Göttingen, hüpfte der schöne Philipp später zum Beispiel ins Bett der jungen Ehefrau Gottfried August Bürgers. Dergleichen war Bürger bisher nicht gewohnt, denn sonst war er es gewesen, der durch sein Verhalten für Skandale gesorgt hatte. Also, Philipp erschien Caroline einstweilen in Marburg noch als ein ergiebiges Erziehungsobjekt.

Das schwesterliche Mentorentum reichte bis zur Studienberatung und zur Anleitung in gehobener Konversation. Er, der *«Jüngling»*, solle zum Beispiel erst dann über andere richten oder sich Urteile bilden, wenn er selbst auch genug vorzuweisen habe und auf eigene Schöpfungen zurückblicken könne. Anders gesagt: Er sei ein Angeber – auch dies wieder in wohlklingende und ironische Worte gekleidet. *«Die Unterhaltung wird reizlos, ohne Folge, und man verzeiht dem mit vollem Recht seine Mängel nicht, der sich so superieur stellt – man ist immer geneigt zu fragen: mein Freund, öffne denn Deine Schätze, laß sehn, wie Du uns bezaubern kanst! Nur ein sehr hoher Grad von Verdienst, oder sehr liebenswürdige Talente machen den wegwerfenden Eigendünkel vergeßen – das sind gemeine Wahrheiten – aber kenst Du sie auch in der Anwendung auf Dich?»*

Die meisten Brüder würden wohl auf derartige schwesterliche Maßregelungen lieber verzichten, auch wenn sie gut gemeint und auch wenn sie wahr wären. Manchmal verlor Caroline hier einfach das Maß. Mit dem einstmals so vergötterten Fritz lief das Zusammenleben hingegen auch nicht harmonisch, und das lag sicher daran, dass auch er sich verändert hatte und dass Caroline ihn in diesem engen, alltäglichen Zusammenleben vielleicht zum ersten Mal auch so sah, wie er war, nicht als das Wunschbild, das sie sich einmal von ihm entworfen hatte. Er hatte eine frühe akademische Karriere gemacht, vielleicht ein wenig auf Kosten seiner zwischenmenschlichen Kompetenzen. Nach Wilhelms Geburt hatte Caroline wieder depressive Phasen gehabt, und da kam der brieflich geäußerte Satz, er begreife ihre *«finstern Phantome»* nicht, ja, die menschliche Seele sei für ihn *«ein Clavier»*, *«auf dem körperliche Leiden spielen, was für ein Getön sie wollen»*. Das war irritierend, wenn nicht verstörend. Er für sein Teil widmete sich lieber der medizinischen Wissenschaft in Theorie als dem lebenden Menschen. Caroline war von dem alltäglichen Fritz jedenfalls merklich enttäuscht. Auch fand sie seine häusliche Einrichtung unbequem: zu eng, nicht einmal eine Schlafstelle für einen dienstbaren Geist, unpraktisch eingeteilt und für ein Hauswesen der größeren Art, etwa wenn Fritz einmal heiraten sollte, vollkommen ungeeignet. Ihre alte Jugendfeundin Luise Gotter hatte sie in ihr Gothaer Haus eingeladen, doch Caroline hatte das erst einmal abgelehnt, respektive verschoben. Es war fürs Kommende eine neue Option. Caroline blieb insgesamt zweieinhalb Jahre in Marburg – unter anderem unterbrochen durch einen Gastaufenthalt bei Therese Forster in Mainz. Das war im Frühjahr 1790. Caroline brauchte damals dringend eine Veränderung, und wenn sie nur kurzfristig war, denn im Dezember war ihre zweieinhalbjährige Tochter Therese gestorben. Sie hatte gerade die Masern gut überstanden, war aber vorher schon krank gewesen und wurde es wieder. Ein sehr heftiges Fieber trat ein, «*vermuthlich Brustfieber*», dann schwere Verdauungsbeschwerden, ein verhärteter Unterleib. Doch «Röschen» erholte sich vorläufig wieder. Zur Begleitung ihrer Genesung ließ Caroline, die selbst krank war, die Schwester Lotte aus Göttingen kommen, und dann ging leider alles sehr schnell. Die erschütternde Beschreibung dieses kindlichen Sterbens, der Verzweiflung der Mutter und der ohnmächtigen Medizin der Zeit haben wir diesmal von Caroline selbst: «*... Sie schien etwas in stillen Phantasien zu sehn, wonach sich dann ihre schönen Arme verlängernd ausstreckten, das selbst ihre Finger sich auszustrecken shienen. Dann faßte sie fest in meine Haare – einmal zog sie meine Hand fest an ihr Herz – sie pflückte in leisen Krämpfen am Bettuch – und ich verblendete mich noch über dies Zeichen. Dabey war sie ganz bey Verstande – sie begriff mich noch, wenn ich ihr vom Weinachten sagte, den die Großmutter schicken würde – sie antwortete noch – Gusten auch. Den krampfhaften Zustand zu lindern verordnete Friz ein warmes Bad, worinn ich sie in unaussprechlicher Angst meines Herzens sezte. Ich war entzückt, wie es ihr so wohl darinn ward, daß ich es ihr ansah, und sie selbst sagte: gut! Gut! mit der innigen Stimme, mit welcher sie ihr Ja aussprach, und wie ich sie wieder ins Bett gelegt hatte, und sie um so vieles beßer schien – es war gegen 4 Uhr Nachmittags – Ich k o n t e nicht an ihrer Rettung verzweifeln ... Gegen 8 Uhr ... ein zweytes warmes Bad – in das ich mit einer schrecklichen Anstrengung meiner selbst noch zu sezen die Kraft hatte, indeßen alles zitterte für das Leben des theuren Lieblings, und Lotte in einen heftigen Anfall von Schlucken und convulsivischen Bewegungen sinnlos auf der Erde lag – starke Dosen Moschus – alles wurde gebraucht – von meiner*

Seite ohne Erwartung – vermuthlich auch von den übrigen. Ihre Krämpfe äußerten sich nicht in Zuckungen, nur in einen leisen Dehnen, auf welches Steifigkeit folgte.» Grauenvoll ist auch die Szene im Anschluss an die geisterhafte Nachtwache bei dem verstorbenen Kind, als die fast fünfjährige Schwester Auguste wie besinnungslos schreit und weint, da die Mutter ihr mitteilt, dass sie nun nicht mehr mit Röschen spielen könne. Dem heftigen Ausbruch des Kindes folgte später eine halb-reale, zwischenweltliche Trauer- und Erinnerungsarbeit, wenn Auguste zum Beispiel sagte, nachdem sie Röschen gerufen hatte: *«Ich sehe sie, sie will nicht kommen, sie ist bey ihren Vater.»* Die versteinerte Mutter schreibt über den Sterbetag: *«Ich brachte den übrigen Tag in einer Gleichgültigkeit zu, in welcher ich mir nicht ganz bewußt war, wie viel ich dazu beytrug sie zu erhalten – die Erschöpfung sagte es mir. Ich war am Abend so matt, daß ich nicht gehn konte, und wie [ich] ins Bett kam, wurde mir sehr übel, und ich hustete Blut, welches die ganze Nacht anhielt, und worauf eine große Schwäche folgte. Ich gewann aber meine Kräfte bald wieder, und ward wenigstens nicht unthätig.»*

Eigentlich sollte man meinen, dass Caroline ihren Leidenskelch ausgetrunken hatte nach diesen zwei gestorbenen Kindern. Aber ungewöhnlich war so etwas in der Zeit eben nicht. Sie habe seit Clausthal keine Leere mehr erlebt, schreibt Caroline am 1. März 1791 an Meyer. Das glaubt man ihr gerne. Alles war besser als die Einförmigkeit ihres Clausthaler Lebens. Aber immer weist sie auch die anderen darauf hin, dass es ein Frevel ist, das Leben so ganz ohne Schwerpunkt und ungenutzt an sich vorbeiziehen zu lassen. Caroline plädiert für vitale Intensität, beinahe als Menschenpflicht. Eine schöne Ironie ergießt sie an dieser Stelle wieder über den frei schwebenden Meyer, der als Adressat auch ein wenig, so scheint es, Ersatz für den ebenfalls nicht anwesenden, aber imaginär immer präsenten Georg Ernst Tatter ist, dem sie sich aber sogar zu schreiben verbietet *(«Das ist sicher, ich habe nie an jemand so wenig geschrieben, an den ich so viel dachte»).* An Meyer nun, der im Begriffe war, nach Italien zu reisen: *«Allein wenn Sie mögen, und Ihre Zukunft kein Staatsgeheimniß ist, so sagen Sie mir etwas davon, denn sie erscheint mir in meinen Berechnungen in eini-*

ger Entfernung so abgeschnitten, daß ich ans Ende der Linie setzen würde – hier hat er sich in den Aetna gestürzt – und ob die Linie wieder aufgenommen wird, weiß kein sterblicher Seher! Sie müßen doch einen Hauptgedanken festgesetzt haben – gleichviel ob er erfüllt wird – ob es auch nur glaublich ist – ich will ein Ziel für meine Imagination, was den Freund betrifft – wie ein jeder ein eignes haben muß für seine Vernunft. Sey das Ziel der Aetna – gut – in den Flammen umkommen ist beßer als rastloses Umherirren – denn eine ewige Jugend ist uns nicht gegeben, die in schöner Kraft die Ausschweifung von heute und die Gleichgültigkeit für den kommenden Morgen adelt. Das Alter ist immer schrecklich – aber doppelt so, wenn kein Interreße den Uebergang erleichtert.» Diese erstaunliche Frau, 27 Jahre alt, schien alle Lebensalter in sich zu fassen und zu antizipieren, so, als säße sie an den Quellen, den Ursprüngen. Dass sie so ruhig war und so gefasst, heiter fast in die Zukunft sah, auch durch die jüngste Tragödie nicht aus der Bahn geworfen, hatte mit einer bewussten Annahme einer Gesetzmäßigkeit ihres Lebens zu tun, zu der sie offenbar auf meditativem Wege gelangte. *«Ich seh im Gang meines Lebens Ursache und Folge genau mit einander verflochten, und will mich nicht gegen die Nothwendigkeit auflehnen. Es giebt gesammelte Stunden, wo der tief – allem zum Grunde liegende – Schmerz über ein Daseyn voll Wiederspruch herrschend wird – er lößt sich sanft auf, in jedes Geschäft, an welches die Gegenwart mich heftet, in den geringsten Genuß, den sie mir darbietet. – Dies ist auch der Wiederspruch – aber wir müßen den Göttern danken nicht consequent zu seyn.»* Da spricht eine Weise. Es ist nicht verwunderlich, dass Goethe sie schätzte, der auch mehr von den Göttern sprach als von Gott und der ebenfalls immer versuchte, diesem Gesetz, diesem Daimon, so nahe wie möglich zu kommen und mit ihm eins zu werden, der aber eigentlich glaubte, dass nur die Frauen es verinnerlicht haben und folglich verstehen. Diese herrlichen Bekenntnisbriefe einer großen Seele, die die eigenen Horizonte erschließt und dabei zu allgemeinen Erkenntnissen kommt, sind sämtlich an Meyer gerichtet – den Unbehausten, den Lebenskünstler. Da wir seine Antwortbriefe nicht kennen, können wir nur vermuten, dass da auch etwas zurückstrahlte.

Jedenfalls ist es nicht zufällig auch wieder ein Brief an ihn, in dem sie das große Bekenntnis abgibt, das man als ihr Lebensmotto bezeichnen kann: «*Göttern und Menschen zum Troz will ich glücklich seyn – also keiner Bitterkeit Raum geben, die mich quält – ich will nur meine Gewalt in ihr fühlen.*» Im Herbst 1791 – nach einem Abstecher, wie es scheint, zu den Freunden Gotter nach Gotha – kam Caroline wieder nach Göttingen zurück. Aber der Aufenthalt war von Unbehagen geprägt, infolgedessen Caroline ziemlich endgültig realisierte, dass ihres Bleibens hier nicht mehr war, mitten in ihrer inzwischen gehörig dysfunktionalen Familie. Sie fühlte auch, dass sie da eigentlich gar nichts beeinflussen konnte. Inzwischen war auch ihre Schwester Luise in einem seltsamen Liebesverhältnis. Ihr Verehrer und Anwärter war ein Freund Philipps, ein junger Mann namens Carl Große aus Magdeburg, der sich aus Wichtigtuerei einen Adelstitel gegeben hatte, dessen Herkunft reichlich obskur, wenn nicht erfunden war. Inzwischen war dafür gesorgt worden, dass «*Carl der Große*» das Weite suchte, aber Luise war verständlicherweise untröstlich und voller Hass auf die Schwester, da auch Caroline von Marburg aus die Entsorgung des Hochstaplers initiiert hatte. «*Meine Schwestern geb ich auf*», erklärte sie kurzerhand, die Älteste dieser Geschwisterschar. An Lotte könne man geradezu sehen, wohin ein zielloses Treiben mit mangelhafter innerer Leitung – Caroline nennt es sogar «*die natürliche Folge einer Verdorbenheit*», starke Worte! – im schlimmsten Fall führe. «*Ihre Blüthe welkte in verzehrender, nie befriedigter Leidenschaft hin – so wie sie war, konte sich nie ein* M a n n *ernsthaft ernstlich und daurend an sie heften – denn man sage, was man wolle, um wirklich zu feßeln, muß man nüzlich beglückende Eigenschaften besitzen. Wo sie einen anzog, entgieng er ihr, da sie ihn eben erreichen wollte. Selbst der Schwächling, wenn er Verstand hat, kan doch nur dadurch gehalten werden, daß man seiner Schwäche zu Hülf komt – und* i h r e *Stärke ist Spiegelfechterey. So nuzte sie sich ab – in ihrer Coquetterie ist nichts jugendliches.*» Bei so viel Torheit und Unverstand konnte sich Caroline doch immerhin mit dem erhebenden Gefühl distanzieren, dass sie die einzig Vernünftige in der Familie sei.

Die Steuerung und die Verantwortung für dieses Konstrukt aber gab sie jetzt auf. Sie strebte nach neuen Ufern. Wohin? Therese in Mainz, deren Ehe mit Forster hochproblematisch war, eigentlich kurz vor der Auflösung stand, hatte sie schon seit längerem animiert, ganz nach Mainz umzuziehen. Nach mancherlei beruflichen Frustrationen war Forster hier Universitätsbibliothekar – auch nicht gerade sehr glücklich und ebenfalls eher dürftig besoldet, auf jeden Fall weit unterhalb seiner Möglichkeiten und seiner früheren Reputation. Caroline überlegte eine Weile und wog anscheinend die Vor- und Nachteile sorgfältiger ab als bisher. Ihre Beziehung zu Therese war immer konfliktträchtig; schon daher durfte sie sich darauf nicht verlassen. Aber eigentlich war der kurze Aufenthalt im vergangenen Jahr sehr harmonisch gewesen. Von Marburg aus schrieb sie: *«Es waren schöne Abende, wenn wir uns spät noch in einen Nachen setzten und den Rhein hinunter wiegen ließen.»* Weimar war auch im Gespräch. Doch sie musste bei ihren Erwägungen auch an die Ökonomie denken. *«Ich würde Gotha gewählt haben,[...] um dort irgend ein Projekt auszuführen, das einem Weibe Unterhalt verschaffen kan.»* Alles in allem ein fast unanständiges Unterfangen: ein Leben als unabhängige Frau, die sich ihren Lebensunterhalt selbst finanziert und gänzlich ohne männlichen Schutz ihre Tage bestreitet. Schon das Umherreisen ganz allein, und dann noch in Begleitung des Kindes, der kleinen Auguste, war ja eine Art Kuriosum. Allzu viele Frauen dieser Zeit taten so etwas ganz sicher nicht. In ihrer Umgebung – ob Göttingen, Gotha oder auch Marburg – hob man auch schon die Brauen darüber, und überall, wo sie war, hat man der Witwe Böhmer diverse Heiratskandidaten nahegelegt. Ausschlag für die Entscheidung, doch am Ende die Mainzer Variante zu wählen, war aber wahrscheinlich eine ganz ärgerliche Geschichte, die Caroline mit den Gotters in Gotha erlebte. Eigentlich meinten es ja die Gotters nur gut – das sagen alle Menschen, die anderen etwas aufdrängen wollen, von dem sie meinen, dass es für sie das Beste sei. Caroline kannte das von ihrer Art der Über-Sorge für andere ja nur zu gut, bei denen sie sich mit Urteilen nie zurückhielt und auch über Gebühr in Verhältnisse eingriff, sich manchmal massiv aufdrängte. Vielleicht hat das Erlebnis sie von dieser eigenen Unart dann auch ein wenig geheilt. Bei ihrem Kurzbesuch bei den Gothaer Freunden hatte der frisch verwitwete Generalsuperintendent Löffler Gefallen an Caroline gefunden. Über Gotters ließ er ziemlich umgehend ein Heiratsgesuch übermitteln, das Caroline, die inzwischen in Göttingen war, zunächst schlicht überrumpelte. Freilich handelte es sich hierbei um einen gestandenen, gutsituierten Mann sehr guten Einkommens in mittleren Jahren, der – so drückten es die Gotters mit Bedacht und im vorteilhaftesten Sinne aus, denn die Sache lag ihnen am Herzen, und sie waren interessiert daran, sie nach Möglichkeit zustandezubringen – nicht wie ein junger Kavalier losstürmte mit Briefen und Blumen, sondern diesen gesellschaftlich respektableren Weg wählte, um sich ihr anzuempfehlen. Friedrich Wilhelm Gotter, im Gesellschaftsleben Geheimsekretär des herzoglichen Hofs Sachsen-Gotha, der Gemahl ihrer Jugendfreundin Luise, setzte sich nun hin und komponierte einen sorgfältig durchdachten und auch etwas umständlichen Brief an Caroline, denn ihre brieflich vorgebrachte Zurückhaltung auf diesen Heiratsantrag, die sie vielleicht schon als Ablehnung auffasste und hoffte, man würde sie auch so verstehen, wollte er dringend zerstreuen. Er schätze ihre edle Freimütigkeit, ihre tadellose Delikatesse etc., habe Ursache zu vermuten, *«dass die Ahndung von der Möglichkeit eines ernsthafteren Sinnes»* in ihr erwacht sei, aber sie habe offensichtlich Bedenken. Wie schade! – und wie ganz unnötig! Er selbst, Gotter, sehe für die Verbindung gar keine Hindernisse, warum sollte also Caroline sie sehen? Er habe also mit dem honetten Mann noch einmal gesprochen. *«Ich habe ihm zu seiner Beruhigung versichert, daß diese Bedenklichkeiten (wie ich nach meiner geringen Menschen-Kenntniß mich getrauete zu behaupten) zuverläßig nicht sowohl den Gegenstand der Wahl, als Natur derselben beträfen; daß man mit keiner Frau von alltäglichem Schlage zu thun habe; daß alles, was bey der Sache nur Convenienz sey, auf Ihre Entschließung nicht den geringsten Einfluß haben würde; daß mir Ihre Anhänglichkeit an den einmahl entworfenen Plan eines unabhängigen Lebens um so schwerer zu überwinden scheine, je entfernter Sie überhaupt von dem Leichtsinne wären, sich von jedem Winde hin und her treiben zu laßen; daß endlich in dieser Festigkeit Ihres Charakters und in Ihren Erfahrungen (ob Sie gleich größtentheils nur die schöne Seite der Ehe kennen gelernt hätten) vielleicht der Hauptgrund läge, warum der Gedanke, sich diesen Verhältnissen und Pflichten zum zweytenmahle zu unterwerfen, Ihnen mehr als Einen Kampf kosten würde.»* Gotter fügt dann hinzu: «*Was Liebe angefangen hat, mag sie vollenden; und Sie wird es thun – wenn es Liebe ist.*»

Wie kam Friedrich Gotter eigentlich darauf, dass Caroline diesen Mann liebte? Jemanden, den sie eventuell bei einer Geselligkeit einmal gesehen hat, einen bezopften, ältlichen Herrn, der zu den Honoratioren von Gotha gehörte und sie nun schriftlich und über Dritte zur Ehefrau wünschte? Das ist nicht anders zu interpretieren, als dass die Frau dem ihr «Liebe» Antragenden, sofern er ein honetter Mann war mit ernsten Absichten, dem Konvenienzverständnis nach zu gehorchen habe und die Liebe sich dann bei ihr, die da ausgewählt worden war, nahezu automatisch einstellte. Noch im zwanzigsten Jahrhundert finden wir solche Auffassungen vom «reaktiven Wesen der Frau», die nie selbst auswählte, sondern immer nur ausgewählt wurde, etwa bei Thomas Mann, der das sogar psychologisch begründete. Gotter war bieder genug, um es für vollkommen selbstverständlich zu halten. Auch konnte Gotter wahrscheinlich nicht gut beurteilen, ob Caroline «*nur die schöne Seite der Ehe*» in ihrer Verbindung mit Böhmer kennengelernt hat. Das Ganze war eine Anmaßung. Doch Caroline blieb noch in einem höflichen Ton, mit Rücksicht hauptsächlich auf den Bewerber, so darf man vermuten, den sie nicht verletzen und auch nicht gesellschaftlich beleidigen wollte. Sie schrieb einen offenen Brief an die Freundin und ließ deren rührigen Gatten ganz aus. Ja, sie erkenne den guten Willen der Eheleute und Freunde, aber sie könne nicht, wolle nicht, und ihrer Meinung nach sei es sträflicher, mit gesetzten Worten oder der üblichen weiblichen Koketterie Hoffnungen zu wecken, die sie dann nicht erfüllte, als ihre Haltung offenzulegen. Sie fühlte sich offenkundig ausnehmend unwohl in dieser «*schweren Verpflichtung*» und kritisierte auch Gotters Ausdruck der «*Delikatesse*», der sie in diese ungewollte Verpflichtung hineintreibe (nur ein «*Wort des Verstandes*»). Auch habe sie jetzt das Gefühl, sich bei der Freundin für eine «*Thorheit*» entschuldigen zu müssen, wenn sie ihr ihre Entscheidung mitteile, dass sie diesen «*rechtschaffenen Mann*» nicht heiraten wolle

(Dafür gibt sie dann weiter keine Begründung – warum schließlich auch?). Um die Stimmung zu glätten, hatte sie den Brief gleich mit literarischen Reminiszenzen aus Richardsons «Grandison» begonnen, in der Hoffnung, das würde die leidige Sache in einen tändelnden und poetischen Ton heben und damit entschärfen. Gotter griff das Literaturthema auf – aber auf welche Art! Tatter habe keinen Einfluss auf ihre Entscheidung gehabt, betonte Caroline noch gegenüber der Freundin. *«Nur muß ich dem wunderbaren Menschen die Gerechtigkeit wiederfahren laßen, daß ich seine volle Zustimmung gehabt haben würde, wenn ich anders gewählt hätte.»* Das ist recht aufschlussreich. Es hatte ein Wiedersehen mit Tatter gegeben – keines, das zur Hoffnung auf ein gemeinsames Leben berechtigte. Gotters Antwortbrief ist eine einzige Zumutung. Er führt nicht zum Zerwürfnis zwischen Caroline und Gotters, denn dafür war ihr die Freundin zu lieb, ihre einzige, auf die sie lebenslang zählte. Aber er trieb einen Keil zwischen sie und die Gothaer Sphäre, die später für sie noch eine so immense Enttäuschung bereithielt. Hier sprach auf pedantischste Weise die *«Convenienz»*.

Es ist fast verwunderlich, dass Caroline daraufhin den Kontakt zu den Gotters nicht vollkommen abbrach. Aber sie differenzierte offensichtlich doch sehr zwischen Luise und ihrem Gatten, so einig sich diese beiden auch darin waren, dass es ein Frevel sei, diesen wunderbaren Kandidaten als Ehemann auszuschlagen. Gotter schrieb also: *«Gotha, den 3. Nov. [17]91. An den Thoren meiner Vaterstadt hängt an einem schwarzen Pfahl eine schwarze Tafel mit der gastfreyen Auffschrift: Allhier werden alle Bettler in das Zuchthaus gebracht. – Das ist ein Bißchen arg, ich räum' es ein. Aber daß eine hübsche Frau einem wohlgekleideten Manne, der Miene macht, sich ihrem Hause zu nähern, die Thür vor der Nase zuwirft und zum Fenster herausruft: Gebt euch keine Mühe! Ich bin nicht zu Hause, ich mache nicht auf – das ist noch ärger, als der Willkommen der Gothaischen Policey. – Die Bettler schleichen bey der hartherzigen Stadt vorüber, wenn sie nicht der Heißhunger, auf Gefahr der Freyheit, hineintreibt. Oft sind sie in letzterem Falle so glücklich, Herberge und Erquickung zu finden, und den Argusaugen der Bettel-*

voigte zu entrinnen. – Wie sich ein wohlgekleideter Mann unter solchen Umständen benimmt, oder benehmen soll, das ist schwer zu entscheiden. Ist er bibelfest, so läßt er sich nicht abschrecken, sondern denkt, wie dort geschrieben steht: Klopfet an, so wird euch aufgethan. Ist er empfindlich, so nimmt er eine Prise Contenance, dreht sich langsam um, und geht brummend weiter. Hat er Romane und andere Werke des Witzes gelesen, so sagt er zu seinem Begleiter oder Nachtreter: thue mir den Gefallen und sieh zu, ob Du durch eine zerbrochene Scheibe, oder durch ein Loch in der Mauer dieß Billet – oder diese Visitenkarte in das Haus praktiziren kannst; aber nimm Dich in Acht, daß es Dir nicht gehe, wie dem Jeanot in der Komödie! Ich weiß nicht, ob Sie diesen parfümirten Helden aus einem Lieblingsstücke der weiland kultivirtesten Nation von Europa kennen. Ihr Lektüre scheint sich nicht viel über den Grandison hinaus zu erstrecken. Um so lebhafter wird es Ihnen noch im Andenken ruhen, daß dieser Vernuntkoloß endlich doch das Mittel fand, die Sophistereyen der entkörperten Dame Biron in Seifenblasen zu verwandeln. ... Ich küße Ihre kalte Hand, und wünschte lieber von Ihnen wegen zudringlichkeit und Indiscretion ausgescholten, als – so gelobt zu werden. Und doch ist es mir nicht möglich, meine Verehrung für Sie auch nur einen Augenblick herabzustimmen. G.»

Luise fügte diesem Schreiben hinzu: *«So sehr du es auch darauf angelegt hast böse, grausame Caroline, unsern Lieblingswünschen mit aller Macht entgegen zu streben, so kann ich es doch nicht übers Herz bringen mit Dir zu schmollen, eben so wenig ist es mir möglich einen Brief an Dich abgehn zu lassen, ohne Dir wenigstens mit einem Wort zu sagen, wie sehr ich Dich troz aller deiner Harthärzigkeit ewig lieben werde. Luise»* Luise schrieb Caroline dann noch einen eigenen, einen längeren Brief, in dem sie sie noch einmal inständig bat, die Sache doch noch einmal zu überdenken und sich nicht *«von alzu schwärmerischen Begriffen von Freyheit»* leiten zu lassen. Der rosige Weg ihrer Phantasie habe auch Dornen, und ihre sämtlichen Einwände gegen den anderen Weg seien – da habe ihr Gatte eben Recht – Sophistereien. Die Kinder des Witwers seien sehr liebenswürdig, und Caroline mit ihrer Emsigkeit und ihren vielseitigen Fähigkeiten werde sich doch nicht vor der Erziehungsarbeit und vor den «*kleinen Geschäften der Haushaltung fürchten*». Im Übrigen habe der Generalsuperintendent kürzlich sogar seine ehrwürdige Perücke abgelegt und sehe nun richtig passabel aus, gleichsam um zehn Jahre verjüngt. Aber Caroline konnte auch das nicht zur Umkehr bewegen: die Aussicht auf einen ehrwürdigen Ehemann *ohne* Perücke. Sie hatte der Freundin auch schalkhaft mitgeteilt, dass die Welt nicht verarmen werde, wenn gerade *sie* es nicht sei, die ihr noch ein halbes Dutzend Kinder hinzugeselle – anders gesagt: Das könnten sicher auch andere tun. Wenigstens hatte sie ihren Witz beibehalten und somit auch die Sympathie für die Freundin. An Gotter schrieb sie aber nun einen Brief, in dem sie es krachen ließ. Vielleicht revidierte Gotter angesichts dieses Briefes noch einmal sein Bild von ihr, respektive von den Frauen im Allgemeinen. Sie sparte sich sogar eine förmliche und überhaupt jede Art Anrede. «*Wahrlich, mein Herr*», fing sie an, «*ich weiß nicht, wie Sie es wagen, mir noch erst die Versichrung zu geben, daß Sie Ihre Verehrung nicht herab stimmen wollen – ich denke, ich bin eine Person, welche s e h r zu verehren ist, wenn alle die Züge mein gehören, mit denen Sie mein Gemählde schmücken. Dergleichen Sprödigkeit wird selten funden auf Erden, darum muß es gewiß eine Tugend seyn – und nur den Grandison gelesen zu haben – das ist Unschuld. Es ist wahr, daß ich ihn lebhaft im Gedächtniß hatte, denn den Abend zuvor hatte ich einen Streit mit Hrn. Feder über ihn geführt, deßen Lektüre es eben war, und der viel Geschmack darin findet – der Geschmack der Hochgelehrten i s t zuweilen sehr unschuldig. Doch konte er Miss Byron nicht vertheidigen – ein Beweis, daß sie mehr, wie ein Philosoph verzeihen kan, gegen die Natur gesündigt hat – freylich that das Grandison auch, aber nur indem er sie zu sehr idealisierte, nicht, weil er sich ganz und gar von ihr abwandte – die Vergleichung mit ihr möcht ich mir also verbitten. Nennen Sie mich immer kalt – finden Sie, daß ich mich aufs Leben schlecht verstehe – nur geben Sie mir nicht Schuld, daß ich minaudire – und laßen Sie mir meine eigne Art zu sophistisiren – da sie wenigstens das nicht mit jener gemein haben wird, daß sie sich in Seifenblasen auflöst. Ich glaube auch mit meiner eigenthümlichen Weise – ohne Ansprüche auf den Glanz, den Sie mir gütig zuwenden – noch Anspruch auf Ihre Verehrung machen zu dürfen – war ich nicht gerecht gegen einen würdigen Mann? und ist das nicht das schönste Verdienst des Weibes? Ich konte es nicht beßer beweisen, als daß ich die Thür schloß – es geschah nicht aus der Coketterie, damit angeklopft werden möchte – ich kan mich aber auch nicht rühmen der Convenienz gar nicht zu achten – wenn man nun so offen und bedächtlich verfährt, kan man dann nicht hoffen, das vernünftigste erwählt zu haben? War es das für mich, so mußt es auch so für ihn seyn. Je mehr ich einen Mann schäze, um so weniger möcht ich ihm Opfer anzurechnen haben. Scheint Ihnen das Sophisterey – nun so laßen Sie es seyn, daß* e i n *Glied in der Kette der Schlußfolge fehlte!»*

Kurze Zeit nach diesem Briefwechsel stand Carolines Entschluss fest: Sie reiste nach Mainz, ins Unbekannte, denn auf Therese Forster, obgleich sie der Anlass des Aufenthalts war, setzte sie eigentlich nicht. Das größte Abenteuer ihres Lebens erwartete sie.

Das Mainzer Abenteuer
1792–1793

Ein weltgeschichtliches Ereignis hielt mittlerweile Europa in Atem. In Carolines Briefen kommen die Vorgänge der Revolution in Frankreich bis dato nicht vor – was nicht heißen muss, dass sie sie ignorierte. Sie war in Marburg gewesen, als die Nachrichten aus Paris über den Rhein drangen. In dieser bewegten Zeit ihres persönlichen Lebens haben wir von ihr überhaupt nur eine geringe Ausbeute an überlieferten Briefzeugnissen. Im Dezember 1789 starb ihre Tochter Therese. Die familiären Entwicklungen und Konflikte führten in den beiden Folgejahren zu ständiger innerer Neuorientierung. Vielleicht lief da die große Weltpolitik in ihrer Wahrnehmung tendenziell eher im Hintergrund ab. Aber diese Kulisse war da, irreversibel, wie es die Vorgänge waren, die auf nachhaltige Weise Europa veränderten. Undenkbar, dass das «*unerhörte Ereignis*» in Frankreich nicht, wenn auch nur unbewusst, zu Carolines Entschluss beitrug, sich ausgerechnet nach Mainz zu begeben, in die Rheingegend, in die geographische Nähe zu Frankreich. An Meyer schrieb sie am 11. Juli 1791 – das war der berühmte Bekenntnisbrief, in dem sie beschloss, Göttern und Menschen zum Trotz glücklich zu sein: «*Ich wollte, Sie wären in Paris und könten mir sagen, wie es dort seit der verunglückten Flucht des Königs aussieht, welche Häupter das Volk leiten, das sich von Freyheit begeistert dünkt, und ob sich die wüthenden Wellen verhaßter Uebertreibungen bald legen werden.*» Das ist ihre erste erhaltene schriftliche Stellungnahme zu den Ereignissen. Der Mainzer Aufenthalt, wesentlich aber auch die Begegnung mit Georg Forster werden Caroline Böhmer außerordentlich politisieren. Dass es Parallelen gab zwischen ihren eigenen Vorstößen zu einem unabhängigen Leben und den Bestrebungen eines Volkes nach Freiheit und Souveränität, mag sie in diesen Tagen erkannt haben. Erspürt hat sie sie sicher schon vorher. Aber da war auch die Einschränkung – «*wüthende[...] Wellen verhaßter Uebertreibungen*». Das bezeichnete den Status quo im Laufe des Jahres 1792 und in der Folgezeit noch umso mehr. Diese Wellen wandelten auch die anfängliche Begeisterung vieler deutscher Intellektueller für den französischen Freiheitskampf peu à peu in Ernüchterung um.

Am Beispiel Göttingens lässt sich das exemplifizieren. An diesem selbstbewussten Ort deutscher Aufklärung war man sich völlig der Tatsache bewusst, mit dem eigenen aufklärerischen Wirken ein Teil des geistigen Klimas in Europa zu sein, das auf französischem Boden die Ereignisse mobilisiert hatte. Die Göttinger Publizistik, die schon seit Jahren die politischen Fragen und Ereignisse kommentierte, die in der Peripherie dieser Vorbereitungsstimmung am Vorabend der Französischen Revolution die Debatten bestimmten: die Unabhängigkeitsbewegung der britischen Kolonien und die Gründung der Vereinigten Staaten, Naturrechts- und Verfassungsdebatten, die verschiedenen Modelle und Versuche der Finanzreformen in Frankreich, die eine so wichtige Rolle in Frankreichs Staatskrise vor den revolutionären Ereignissen spielten, die (gescheiterten) Reformen Josephs II., die unter anderem einen Zentralismus gegen die Interessen der Länder ins Spiel brachten, was dem deutschen Föderalismus und seinen Traditionen gar nicht gerecht wurde, die folgeträchtige Pariser «Halsbandaffäre» und vieles andere mehr – die Göttinger Publizisten kommentierten nun auch dieses Ereignis auf einschlägige Weise, wenn es natürlich auch unter den Göttinger Professoren unterschiedliche Meinungen zu dem Ereignis, besonders aber zu seinen Folgen gab. Professor Schlözer äußerte 1789: «*Die jetzige Revolution in Frankreich hat der Verfasser des Esprit des Lois [also Montesquieu] eingeleitet ... Er lehrte, was jetzo jeder wirklich gelehrte Greis und Jüngling lehrt und mittelbar schon Christus der Herr lehrte: kein Herodes, kein Kaiphas sollen ihre Mitmenschen kujonieren.*» Und: «*Die Vorfälle unserer Tage in Frankreich sind kräftige Lektionen für alle Menschenbedrücker, in allen Weltgegenden und unter allen Ständen.*»

Das hieß aber auch, dass diese Revolution ausschließlich den unterdrückerischen Verhältnissen im spätabsolutistischen Frankreich geschuldet war, der «*Despotie*» Ludwigs XVI., und schlechterdings nicht übertragbar auf die deutsche Situation. Im Kurfürstentum Hannover war man nahezu der Meinung, in der besten aller möglichen Welten zu leben. In der Tat war ja der englische König, in Personalunion mit dem Hannover'schen Kurfürsten, Kopf einer parlamentarischen Monarchie, außerdem meistens abwesend und von seinem Geheimen Rats-Kollegium in Hannover in seinem Sinne vertreten. Die segensreichen Wirkungen englischen Presserechts und einer wirklich aufgeklärten und kontrollierten Regierung kamen dem Kurfürstentum, besonders aber der Georgia Augusta zugute. Bis zum Sturm von Paris, dessen Fernwirkungen auch die hiesige Obrigkeit vor neue Herausforderungen stellte, gab es in Göttingen quasi keine Zensur. Auch die Lehre war weitgehend frei. Die Universität besaß eine eigene Gerichtsbarkeit, und in Justiz und Verwaltung vermerkte man keine nennenswerten Unregelmäßigkeiten. Das alles war mehr, als man sich in jenen Zeiten vorzustellen vermochte. Der aufgeklärte Absolutismus stellte das System an sich nicht in Frage. Da man ja außerdem überzeugt war, zum Fortschritt und zur Aufklärung der Menschheit im eigenen akademischen Wirkungsfeld permanent beizutragen, gab es überhaupt keinen Grund, die Verhältnisse in Hannover ändern zu wollen. Klopstocks «*Gelehrtenrepublik*», mit einigem guten Willen und Glauben, schien in Göttingen nahezu Wirklichkeit geworden zu sein, mehr noch als im sehr viel feudaleren Weimar, trotz seines Staraufgebots an (bürgerlichen) Dichtern und Denkern. Schlözer schrieb 1791 in seinen «Staatsanzeigen»: «*Mir kommt kein Volk in der Welt reifer zur ruhigen Wiedereroberung verlorner Menschenrechte vor als das deutsche Volk, und zwar gerade wegen seiner, von Unwissenden so oft verlästerten Statsverfassung. Langsam wird die Revolution freilich geschehen, aber sie geschieht! Die Aufklärung steigt, wie in Frankreich, von unten herauf, aber sie stößt auch oben an Aufklärung. […] Daß es allmählich, ohne Unfug, ohne Anarchie geschehe, wird nach allem Anschein mehr das Werk der Schriftstellerei als der Kabinette sein. Fürsten werden Fürsten bleiben, und alle deutschen Menschen freie Menschen werden.*» Eine hochherzige Sicht – und die Sicht eines Patrioten in eigener Sache. Vielleicht hat Schlözer auch Edmund Burke gelesen. Seine «Reflections on the Revolution in France», eine lupenrein englische Sicht, waren im Vorjahr erschienen. Eklatant sind aber nicht nur der intellektuelle Patriotismus im hier bekundeten Selbstverständnis eines deutschen Gelehrten und das Plädoyer für die Besonderheit der deutschen Verhältnisse, sondern der ungebrochene humanistische Glaube an die Vervollkommnungsfähigkeit nicht nur des einzelnen Menschen, sondern der Menschheit im Ganzen – eine Sichtweise, die alle wüsten Revolutionen samt ihrer schlimmen Nebenwirkungen eigentlich unnötig macht, jedenfalls ausdrücklich zu einem anderen Weg aufruft, anderen Schlussfolgerungen aus den Errungenschaften der europäischen Aufklärung. Zum Glück war man ja im Kurfürstentum von Hannover und nicht in Frankreich unter Ludwig XVI. Also: Alles lag in der Hand deutscher Schriftsteller. Aus späterer Sicht betrachtet, eine allzu idealistische, um nicht zu sagen naive Perspektive, die von der Wirklichkeit überrollt wurde.

Aufschlussreich ist, dass der Vicomte de Mirabeau, der ein Bewunderer Friedrichs des Großen war, in seinen jungen Jahren aus einem sehr ähnlichen Grunde wie Schlözer das deutsche Föderativsystem propagiert hatte. Er war der Meinung, dass es Freiheit verbriefe, wenn auch nicht überall, so doch immer nur eine Tagesreise entfernt. Was man in dem einen Staat nicht tun und sagen dürfe, sei in einem anderen möglich, und durch diese systembedingte Konkurrenzsituation vieler kleiner Machthaber nebeneinander sei auch eine indirekte Kontrolle gegeben. Die wirklich schlechten Regenten seien in diesem System in der Minderheit, während es viele herausragende gebe, die wirklich auf der Höhe der Zeit seien und die anderen übertreffen wollten an Kunstsinnigkeit, Gerechtigkeit, gelehrter und aufgeklärter Gesinnung. In dem System als Ganzem, sofern man es nicht hinterfragte, waren nun allerdings Erfolg oder Misserfolg einer Regentschaft völlig vom Zufall der gerade herrschenden Person abhängig. Kaum gibt es, um das zu dokumentieren, einen größeren Gegensatz in den deutschen Kleinstaaten als Karl Eugen von Württemberg, den Landesvater des jungen Friedrich Schiller (zeitweilig vom Landesvater polizeilich verfolgt), den dieser kleine Despot in seinem *«schwäbischen Versailles»* vielleicht überhaupt erst zum Dichter gemacht, der auf jeden Fall sein rebellisches Jugendwerk und seinen lebenslang kultivierten, fast metaphysisch begründeten Freiheitsbegriff evozierte, und Carl August von Sachsen-Weimar, dem das junge, erfolgreiche und keineswegs von Fürsten abhängige Dichtergenie Goethe zu dienen beschloss. Im Falle Carl Augusts haben wir sogar den seltsamen Fall, dass der Fürst im Laufe seiner Regentschaft immer progressivere Züge bekam und fast so etwas wie eine positive, auf Reform gerichtete Vorreiterrolle einnahm unter den deutschen Duodezpotentaten, während sein konservativer Minister und Hofdichter, Fürstenerzieher und Staatsdiener Goethe diese Vorstöße fast unterwanderte. Beide Großdichter, die sich im Frieden des «klassischen» Weimar trotz ihrer so unterschiedlichen Ausgangsvoraussetzungen als unsterbliches Duo verewigten, hatten nicht mehr allzu viele progressive Impulse, als einmal ihr Platz im Olymp garantiert, in Schillers Fall auch die materielle Existenz halbwegs sicher war. So viel zu den deutschen Dichtern und Denkern, nicht korrumpierbaren Vertretern des Geistes, in deren Hand Deutschlands Freiheit lag. Jedenfalls verloren auch die Gelehrten von Göttingen spätestens nach der Schreckensherrschaft der Jakobiner zunehmend Glauben und Wohlwollen für die Wege und Zielvorstellungen der Französischen Revolution. Damit standen sie als pars pro toto für die Mehrheit der gebildeten Klasse in Deutschland. Als Georg Forster, der den Weg von der Aufklärung zur Revolution ging, 1793 vereinsamt in Paris starb, war nicht einmal Lichtenberg, dieses Musterbild eines Freigeistes, der sich sonst niemals um Konventionen und Tagesmeinungen kümmerte, allerdings in der dichtvernetzten Gelehrtenrepublik auch immer bestrebt war, sich nicht in die Brandherde zu werfen, zu einem Nachruf auf Forster in der Zeitschrift «Minerva» bereit – einem Journal, das sich gerade das englische Motto zueigen gemacht hatte: *«to shew the very age and body of the time, its form and pressure»*, also das Zeitgeschehen so zu zeigen, wie es war. Der Herausgeber, der ehemalige preußische Offizier Johann Wilhelm von Archenholz, bemühte sich um einen außerordentlich fortschrittlichen Journalismus, um wertfreie Berichterstattung, um eine klar ersichtliche Trennung von Kommentar und Bericht. Es war alles nicht so einfach in diesen Tagen, als die Freiheit zur Disposition stand.

Das Kurfürstentum Mainz war ein merkwürdiges Gebilde im Flickenteppich des Heiligen Römischen Reichs deutscher Nation. Seine diversen Herrschaftsgebiete, durch den Zufall territorialer Mächte- und Erbverhältnisse zustandegekommen, waren besonders fleckenhaft auf der Landkarte zerstreut. Eines davon war Carolines Geburtsheimat Göttingen, dem Kurfürstentum Hannover sogar direkt benachbart, nämlich ein Großteil des Eichsfelds, einer Hochebene südwestlich des Harzes. Zum Territorium gehörten das «Untererzstift» mit der Haupt- und Residenzstadt am Rhein, das zum Domkapitel gehörende Bingen, der Rheingau und die Main-Taunus-Orte, des Weiteren das «Obererzstift» um die Zweitresidenz Aschaffenburg, das den Spessart und den südlichen Odenwald umschließt. Mit dem «Erfurter Staat» in Thüringen schließlich, dem Eichsfeld und den oberhessischen Enklaven Fritzlar und Amöneburg erstreckte sich ein imposanter geographischer Radius vom Rheingau bis Nordhessen/Thüringen und dem heutigen Niedersachsen. Dennoch gehörte das Kurfürstentum Mainz mit seinen 320 000 Einwohnern zu den kleineren Staaten im Reich. Dank seiner Lage am Rhein war es jedoch ein bedeutender Wirtschaftsfaktor, vor allem durch das «Stapelrecht» des Warenumschlags und die Zölle der Rheinschifffahrt. Das Kurfürstentum und Erzbistum Mainz war ein reiches Territorium, und reich war vor allem der Erzbischof Friedrich Karl Joseph von Erthal, gleichzeitig auch regierender Kurfürst, also weltlicher und geistlicher Herr in einer Person, Landesherr, Erzbischof und Reichsrepräsentant, der zwei Drittel der Jahressteuern kassierte. Diese barocke Gestalt, kunstsinnig, bildungsbeflissen und prachtliebend, mit Lust an der Selbstdarstellung und ebenso rührigem Engagement für die geistigen Aufbruchbewegungen seiner Zeit, allerdings mit dem Hintergedanken, sie durch geschickte Integration unter Kontrolle zu bringen, stand doch für den ganzen opulenten Reichtum nicht nur der weltlichen Macht, sondern der Geistlichkeit, für den Machtkader, der von ganz oben legitimiert und daher sakrosankt war. *«Moguntia [Mainz] semper catholica»* – auch und besonders in bewegten Zeiten wie diesen. Seit 1781 gab Erthal sich ostentativ aufklärungsfreundlich. Er war sicher besser als sein Ruf, der viel damit zu tun hatte, dass er in der Retrospektive der neuen nationalstaatlichen oder auch preußischen Gesinnung als Negativfolie benutzt wurde und als solche den ganzen verzopften Anachronismus des alten Reiches verkörperte. Er war ein katholischer Aufklärer – was ihn dann allerdings, gegenwärtig wie rückblickend, beiden Seiten suspekt machte. Seine Kirchenpolitik war episkopal, nahezu papstfeindlich. Er stärkte die Rechtsstellung der Juden und die Wirkungsmöglichkeiten von Protestanten im Mainzer Kurfürstentum. Außerdem initiierte er die Abschaffung der Leibeigenschaft. Nachdem er, noch mit päpstlicher Genehmigung!, einige wohlhabende Klöster aufgelöst und mit den Erlösen die Universität auf eine neue Basis gestellt hatte, berief er auch protestantische Gelehrte an die erneuerte Mainzer Universität, so den Anatomen Sömmerring, den Historiker Johannes von Müller und – neueste Errungenschaft – Georg Forster, dem er die Universitätsbibliothek anvertraute. Aber auch andere progressive und streitbare Geister wie der katholische Theologe Felix Anton Blau, der Mediziner Wedekind, der Kantianer Dorsch, einstmals katholischer Priester, oder der Philosophieprofessor Andreas Joseph Hofmann sorgten für reichlich geistigen Zündstoff in Mainz. Hofmann zum Beispiel machte zu gegebener Zeit, aber doch noch unter erheblicher persönlicher Gefahr, keinen Hehl aus seinen revolutionären Sympathien, und Wedekind unternahm in seinen medizinischen Vorlesungen kleine, aber feine Exkurse zum Lobpreis der freien Völker mit unverkennbarer Reminiszenz an die Französische Revolution.

Im Grunde schuf Erthal sich mit diesen Lehrstuhlbesetzungen eine Art Brandsatz auf oberster Ebene, eine Vorbereitungsstimmung für die revolutionären Vorgänge in seinem Kurfürstentum. Sein Vorgänger Erzbischof Emmerich Joseph von Breidbach-Bürresheim war ein leidenschaftlicher Anhänger der französischen Aufklärer und der Enzyklopädisten gewesen und hatte eine enorme Popularität bei seinen Untertanen dafür geerntet. Nach dem Sturm auf die Bastille im nicht allzu fernen Paris musste ein Vertreter des alten Kurstaates, zudem der Geistlichkeit, aber mehr denn je mit Bedacht vorgehen. Was es sicher nicht gab, war eine Aufklärung ohne Risiken und Nebenwirkungen und unter absoluter Kontrolle. Über die universitären Liebäugeleien hinaus bot Mainz auch anderweitig vielfach günstigen Nährboden für revolutionäre Sympathien. Dreiviertel der kurmainzischen Bevölkerung waren Bauern, die, wenn auch ohne regelrechte Leibeigenschaft, wirtschaftlich ausgepresst wurden. Aber auch Handwerk und Gewerbe, so etwas wie ein aufstrebender bürgerlicher Mittelstand, konnte sich in den gegebenen Verhältnissen nicht auf unabhängige Füße stellen. Die Zünfte hatten in Mainz ihre einstige Autonomie verloren. Unter Erthals Regierung blieb jedes einzelne Gewerbe den Interessen des klerikal regierten Feudalstaats unterworfen. Jede Aufnahme eines Lehrlings bedurfte zum Beispiel der Genehmigung durch das Vizedomamt. So war im Kurfürstentum Mainz, dem reichsten und mächtigsten Erzstift diesseits der Alpen, mehr oder weniger jeder Bewohner vom Hof und seinem wirkungsherrlichen Repräsentanten abhängig. Das machte anfällig für Parolen von Freiheit, Gleichheit und Brüderlichkeit, quer durch alle Schichten. Bereits im September 1790, also ein gutes Jahr nach dem Ausbruch der Revolution in Paris, war es in Mainz zu einem Handwerkeraufstand gekommen, hervorgerufen durch einen Tumult der Studenten, mit dem die Regierung aber kurzen Prozess gemacht hatte. Der Kurfürst hatte im Anschluss daran per Regierungsdekret alle öffentlichen Politikdebatten verboten. 32 000 Einwohner zählte damals die Hauptstadt des Kurfürstentums.

Hier begann Caroline Böhmer, die im Februar 1792 mit ihrer Tochter Auguste nach Mainz kam, das unerhörte Experiment einer unabhängigen weiblichen Existenz. Ihr Vater war im August letzten Jahres gestorben, das Göttinger Haus verkauft, die Mutter nach Braunschweig gezogen. Für Caroline waren das alles Anlässe für eine große Zäsur. Sie mietete für sich und Auguste eine billige kleine Wohnung in der Welschnonnengasse, nur fünf Minuten Fußweg vom Hause der Forsters entfernt. Um ihre bescheidene Witwenrente aufzubessern, mit der sie nicht allzu weit kam, schon gar nicht im besonders nach der preissteigernden Niederlassung zahlreicher emigrierter französischer Aristokraten überteuerten Mainz, nähte sie Halstücher und fertigte Übersetzungen aus dem Französischen an. Ein erster Blick auf die Emigranten veranlasste sie zu der Feststellung, die französischen Männer seien im Durchschnitt schöner als die deutschen und hätten ein «*spirituellerer[e]s Ansehn*». Sie wird bei Gelegenheit diesen Eindruck vertiefen. Über Therese Forster und ihre Erwartungen, die Jugendgefährtin betreffend, äußerte sie lakonisch: «*Auf ihre Freundschaft hab ich nie gerechnet – es giebt keine unter Weibern.*» Beide Frauen kamen bezeichnenderweise sehr viel besser mit Männern zurecht als mit ihren Geschlechtsgenossinnen. Die Parallelen in ihrer beider Biographie, wenigstens in den Ausgangsvoraussetzungen, waren das eine, konkurrierende Wesenszüge das andere. Caroline war indessen der Auffassung, «*außerordentliche Schicksaale*» seien für Therese bestimmt – «*sie haben ihren Grund in ihr selbst*». Aber es sei auch ein «*glückzerstörender Geist*», der über ihr und ihrer Familie walte, gleichsam als «*Genius*», den sie nicht so weit gehen wollte, einen «*Dämon*» zu nennen. «*Ihre Laster sind die Ueberspannung ihrer Kräfte*», hatte sie einmal an anderer Stelle über Therese geäußert. Es gibt noch mehr ambivalente Aussagen der beiden Frauen übereinander. Sie befanden sich in einer ebenbürtigen Konkurrenz, wenn Carolines Ausrichtung auch harmonischer, stimmiger, in sich ruhender war. Dass da Reibungen prädestiniert waren, liegt jedenfalls auf der Hand.

Noch in der Göttinger Jungmädchenzeit hatte Therese Heyne geschrieben (6. Juni 1784 an Sömmerring): «*Diese Schwester, die er [Fritz] so erhebt, ist ein sehr kluges Mädchen, das klügste was ich hier kenne, sie hat aber zu viel Eitelkeit, um ohne Falsch zu sein, und zu wenig Welt und Erfahrung, um Toleranz zu besitzen. Vor wenigen Jahren gerieth sie durch Unerfahrenheit und die Gesellschaft eines unnützen Mädchens in sehr zweideutigen Ruf, und beging aus Eitelkeit und Neid (die natürliche Folge der Eitelkeit, wenn nicht Stolz und inneres Gefühl seines Werths sie überwinden) einige wirklich boshafte und unvorsichtige Streiche; dieses giebt ihr jetzt den Anschein von Prüderie, da sie wirklich wider ihr Temperament sanft und zurückhaltend ist. – Dem Bruder muß sie sich freilich von der vortheilhaftesten Seite zeigen, weil ihre Eitelkeit bei ihr [ihm?] bloß genährt, aber auf keine Weise beleidigt wird. Hätte unser Interesse als Mädchen nicht so sehr sich gerieben, und wüßt' ich nicht daß sie ehemals von meiner Freundin meine Feindin ward, so würde sie mein liebster Umgang seyn. Ihren Verstand und ihre Talente muß ihr Bruder immer bewundern, und ich liebe in ihr ihr Schwesterherz, denn sie betet den Bruder an.*» Also: Diese beiden schenkten sich nichts, auch und besonders nicht in den reiferen Jahren. In einem aber täuschte Therese sich sicherlich, denn gerade in Bezug auf sie, auf Therese, war Caroline sehr tolerant. Sie nahm die schwierigen und immer auch etwas unberechenbaren Wesenszüge der anderen hin, und zwar als Schattenseiten ihrer Exzentrik, die ja auch wieder sehr anziehend war und, wie es scheint, ihrer Meinung nach mit berechtigten Ansprüchen verbunden. Dass Therese, nicht sie, zu *«außerordentlichen Schicksalen»* bestimmt war, hatte sie noch in der Mädchenzeit neidlos anerkannt. So heiratete die Freund-Feindin Georg Forster, den Weltumsegler, der Ende der siebziger Jahre nach Deutschland kam und der in den geistigen Zentren des Landes die Cour machte, dem damals auch ausgiebig die Cour gemacht wurde. Doch Forsters Werdegang war beschwerlich, entbehrungsreich, sein kurzer Ruhm eine nicht sonderlich nachhaltige Entschädigung für ein Leben, in dem einer reichlich mühsam und meistens vergeblich den Stein wälzte und sich am Ende um fast alle Hoffnungen seines Lebens betrogen sah. Geboren 1754 in Nassenhuben bei Danzig, begleitete Georg Forster von früher Jugend an die Arbeiten und Aufbrüche seines ehrgeizigen Vaters, eines Dorfpfarrers mit naturwissenschaftlichem und geographischem Forschungsinteresse, den es hinaus in die Welt und in die oberste Riege der forschenden Wissenschaft drängte – was indes nie ohne das aktive Wohlwollen der Großen und Mächtigen lief. Während der Regierungszeit Katharinas der Großen erhielt Johann Reinhold Forster die Möglichkeit zu einer Reise nach Russland. Im Namen der kaiserlich-russischen Regierung sollte er die neu angelegten deutschen Siedlungen an der Wolga begutachten, um die ökonomischen und sozialen Voraussetzungen für diese und neue Siedlungsmöglichkeiten sicherzustellen. Die deutschstämmige Zarin, die mit Voltaire, Montesquieu und Diderot korrespondierte, wollte mit solchen und anderen Maßnahmen den Anschluss ihres Imperiums ans aufgeklärte Europa gewinnen. Eine Kolonie freier deutscher Bauern mitten in Russland stellte sich als ein schönes Modellprojekt dar. An der Leibeigenschaft der russischen Bauern änderte das allerdings nichts; sie wurde in Katharinas Regierungszeit sogar noch vertieft und erweitert.

Der zehnjährige Georg begleitete den Vater auf diese Reise, wurde mit meteorologischen, kartographischen und geologischen Aufgaben betraut und lernte wie nebenbei fließend Russisch (er übersetzte mit zwölf Jahren im Auftrag des Vaters ein russisches Buch). Diese für einen Knaben sicherlich imposante Reise bis an die Grenzen des russischen Reiches konfrontierte ihn aber auch erstmals mit den Frustrationen des ambitionierten Gelehrten, der sich als Bittsteller an den Höfen vorstellig machen musste und dort häufig außer schönen Versprechungen wenig erhielt. Reinhold Forster war zum Höfling allerdings auch nicht sehr begabt. Er hatte ein hochfahrendes, reizbares Wesen, keinerlei Anlage zur Diplomatie und einen Stolz, der wohlbegründet war, was seine Bildung und seine Begabungen anging, aber eben nicht mit seiner Stellung in der Welt korrelierte. Die Divergenz mochte dem Sohn früh genug deutlich werden. Er nahm alles in sich auf wie ein Schwamm: die frühen Bildungserfahrungen und fremden Gegenden, die Kaprizen und Prätentionen der Menschen, die sozialen und kulturellen Verhältnisse. Nach einer letzten feudalen Niedertracht auf Reinholds wiederholten Versuch hin, seinen verdienten Lohn für die Projektarbeit, die Ausarbeitung seiner Forschungsergebnisse, absprachegemäß zu erhalten – Graf Orlow, der Zarin Liebhaber, bestellte ihn um sechs Uhr morgens zu einer Audienz, um ihm dann mitteilen zu lassen, er befinde sich auf der Jagd –, reisten Vater und Sohn Forster ab, verschuldet, wie es in dieser Familie eine schöne Norm werden sollte, denn außer den Reisekosten hatte man Forster nichts ausgeteilt, nur ein letztes, beschämendes Angebot unterbreitet, auf das Reinhold nicht einging; sein Stolz war so groß wie seine diplomatische Unfähigkeit. Seine in der Heimat zurückgelassene Gattin hatte zwischenzeitlich wertvolle Teile seiner Bibliothek verkaufen müssen, um sich und die sechs Kinder durchbringen zu können. Forster reiste aber mit Sohn Georg nicht umgehend nach Danzig zurück, sondern weiter nach England. Das war das Land seiner Vorfahren. Sein Urgroßvater, Mitglied einer protestantischen Rebellenbewegung, hatte sich dereinst zu den toleranten Preußen geflüchtet. Reinhold hatte seinen Sohn Georg in englischer Schreibweise «George» ins Taufregister eintragen lassen und legte selbst sehr viel Wert auf seine britische Herkunft. Aber auch hier in England machte er keine wesentlich anderen Erfahrungen mit adeligen Gönnern und Protektoren als am Hof von

St. Petersburg. Sohn Georg hat das irgendwann tief verinnerlicht: die entwürdigende Abhängigkeit von Grafen und Fürsten und ihrer verlängerten Arme, die Hinhaltungen, jahrelanges Hofieren, während die mutigen Pioniere und Initiatoren der großen Projekte, die die Weltkenntnis ihrer Zeit in großen Sprüngen nach vorne brachten, um Lohn und Anerkennung geprellt wurden. Parallel dazu wurde er aber zum ausgebeuteten Zuarbeiter des Vaters, der seine eigenen Frustrationen, die er nicht selten auch seiner eigenen Unfähigkeit verdankte, sich irgendwo oder irgendjemandem gewogen oder verbindlich zu machen beziehungsweise mit Geld umzugehen, darin kanalisierte, dass er seinen begabten Sohn ohne nennenswerte Anerkennung und Lohn für sich arbeiten ließ.

Der junge Mann Georg Forster brauchte noch eine ganze Reihe von Jahren, um sich von diesem Über-Vater zu lösen. Das schlechte Gewissen deswegen hat er wahrscheinlich sein Leben lang nicht verloren. Nach einigen frustrierenden Jahren in London und Yorkshire, Jahren unermüdlichen Antichambrierens sowie einer unerquicklichen Lehrtätigkeit – mittlerweile war auch die Familie aus Danzig nachgereist und fristete ein unsicheres und verschuldetes Dasein neben ihrem noch immer von hochfliegenden Hoffnungen und großen Plänen erfüllten Familienvater – kam es ganz unerwartet durch die Anerkennung, die sich Reinhold Forster, Mitglied der Royal Society, in der Zwischenzeit als Naturforscher erworben hatte, zu dem großen Unternehmen, das vor allen Dingen Georgs Leben veränderte: Die britische Admiralität bot Forster an, Captain James Cook auf seiner zweiten Weltumsegelung zu begleiten. Seine Aufgabe war eine wissenschaftliche Chronik der Expedition, vorzulegen nach seiner Rückkehr. Da wurde in der Tat nicht lange nachgedacht. Am 13. Juli 1772 stach die «Resolution» mit Vater und Sohn Forster an Bord in Plymouth in See. Drei Jahre dauerte die Reise, die über Madeira und die Kapverdischen Inseln am Kap der Guten Hoffnung entlang Richtung Südpol führte, nach der Überquerung des südlichen Polarkreises durch antarktische Gewässer und Eisfelder dann in den Südpazifik, zu den Inseln Polynesiens und über Feuerland, um Kap Hoorn herum nach St. Helena und über die Azoren wieder nach England zurück. Cooks Expedition war die erste, die den südlichen Polarkreis passierte. Außerdem widerlegte das Unternehmen endgültig die Hypothese von einem großen, bewohnbaren Südkontinent. Das Forschungsteam dieser Expedition, darunter die Forsters, erkundete unter anderem Neuseeland, die Tonga-Inseln, Neu-Kaledonien, Tahiti und die Osterinseln. Die Strapazen einer solchen Reise: die Enge an Bord, die Mangelernährung, Skorbut, der mit Karottenmarmelade und abgekochten Pflanzen kuriert wurde (Cook schwor auf Sauerkraut), Stürme, faulendes Zahnfleisch, kranke Mannschaften und gebratene Hunde als Bordmahlzeit in Ermangelung anderweitiger Vorräte, die Eiswüsten der Antarktis oder die wochenlangen dicken Nebel der Dusty Bay, ständige Grenzsituationen zwischen Leben und Tod, sind nur schwer nachzuvollziehen, selbst für den noch so phantasiebegabten, entflammbaren Leser, damals wie heute. Sie bilden den nicht immer eins zu eins übertragenen Hintergrund solcher sagenhafter exotischer Reiseberichte. Cooks Vorgänger Louis Antoine de Bougainville hatte mit seinem Reisebericht über Tahiti die Südseeromantik der Europäer initiiert. Dieser Arkadientraum, der sich an einem konkreten Ort manifestierte, diente zugleich auch als Möglichkeit, die Mängel der europäischen Gesellschaftsverhältnisse in einem übertragenen Sinne zu reflektieren. Ohne diese Bilder von paradiesischen Gegenden, in denen ein natürlicher Überfluss herrscht, bedingt durch ein mildes Klima und üppige Vegetation, und in denen glückliche Menschen in schöner Gleichheit zusammenleben, die Hierarchien und Kriege nicht kennen, wäre die dispositionelle Grundhaltung am Vorabend der Französischen Revolution, eine Haltung, die alles in Frage stellte, wahrscheinlich gar nicht in solchem Maße möglich gewesen.

Georg Forster, der zwischen siebzehn und zwanzig Jahre alt war, als er die Reise mit Captain Cook unternahm und dessen Weltbild sich in den Jahren der Reise formierte, leistete allerdings eine sehr viel differenziertere Betrachtung der Südseebevölkerung als Bougainville, und er ließ den Südsee-Menschen und anderen «Eingeborenen» eine Gerechtigkeit zukommen, einen vorurteilsfreien Blick jenseits der europäischen Kategorien, sofern dies eben möglich ist, sodass er mit seinen völkerkundlichen Betrachtungen eine Grundlage schuf für die moderne

Ethnologie. Keineswegs sei es so, dass die Tahitianer in einem Zustand völliger Gleichheit lebten, auch wenn er dies, gab Forster zu, gerne gehofft und geglaubt hatte. Über ihre Begeisterung von den tahitianischen Frauen hatten der Franzose Bougainville und sein Begleiter Philibert Commerson das nahezu softpornographische Bild einer Insel der Liebe von Tahiti gezeichnet – Frauen als Priesterinnen und Männer als ihre Anbeter, Schwestern der Grazien, wie sich versteht, ohne Hülle. «*Weder die Schande noch die Scham üben ihre Tyrannei aus; der zarteste Schleier flattert stets nach dem Winde und den Begierden*», so Commerson. Da man dort den ganzen Tag Liebe machte, denn die Beschwerlichkeiten des Lebenserhalts: Ackerbau, Viehzucht etc. fielen ja weitgehend weg in einem so fruchtbaren Land ewigen Frühlings, sei man friedliebend, brüderlich und voller Abscheu vor dem Vergießen menschlichen Bluts. Das sei aber der Zustand des natürlichen Menschen – Rousseau sozusagen einschlägig interpretiert. Georg Forster, über dessen sexuelles Vorleben bis zur Eheschließung mit Therese Heyne Stillschweigen herrscht, wahrscheinlich mit gutem Grund, weil es keins gab, ließ sich so leicht nicht bestechen – wenn er auch ebenfalls dem Zauber Tahitis verfiel. Um die Gesellschaftsstruktur war es nach seiner Beobachtung folgendermaßen bestellt: Es gab Könige oder Oberhäuptlinge, darunter die adelige Schicht der Arii, denen die Aufsicht über einen der neunzehn Distrikte der Insel unterstand, darunter die Bürgerschicht der Manahaunas, dann die Bediensteten (Tautaus), mehr oder weniger mit den Leibeigenen in der westlichen Welt zu vergleichen. Eine Religion sowie Kriegsführung gab es ebenfalls in dem Südseeparadies. Die Priester sowie die kriegsführende Kaste genossen eine Sonderstellung im Gefüge und innerhalb der komplizierten Rituale der Tahitianer, bestimmt von einer Reihe für Europäer schwer durchschaubarer «Tabus» (das Wort gelangte auf diesem Wege zu uns). Anders ausgedrückt: Es war alles mehr oder weniger wie in Europa, anders wohl in der Ausführung, aber nicht grundsätzlich besser. Hierarchien und Rituale sowie Abgrenzung nach innen und außen waren wohl irgendwie doch Ausdruck des menschlichen Naturells. Aber: Die Standesunterschiede würden durch den natürlichen Reichtum der Insel, durch reichliche Nahrung und günstiges Klima gemildert, Ehrgeiz und Neid seien daher auf Tahiti auch nahezu unbekannt. Unglücklich und deformiert werde eine Gesellschaft nur durch maßlosen Überfluss auf der einen Seite sowie den gänzlichen Mangel unentbehrlicher Notwendigkeiten auf der anderen, *«und gerade dieser pflegt in civilisirten Staaten das Loos des gemeinen Mannes … zu seyn.»*

Die Diskrepanzen der Alten Welt fand Georg Forster angesichts dieses Naturparadieses nicht tolerierbar. Aber es führte doch noch ein weiter Weg von dem Halbwüchsigen, der in unendlicher Akribie Notizen und Zeichnungen zur Geologie, Tier- und Pflanzenwelt all der unbekannten Gegenden anfertigte – heute noch im Völkerkundlichen Museum Göttingens zu besichtigen –, der sich zwischen die Eingeborenen begab und ihre Sprachen lernte und der selbst das unappetitliche Phänomen des Kannibalismus in den entsprechenden Kontext zu stellen versuchte, der zur Behutsamkeit aufrief und seine europäischen Zeitgenossen auch immer vor jeder Art Überlegenheitswahn diesen Naturvölkern gegenüber warnte, da das Einwirken der Europäer alles Naturgewachsene, «Bessere» nur kaputt machen würde, zu dem Revolutionär Georg Forster. Doch der Grund für seine spätere revolutionäre Gesinnung wurde auf dieser Reise gelegt. In dem ausgearbeiteten Reisebericht, der die gelehrte Welt Deutschlands, von Christoph Martin Wieland bis Alexander von Humboldt, in Lobeshymnen ausbrechen ließ, finden wir einen durchgehenden, freilich im Nachhinein leicht erkennbaren Subtext. Auch auf Tahiti, so Forster, gebe es privilegierte Schmarotzer, die im Überfluss lebten, während der fleißige Bürger *«im Schweiße seines Angesichts darben muß»*. *«Endlich wird das gemeine Volk diesen Druck empfinden. Alsdenn aber wird auch das Gefühl der gekränkten Rechte der Menschheit in ihnen erwachen, und eine Revolution veranlassen. Dies ist der gewöhnlichste Cirkel aller Staaten.»* Das war 1776 geschrieben. Zurück in England, ging es den Forsters nicht besser als vorher. Weder der arrogante Lord Sandwich, der Nachwelt nur durch den Namen für eine Brotschnitte im Gedächtnis geblieben, noch die englische Regierung, noch die wissenschaftliche Welt würdigten Reinhold Forsters Forschungsbericht, da man darin unter anderem eine *«philosophisch freie Denkart»* erkannte, und so profitierte Sohn Georg von den Streitigkeiten seines Vaters mit den diversen Obrigkeiten und Auftraggebern, und er schrieb selbst einen Reisebericht, der für ein allgemeines Publikum vorgesehen war. Als er 1778 nach Deutschland zurückkehrte und sich damit auch der Fuchtel des Vaters entzog, der unter anderem die Konkurrenz seines nahenden Ruhms witterte, da pflegte er, der die meiste Zeit seines Lebens in England gelebt hatte, keineswegs das idealistische Bild Englands, das viele gebildete Deutsche zu dieser Zeit hatten – besonders in Göttingen und auch etwa Lichtenberg, den er im Dunstkreis des englischen Königs und der Royal Society kennengelernt hatte –, sondern er erhoffte sich von der deutschen *«Gelehrtenrepublik»*, die er ja gar nicht kannte, das große Veränderungspotential, das auch die Göttinger Professoren beschworen.

Georg Forster hatte kein Händchen fürs Glück. Geld und Ehrungen etwa, so er sie erhielt, rannen ihm durch die Finger und zeigten keinerlei Neigung, sich dauerhaft einzunisten und zu gedeihen. Das war ein Familienerbe, obwohl dieser Sohn doch ein ganz anderes Naturell hatte als der aufmüpfige, streitbare Vater. Wenn er in Deutschland nur für sich selbst hätte sorgen müssen, wäre es für den berühmten jungen Autor der «Reise um die Welt» sicher ein Leichtes gewesen, aber Georg musste sich weiterhin auch um tätige Hilfe für den in England verbliebenen Vater bemühen – anders gesprochen: Er musste hemmungslos bittstellern. Währenddessen bombardierte der zurückgelassene Vater ihn aus der Ferne mit brieflichen Schuldvorwürfen. Georg reagierte darauf jedesmal mit heftigen Krankheitsausbrüchen. Letztendlich brachte er es zu einem ziemlich lukrativen Lehramt als Professor für Naturgeschichte am Collegium Carolinum in Kassel – 800 Taler Jahresgehalt. Der hessische Landgraf, der ihm seine Naturalien-Sammlung in Aufsicht gab, ließ sich den Weltreisenden gern etwas kosten. Daneben standen die stattlichen Summen, die sein Freund und Verleger Johann Karl Philipp Spener in Berlin ihm in regelmäßigen Abständen vorstreckte, außerdem im Laufe der Zeit Einnahmen aus seinen Aufsätzen über Forschungs- und Entdeckungsreisen für diverse Zeitschriften. Aber immer reichte es nicht; schon in den ersten zwei Jahren sammelten sich Schulden in Höhe von mehr als zwei Jahreseinkommen. Trotz aller Anerkennung waren es zerquälte Jahre in Kassel. Wahrscheinlich über den Anatomen Sömmerring, mit dem er auf intimem Fuß stand, wurde Georg Forster in Kassel Mitglied der Rosenkreuzer. Das verschlang Geld, Zeit, vor allem aber seelische Energie. Es war eine dunkle Experimentierphase, die aufs Konto einer inneren Leere und verzweifelten Suche des Adepten im Zuge der Trennung von seiner Familie ging, und es scheint, als sei Forster hier eine Zeitlang regelrecht abgetaucht in geheimbündlerisch-esoterische und nicht minder unterwürfige Rituale: die strikte Observanz des Geheimbundes, Seelenkasteiungen, Gehorsamsbekundungen. In einem geheimen Laboratorium wurden unter gemurmelten Gebeten und magischen Sprüchen seltsame Substanzen gekocht, namentlich aber die Prima Materia gesucht, um den Stein der Weisen daraus zu machen – und Gold. Das faszinierte diesen begabten Bankrotteur ganz besonders, doch es erlöste ihn möglicherweise am Ende auch von einem Spuk, partiellem Realitätsverlust, als er nämlich vom Selbstmord des Londoner Alchimisten Dr. Price hörte, der von sich reden gemacht hatte, weil er behauptete, Quecksilber in Gold verwandeln zu können. Wahrscheinlich besaß Georg Forster eine depressive Disposition. Es ist typisch – und genauso typisch das Resultat –, dass er die Ehe als Ausweg suchte, als eine Erlösung von diversen Leiden. An Spener schrieb er am 25. 8. 1783 – nach dem Bekenntnis, es sei sicher sinnvoll für ihn, eine Frau mit Vermögen zu finden, die seine Finanzsorgen ein wenig abfedern könne: «*Allein einmal habe ich nach meinen Grundsätzen mir den Umgang mit Frauenzimmer ausser der Ehe nie erlauben wollen und können, und doch fühle ich, daß zu meiner Ruhe, zur Besänftigung meiner Einbildungskraft und meines Bluts ein Weib ein nothwendiges Übel ist. Auch kann ich um Unpartheyisch zu seyn, mir nicht verschweigen, daß ein gutes theilnehmendes Weib manche Stunde versüssen kann, die sonst trüb und finster verstreicht. Ich kenne mein Temperament; hätte ich ein gutes Weib, ich suchte nichts mehr in der Welt. Ich bin ohnehin kein Liebhaber von Gesellschaft; nur der Geschlechtstrieb verschlägt mich jetzt zu oft in Gesellschaft (ich sage Geschlechtstrieb, denn so verkappt er auch ist, und so speciös die Argumente sind, die ich selbst mir zum Vorwand anführe,*

Georg Forster. Gemälde von Johann Heinrich Tischbein

warum ich hier oder dort hingehn will, so bemerke ich doch mehrentheils, daß der Hauptgrund eine innere Unruhe und Unstetigkeit war, die mich nicht zu Hause sitzen ließ. Fleisch und Blut mit einem Wort)[...] Meine Gesundheit würde gewinnen, wenn ich heirathete.» Die Ehe als hygienische Maßnahme, ein Garant für Finanzversorgung, seelisch-sexuelle Diätetik, verlässlichen Tagesablauf und «Blutreinigung».

Für all das, vor allem aber für eine seelische Stabilisierung, war Therese Heyne sicher die falsche Wahl. Fast scheint es, als sei Georg Forster mit Vorsatz ins offene Messer gelaufen. Und Therese? Warum heiratete sie Georg Forster? Sie sagte später, sie habe den Menschen Forster immer geschätzt, immer Anteil an seinem inneren Leben und seinen Projekten genommen. Den Mann aber begehrte sie nicht. Er besaß, wie er ja selbst zugab, keine Erfahrung mit Frauen, war außerdem von den Blattern und vom Skorbut gezeichnet, mit einem narbigen Teint, schlechten Zähnen, einem empfindlichen Magen, entzündlichen Gelenken. Zwei seelisch Zerrissene auf die nämliche Art konnten sich jedenfalls nicht in einer gegenseitigen Heilung ergänzen; ein solches Projekt war ganz sicher zum Scheitern verurteilt. Es wurde erschwert durch Forsters Lehrtätigkeit im polnisch-litauischen Wilna, wohin er 1784 wechselte, um ein Jahr später seine junge Frau dorthin mitzunehmen. In dieser Einöde in fremdem Land, fremder Sprache waren die jungen Gatten ganz aufeinander angewiesen, und Finanzsorgen sowie daraus resultierende Einschränkungen auch in gesellschaftlicher Hinsicht taten ihr Übriges, drückten auch hier. Das war sicher für beide eine deprimierende Situation. Aber die Vorgeschichte der Mésalliance auch ohne solche erschwerenden Umstände ist schon bezeichnend genug. Merkwürdig mutet allerdings Forsters Verhalten in von ihm geförderten und offenbar goutierten Dreierverbindungen an, die seine sexuelle Orientierung in ein zusätzliches dubioses Licht rücken (es war in Kassel und Göttingen das Gerücht aufgekommen, er lebe mit Sömmerring in einer homosexuellen Beziehung). Da war die gemeinsame Freundschaft mit Meyer in der Verlobungszeit. Therese stellt es so dar, als habe Forster, der durchaus wusste, wie erotisiert die Verbindung zwischen ihr und Meyer war, sie in die Dreierverbindung, die brieflich bestehen blieb, förmlich hineingetrieben. Ähnlich war es dann später in Mainz mit dem gemeinsamen Hausfreund Huber, mit dem Therese ihren Gatten betrog, gleichsam vor Forsters Augen, der es geschehen ließ, diesem Geschehen sogar offenbar etwas abgewann, und mit dem sie ihn schließlich verließ. Schon die Anfänge dieser Ehe waren für die Frau, wie bezeugt, sexuell eine Qual. An Caroline berichtet sie rückblickend: «*Wie ich heiratete, war ich unschuldiger als ein Kind. Ich ward erst vier Wochen nach meiner Hochzeit Frau, weil die Natur uns nicht zu Mann und Frau bestimmt hatte. Ich weinte in seinen Armen und fluchte die Natur, die diese Qual zur Wollust geschaffen hatte – endlich gewöhnte ich mich daran – in Polen machte ich ihn glücklich, aber Liebe genügte ihm nicht, obschon er dort glauben mußte, ich liebte ihn, denn meine Briefe an Meyer, die er sah, störten ihn nicht, so schwärmerisch sie waren.*» Auch Forster war im polnischen Wilna unglücklich, beruflich frustriert, isoliert, und umso mehr klammerte er sich an seine Frau.

Das seltsame, damals im Rahmen des Möglichen liegende Vorgehen, jemanden, der nie eine Universität, nicht einmal längere Zeit eine Schule besucht hatte, zum Professor zu machen und ihm die Promotion nachträglich im Rahmen der Professur zu ermöglichen, implizierte doch einige Schwierigkeiten; unter anderem fühlte sich Forster überfordert, Vorlesungen auf Latein in der Schola Principis Magni Ducatus Lithuaniae halten zu müssen. Als ihn die russische Regierung zur Leitung einer Pazifik-Expedition ausersah und seinen achtjährigen Wilnaer Vertrag vorzeitig löste, führte das bei beiden Gatten zu großer Erleichterung. Für Forster bedeutete es die Aussicht auf neue Horizonte und das gewohnte Tätigkeitsfeld, für Therese eine möglicherweise jahrelange Abwesenheit ihres Ehemannes, vielleicht das Sprungbrett für eine endgültige Trennung. Aber es wurde nichts aus der Expedition, denn 1787 brach der russisch-türkische Krieg aus. Dann kam das Mainzer Angebot über die Vermittlung des Historikers Johannes von Müller, und die Forsters zogen 1788 nach Mainz. Das war die Situation, in der Caroline die Jugendfreundin 1790 in Mainz erstmals besuchte. Damals war Georg Forster nicht da, denn er befand sich mit Alexander von Humboldt auf einer Reise, die in dem dreibändigen Werk «Ansichten vom Niederrhein» literarischen Niederschlag fand. Vielleicht hat Therese damals schon das Bedürfnis verspürt, sich einer Jugendfreundin über ihr Ehedesaster mitzuteilen, und deshalb Caroline nach Mainz eingeladen. Vor ihrem zweiten und auf Dauer angelegten Mainz-Aufenthalt, noch von Göttingen aus, war Caroline jedenfalls einschlägig positioniert – für Therese und gegen Forster. «*Forster ist unerträglich*», schreibt sie im Dezember 1791 an Meyer. Und: «*Sie haben ihr jüngstes Kind an den inokulirten Blattern verlohren. – F. sorgt indeß für Ersatz, und das ist zehnfach ärger – und wenn Sie das nicht für ein Leiden halten, wenn Sie F. billigen können, der doch wißen muß, daß er seines Weibes Herz nicht besizt, – nun so sind Sie ungerecht – wie die Männer alle.*» Da lebte der sächsische Legationsrat Ludwig Ferdinand Huber bereits seit über einem Jahr im Forster'schen Hause. Huber war eine eher blasse Gestalt, von nachgiebigem Naturell, etwas lebensuntüchtig im Alltag, jemand, der sich gern führen und treiben ließ. Er war mit Schiller und Körner bekannt, hatte literarische Ambitionen. Forster nahm Huber, der sich in einer beruflichen Sackgasse befand, unter seine Fittiche, sicher auch in einem Gefühl der Bestätigung, in der Welt ausnahmsweise sicherer dazustehen als sein Gegenüber.

Huber ließ sich auf die komplizierte Therese ganz anders ein als Georg Forster, und es stellte sich auch heraus, dass er einen undefinierbaren erotischen Reiz für sie hatte. Ein gemeinsamer Hausfreund war für die angespannte Situation dieses Ehepaares möglicherweise auch eine Art Pufferzone, um ihre Beziehung zu normalisieren. Allerdings nahm die Sache dann einen Verlauf, der Forster aus dem Konstrukt hinauskatapultierte. Gegenwärtig kämpfte er noch um Therese, und mit allen Mitteln, wie es wohl scheint. Rückblickend schreibt Therese – auch offenkundig als Rechtfertigung: «*Forster hatte damals meine Seele empört – er wußte, ich liebe einen andern – er war der Vertraute meiner Unklugheit – er hätte mich einen stillen Lebensweg führen können und bestürmte mich mit Sinnlichkeit. Nun fiel ich in Verzweiflung. Ich war allem Gefühl abgestorben und verfolgte jede Spur desselben mit fanatischer Bitterkeit. Nur Forsters Wohlstand, sein Hauswesen war meine Absicht – ihm mußte ich immer, immer gut sein – er war mir teuer und wert in jeder Rücksicht, wo ich nicht sein Weib war, aber wo ich seine Sinne berührte, mußte ich mit den Zähnen knirschen. Ich sah mich endlich vor eine Hündin an, die das Männchen niederwirft – ich sah es wie die Erniedrigung der Menschheit an – ich hatte einen Grad menschenhassender, alles Gefühl verabscheuender Bitterkeit, die seinem guten Herzen wohl meistens entging.*» Das ist wirklich dramatisch – und so etwas wie die Realität der Geschlechterverhältnisse in letztendlich doch noch archaischen Zeiten, was die Rechte und Rollenbilder von Männern und Frauen betrifft. Caroline verachtete Forsters Schwäche, seine psychische Abhängigkeit von Therese, die er hier durch sexuelle Besitznahme kompensierte, eheliche Vergewaltigung, wenn man so will – auch offensichtlich eine Verzweiflungstat, merkte er doch, wie Therese ihm schon lange entglitt. Das ist nicht zu entschuldigen. Caroline fühlte den physischen Abscheu und die Solidaritätsempathie ihres Geschlechts. Als sie aber tieferen Einblick erhielt in die Verhältnisse, entwickelte sie auch Sympathien für Forster und begriff manches aus einer anderen Sicht.

Caroline war eine Männerversteherin. Männer vertrauten sich ihr gerne an, schütteten ihr Herz bei ihr aus, profitierten von ihrem Rat. Er sei melancholisch, hatte sie bereits in der Göttinger Mädchenzeit festgestellt, als Forster die Professorenhäuser besuchte und sich ihr umgehend öffnete, etwa über sein schwieriges Verhältnis zum Vater mit ihr redete, über seine Leiden, Sohnespflichten und Konflikte. Und als Therese zum Schluss ihren Mann sitzen ließ, um mit Huber in vage Fernen zu ziehen, da überließ sie ihr ihren Ehemann – nicht als Mann, denn da war Caroline so wenig angesprochen wie sie, sondern als Freund, als Versorgungsobjekt, um ihn aufzurichten, am Leben zu halten, ihn zu stützen, seine politische Mission mitzutragen oder einfach bis auf weiteres seinen Alltag zu organisieren. Diese Aufgabe stärkte sie vielleicht auch in dem Bewusstsein ihrer eigenen hart umkämpften und mit wenig Verständnis von außen quittierten Unabhängigkeit.

Jedenfalls hatte sie mit diesem Versorgungsobjekt, das stärker forderte als ein Kind, und allem, was ihn umgab, endlich wieder etwas zu tun. Doch so weit sind wir noch nicht. Caroline berichtet am 29. Juli 1792 an Meyer über ihr Zusammenleben mit den Forsters in Mainz: «*Jeden Abend bin ich dort um Thee mit ihnen zu trinken, die interreßantesten Zeitungen zu lesen, die seit Anbeginn der Welt erschienen sind – raisonniren zu hören, selbst ein bischen zu schwazen – Fremde zu sehn u. s. w. Außer Forsters hab ich gar keinen Umgang. – Darinn hab ich vielleicht unrecht – aber ich mag keinen andern. F. ist mein Freund, wie Sie mirs voraussagten – ich erkenne alle seine Schwächen, und kan die nicht von mir werfen, ihm gut zu seyn – ich thue alles, was ihm Freude machen kan. Im Anfang drückte es mich, mich theilen zu sollen, zwischen der Neigung für ihn und meinem Gefühl für Therese, aber, nachdem ich klar eingesehen habe, daß alles grade so seyn muß, wie es ist, und nicht anders seyn kan, vereinige ich es recht gut, und bin gegen keinen mehr ungerecht.*» Im Vorjahr hatte sie noch festgestellt: «*Forster ist […] der schwächste aller Menschen, und schwächer wie er seyn könte, weil er neben ihr steht; verdammt, mitten inne zu stehn zwischen solchen, die ihm nichts seyn können und denen er nichts ist.*» Welch ein Schicksal! Vielleicht hatte Caroline vorübergehend den gewünschten stabilisierenden Effekt auf diese eheliche Konstellation. Sie hatte viel Freude an ihrer siebenjährigen Tochter, die ein aufgewecktes und für ihr Alter weit entwickeltes Kind war. Nur wenige Jahre später würde dieses Mutter-Tochter-Verhältnis in eine fast ebenbürtige Kameradschaft übergehen, die ihre Umgebung erstaunte.

Ihre Aufgabe als alleinerziehende Mutter nahm Caroline sehr ernst. Dass Auguste über die Forsters nun doch wieder einen Familienkontext und einen Ersatzvater hatte, den die Kleine sogar *«Väterchen»* nannte, mit zahlreichen Bildungseindrücken in diesem rührigen Haushalt verbunden, nahm sie befriedigt zur Kenntnis. Auch Therese hatte ein besonderes Faible für die kleine Auguste. Caroline schrieb: *«Meine Mutterpflicht war mein Leitfaden, seit meine Kinder keinen Vater mehr hatten – wenn dies Band riße, so würd ich einen ganz andern Weg gehn.»* Also noch weiter in die Unabhängigkeit? Reisen, das ganz große Abenteuer? Oder wie meinte sie das? Über Carolines politische Bewusstseinsentwicklung in diesen prägenden Mainzer Monaten haben wir fast keine Zeugnisse, weil wohl eine ganze Reihe von Briefen vernichtet sind. Die interessanten Zeitungen, die sie bei Forsters lese, erschienen *«seit Anbeginn der Welt»*, also nach Maßgabe einer neuen Zeitrechnung, die im Juli 1789 in Paris ihren Anfang nahm – dieser Ausdruck lässt indessen tief blicken. Man las unter anderem im Forster'schen Hause den «Moniteur», Frankreichs Staatszeitung. In Wahrheit war das Familienidyll wie auch die Mainzer Situation lediglich eine Ruhe vor dem Sturm. Forster, der Visionär, der zwar mit der Revolution sympathisierte, aber die Meinung vertrat, Deutschland sei für sie noch nicht reif (er würde Recht behalten im Nachhinein), hinterließ in Carolines Denken und ihrem politischen Tagesbewusstsein bereits seine Spuren. In der Lektüre auch, nicht nur der Zeitungen. Caroline las Mirabeaus Briefe aus dem Kerker, die sie beeindruckten, später Condorcet und andere Revolutionsliteratur. Dagegen sah sie in Goethes Groß-Kophta *«ein bloßes Gelegenheitsstück»*. *«Göthe ist ein übermüthiger Mensch, der sich aus dem Publikum nichts macht, und ihm giebt was ihm bequem ist.»* Alle im Hause Forster waren von Goethes Groß-Kophta, den der Meister persönlich geschickt hatte, schrecklich enttäuscht. Nicht lange mehr, und es würde die merkwürdige Situation eintreten, dass Goethe, der mit dem jungen Forster in Weimar ausgiebig debattiert hatte und den er bewunderte, im Gefolge seines Herzogs am Krieg der Koalitionsmächte gegen die französische Revolutionsarmee teilnahm und auf diesem Weg auch durch Mainz kam, zwei Abende mit den Forsters verbringend. Der Geheimrat schreibt rückblickend: «*Von politischen Dingen war die Rede nicht, man fühlte, daß man sich wechselseitig zu schonen habe: denn wenn sie republikanische Gesinnungen nicht ganz verleugneten, so eilte ich offenbar mit einer Armee zu ziehen, die eben diesen Gesinnungen und ihrer Wirkung ein entscheidendes Ende machen sollte.*»

Offenbar, ja. Das französische Abenteuer war längst eine Kriegserklärung an das gesamte Europa geworden, an seine Monarchen und Staaten und überkommenen Institutionen, die durch moderne republikanische Nationalstaaten ersetzt werden sollten – in welcher konkreten Form dann auch immer. Kaiser Leopold in Wien hatte bereits 1791 die europäischen Mächte dazu aufgefordert, das Prinzip der Legitimität der Monarchien zu schützen. Preußen schloss sich dem Defensivbündnis an, das sich bis September 1792 noch gegen das Revolutionstribunal innerhalb der formell nach wie vor bestehenden Monarchie in Frankreich richtete. Am 20. April 1792 wurde der König von der (gemäßigten) Gironde zur Kriegserklärung an die Koalitionsmächte gezwungen. Am selben Tag, als sie das noch gar nicht wissen konnte, schrieb Caroline einen Brief an Luise Gotter, in dem es heißt: «*Ich kan Dir sagen, es ist alles wie ich erwartete. Wir können noch sehr lebhafte Sceenen herbekommen, wenn der Krieg ausbrechen sollte – ich ginge ums Leben nicht von hier – denk nur, wenn ich meinen Enkeln erzähle, wie ich eine Belagerung erlebt habe, wie man einen alten geistlichen Herrn die lange Nase abgeschnitten und die Demokraten sie auf öffentlichen Markt gebraten haben – wir sind doch in einem höchst interreßanten politischen Zeitpunkt, und das giebt mir außer den klugen Sachen, die ich Abends beym Theetisch höre, gewaltig viel zu denken, wenn ich allein, in meinen recht hübschen Zimmerchen in dem engen Gäßchen sitze, und Halstücher ausnähe, wie ich eben tue.*» Da ist aber schon ziemlich viel Revolutionszunder auf sie übergesprungen. In einem seiner Antwortbriefe muss Meyer ihr irgendwann, scherzhaft vielleicht, «*das rohte Jacobiner Käppchen*» aufgesetzt haben, denn Caroline antwortet ihm, ebenso neckisch, sie setze es sich nicht auf, sondern werfe es ihm an den Kopf. Aber sie gibt dann auch kund: «*Alles ist Preis gegeben – nur die Sache nicht. Für das Glück der kaiserl. und königlichen Waffen wird freylich nicht gebetet – die Despotie wird verabscheut, aber nicht alle Aristokraten – kurz, es herrscht eine reife edle Unpartheylichkeit – und wenn Sie nicht unser Bekenntnis annähmen – so ist nur Dein teufelischer Geist des Wiederspruchs schuld.*»

Der fiebrige Zustand, das Taumeln in Zuständen, in denen alle gewohnten Ordnungsmuster aufgehoben sind, klingt da schon deutlich durch. In ihren Mainzer Briefen an Meyer wird Caroline dann wechselweise immer wieder einmal das republikanische «Du» anwenden. Aber es kann sich nicht halten und auch nicht der aus der Ordnung geworfene, taumelnde Zustand. Was aber sagte die brave Luise Gotter in Gotha mit ihrem biederen Gatten dazu, wenn die ohnehin schon aus der Bahn geratene Freundin mit ihren wilden Gesinnungen nun auch noch die blutrünstige Phantasie hatte, dass den Geistlichen (wenn schon nicht den Aristokraten) von Mainz die lange Nase abgeschnitten und auf öffentlichem Markte gebraten werde? Als Gotter in seinem unverschämten Brief an Caroline von der «*weiland kultivirtesten Nation von Europa*» gesprochen hatte, da hatte er natürlich Frankreich gemeint, doch diese Kultiviertheit gehörte nach den Ereignissen von Paris der Vergangenheit an, die hatte man dort, so entsprach es allmählich der allgemeinen Auffassung in Deutschland, folgenreich und ziemlich nachhaltig verspielt. Zunächst geschah lange nichts nach der Kriegserklärung, denn beide Seiten waren noch zu sehr damit beschäftigt, ihre Armeen zu organisieren. Den ganzen Sommer hindurch konnte Caroline sich in Mainz noch mit ihren anderen, eher persönlichen, aber ebenso dringlichen Lebensthemen beschäftigen, als da wäre zum Beispiel: Georg Ernst Tatter. Dieser befand sich mit seinem Prinzen, der Asthmatiker war, worauf klimatisch Rücksicht genommen wurde, auf einer Art Sommerrundreise, und Caroline fieberte, zitterte, ob er wohl den Weg über Mainz finden würde, wenngleich der gerade

Weg nicht über Mainz führte. Sobald Tatter im Spiel war, schienen ihre wunderbaren und starken Lebenskonzepte und ihre weltanschaulichen Stützpfeiler ziemlich ins Wanken zu kommen – wenn auch nur für Momente; Caroline fand normalerweise noch im selben Brief immer wieder die Kehrtwendung und die Rückkehr zu ihrer eigenen Ruhe. Aber sie haderte doch. Tatter hatte ihre innere Welt aus den Angeln gehoben – umso größer ihr Kraftakt, ihre Stabilität ohne ihn trotz zwischenzeitlicher Reminiszenzen und auch Begegnungen wiederzufinden. «*Ich habe mich nun einmal fest überzeugt*», schreibt sie, «*daß aller Mangel, alle Unruhe aus uns selbst entspringen – wenn Du nicht haben kanst was Du wünschest, so schaff Dir etwas anders – und wenn du das nicht kanst, so klage nicht – nicht aus Dehmuth, aus Stolz ersticke alle Klage.*» Löblich klingt das. Aber es griff eben nicht immer. Im August-Brief an Meyer kommen die Analysen, Bestandsaufnahmen, bereits an anderer Stelle zitiert: Wenn eine Empfindung zu quälend wird und der Schmerz nicht mehr süß ist, muss man sich losreißen. Tatter habe sich der Liebe hingegeben wie ein Kind, versage sich aber seine Ansprüche auf Glück aus einem unerklärlichen Stolz, lege sich unnötige Ketten an «*aus Empfindlichkeit gegen Freyheit*», also aus mangelndem Mut. «*Wenn ichs auch endlich müde würde, ihn zu entschuldigen, so soll mirs doch lieb seyn, wenn er von Hannover befreit wird, und mit dem Prinzen nach Italien gehn kan – und wenn ich auch fortfahre ihm gut zu seyn, so ziehe ich diese Trennung der bisherigen vor. Das wird ihm sehr gut thun, aus der Hofetikette, die die Leute wie ein Mühlenpferd umtreibt, herauszukommen.*»

Tatter war ein Fürstendiener, daran ließ sich nicht rütteln. Diese Tatsache würde in der kurzen Zeit, die diesen Liebenden aus der Ferne noch füreinander gegeben war, den entscheidenden Stoß geben zu einer endgültigen Trennung. Jetzt aber fieberte Caroline noch. Schlaflose Nächte und Phantasien … Tatter ist aus Hannover abgereist, der Prinz in Ems, dann in Schwalbach, Tatter wohl mit ihm … Auf irgendeine Weise erfuhr sie das alles. «*Wird er sich besinnen – wird ihm unser freundlicherer Himmel beßere Anschläge einflößen – werd ich ihn morgen sehn – oder die Ungeduld über solche Thorheit mich ihm entzwein!*» Caroline beklagte, dass sie in Dingen, die von der «*strengs-*

ten Notwendigkeit» befohlen werden, in denen sie also nicht aktiv werden, nichts beeinflussen kann, *«eine Heftigkeit»* empfinde, *«von der meine stille Außenseite nichts sagt.»* Am Ende spürte auch die sensible kleine Auguste, dass die Mama schrecklich aufgewühlt war, worauf Caroline ihr die Situation auf kindgerechte Weise zu erklären versuchte. Was auch immer in diesen Sommerwochen geschah – wir erfahren es nicht. *«Glückseeligkeit besteht nur in Augenblicken»* – Caroline ein halbes Jahr vorher – *«ich wurde glücklich, da ich das lernte»*. Es spricht aber doch vieles dafür, dass es im Falle Tatter auch um unerfüllte Erotik ging, dass Tatter auch hier zögerte, da er ja wusste, dass er diese Beziehung nicht in ein bürgerliches Gleis führen konnte. Caroline dagegen vertrat allgemein die Auffassung: *«Wer sicher ist, die Folge nie zu bejammern, darf thun was ihm gut dünkt.»* Aber zu so viel innerer Freiheit konnte sich ihr schöner Galan nicht überwinden.

Währenddessen ereignete sich am Rhein und am Main eine große barocke Machtdemonstration des alten Reiches, bei der der Mainzer Kurfürst und Erzbischof eine tragende Rolle spielte. Am 14. Juli 1792 – ausgerechnet am dritten Jahrestag des Bastillesturms von Paris – setzte Reichserzkanzler Erthal Franz II. von Habsburg in der Krönungsstadt Frankfurt die Kaiserkrone aufs Haupt. Das war ein gigantisches Krönungsfest. Erthal allein zog mit 1500 Hofleuten ein. Dabei waren noch nicht einmal die Schulden der letzten Kaiserkrönung bezahlt, die gerade zwei Jahre zurücklag. Bei allzu kurzlebigen Kaisern und plötzlichen Toden wie im Fall Leopolds II. stiegen die Kosten für solche Ereignisse ins Unermessliche. Gleich nach seiner Krönung reiste der neue Kaiser nach Mainz weiter, und hier fand vom 19. bis 21. Juli im Lustschloss Favorite ein prunkvoller Fürstentag statt, an dem neben den Hauptfiguren Kaiser Franz II. und König Friedrich Wilhelm II. von Preußen zahlreiche deutsche Fürsten und Diplomaten teilnahmen. Gastgeber war auch hier Kurfürst, Erzbischof und Reichskanzler Friedrich Karl Joseph von Erthal. Georg Forster schildert die Festlichkeiten in seiner «Darstellung der Revolution in Mainz», 1793 in Paris verfasst, und auch er kann sich, wie es scheint, dem prunkvollen barocken Zauber der alten feudalen Welt nicht entziehen (der Schauplatz des großen Festes, die Favorite mit ihren herrlichen Gartenanlagen, der Orangerie und den Pavillons, aber auch große Teile des alten Mainz waren, als er das schrieb, mittlerweile zerstört, und noch mehr, auch Georg Forsters Welt in dieser und anderer Hinsicht lag mittlerweile in Trümmern). «*Nach der Krönung des Kaisers, Franz II., ist unser Mainz der Sammelplatz von allem, was in Deutschland teils wichtig ist, teils sich wichtig dünkt, von gekrönten Häuptern, Fürsten, Ministern, Gesandten und einem zahlreichen Adel gewesen. Man zählte gegen zehntausend Fremde in unseren Mauern. Alle Gasthöfe waren mit Prinzen besetzt, die in den kurfürstlichen Palästen nicht mehr Platz gefunden hatten, und alle Privathäuser beherbergten Gäste aus irgendeinem entfernten Winkel von Deutschland… Vom frühen Morgen an wimmelten die Straßen von wohlgekleideten Personen, und gegen Mittag war das Gefühl der Kutschen rauschend genug, um einer Hauptstadt den Rang streitig zu machen.[…] Bei Hofe folgten Feste, Schmäuse, Konzerte, Bälle, Erleuchtungen, Feurwerke, verherrlicht durch den unnachahmlichen Zauber unserer Gegend und die majestätische Pracht des Rheins, mehrere Tage hindurch in ununterbrochener Reihe aufeinander… Vor allem trugen die Erleuchtungen den Beifall der Kenner davon. Die Gärten der Favorite, die Schiffbrücke, die Jachten auf dem Flusse, die Kirchtürme von Kostheim, Kastel und Hochheim in der Ferne zauberten im Dunkel der Nacht einen künstlichen Tag hervor und gewährten einen Anblick, den man weder in London noch in Paris je so schön gesehen hatte. Im unermeßlichen Spiegel des Rheins verdoppelten sich die brennenden Türme und die vom Ufer in die Lüfte steigenden Feuergarben…*»

Anlass des Fürstentages mit seinem pompösen Rahmenprogramm war die Erörterung des weiteren Vorgehens der verbündeten deutschen Fürsten gegen das revolutionäre Frankreich. Die Mainzer Zusammenkunft führte am Ende zum Ersten Koalitionskrieg, aber auch zur Zerstörung des Mainzer Kurfürstentums. Dazwischen lag das Abenteuer einer ersten Republik auf deutschem Boden, deren Lebensdauer knapp achtzehn Wochen betrug. Am 20. Juni war eine versammelte Menschenmenge ins Schloss Valenciennes eingedrungen, so die letzten Meldungen aus dem revolutionären Frankreich, und hatte dem König die rote Jakobinermütze aufgesetzt. Die versammelten Fürsten in

Mainz drohten den Franzosen ein Strafgericht an, sollte der Königsfamilie auch nur ein Haar gekrümmt werden, und sie verlangten die Wiederherstellung der vorrevolutionären Zustände in Frankreich, vorgetragen in einem Manifest durch den Oberkommandierenden der Koalitionsarmee, den Herzog von Braunschweig. Das wiederum wurde von den Revolutionären so aufgefasst, dass der König mit den Feinden Frankreichs kollaboriere. Er hat zweimal versucht, zu den ihm wohlgesonnenen Fürsten nach Deutschland zu fliehen. Das verspielte zugleich jede Möglichkeit zu einem friedlichen Reglement. Nach dem Sturm auf die Tuilerien wurde die königliche Familie im Temple gefangen gesetzt. Erthal profilierte sich derweil zum Repräsentanten der europäischen Gegenreformation, und am 4. August brach er zum Missfallen der Mainzer Bürger seine Neutralität und trat dem österreichisch-preußischen Bündnis bei. Man dachte, der Militärschlag sei ein «*Spaziergang*», eine Lehre für die aufmüpfigen Franzosen, die ihrem König trotzten (denn so etwas könnte ja Schule machen), eine schnell zu erledigende kleine «*Strafexpedition*». Doch es kam anders. Die Invasion der verbündeten Truppen scheiterte am 20. September in der Kanonade von Valmy (Champagne), und die Revolutionstruppen traten zum Gegenschlag an. Sie eroberten Verdun zurück, und unter dem Kommando ihres Generals, Graf Adam Philippe Custine, rückten sie am 29./30. September auf Speyer vor, das sie ohne großen Widerstand einnehmen konnten. Vier Tage später erreichten sie Worms, dann Frankfurt und Mainz. Am 21. September hatte man in Frankreich die Republik ausgerufen. Das Schicksal der königlichen Familie hing nun wirklich an einem Faden, der binnen Jahresfrist riss. Mitten in diesen chaotischen Tagen, ziemlich zeitgleich, als die französischen Revolutionstruppen Speyer einnahmen, schwebte Caroline Böhmer aber in anderen Sphären, denn sie verbrachte einige Tage mit Georg Ernst Tatter. Es waren die letzten, und vielleicht wusste sie das. An Meyer schrieb sie am 6. Oktober: «*Vor 8 Tagen ging Tatter mit dem Prinzen nach Italien – er war bey mir ein paar Tage, und ich bin glücklich. Seit 6 Tagen erwarten wir täglich einen Einfall der Franzosen – alle Adlichen sind geflüchtet und der Alte auch in einem Wagen, wo er das Wappen auskrazen ließ. Sie sind wirklich in Worms. – Hier giebts schon Cocardes tricolores. Unser Schicksaal hängt von Esterhazy ab, der vielleicht Custines noch aufhält.»* Auf welcher Seite stand Caroline? Das schien durchaus zur Disposition zu stehen. Kein Gedanke jedenfalls daran, jetzt diesen spannenden Schauplatz verlassen zu wollen. «*Wir blieben*», schreibt Caroline, und sie meint sich und die Forsters, «*– aus Neugier und weil wir ein gut Gewissen hatten – nehmlich reine Hände – wir sind nicht reich und ich bin arm.*» Die das schreibt, hatte tatsächlich gewissermaßen nichts zu verlieren, während Forster sich als kurfürstlicher Beamter doch in einer erklärungsbedürftigen Lage befand. «*Der Alte*» (der alte Kurfürst) war in der Tat geflohen (nach Aschaffenburg), und nicht nur er. Ganz Mainz war in Panik, und wer nur irgend konnte, suchte in diesen Tagen das Weite, vor allem – aus gutem Grunde – neben dem Domkapitel die deutschen und französischen Adelsfamilien mit ihren Dienerschaften.

Von den 25 000 Einwohnern der Stadt war schließlich ein Drittel geflohen, sodass es noch problematischer wurde, als es schon war, die riesige Festung mit ausreichend Verteidigung zu besetzen. Als schließlich am 18. Oktober die Franzosen begannen, die Stadt einzuschließen und zu belagern, machten Gerüchte die Runde, Mainz sei von 13 000 Belagerern eingekesselt. Der Mainzer Stadtkommandant General Graf Gymnich entschied sich angesichts dessen zu einer kampflosen Übergabe der Stadt. Am 21. Oktober rückten die Franzosen in die Residenzstadt des Mainzer Kurfürstentums ein. Im Kurfürstlichen Schloss residierte von nun an General Adam Philippe Custine, und am 23. Oktober wurde in der erzbischöflichen Residenz die «Gesellschaft der Freunde der Freiheit und Gleichheit» gegründet, der erste Jakobinerclub Deutschlands. Selbigen Tages erklärte Custine den Mainzern, sie seien nun frei, frei, über ihr künftiges Schicksal selbst zu entscheiden. Er hatte auch schon eine Idee, wie das aussehen konnte: Anschluss an die französische Republik und unter französischem Schutz beispielsweise. Freilich könnten sie auch in ihren Ketten des Despotismus verharren, wenn sie das vorzögen. Das sei dann zwar sehr bedauerlich, aber es liege an ihnen. Caroline schreibt am 27. Oktober an Meyer: «*Welch ein Wechsel seit 8 Tagen. General Custine wohnt im Schloß des Churfürsten von Mainz – in seinem Prachtsaal versam-*

Einzug der französischen Armee in Mainz am 22. Oktober 1792

melt sich der Deutsche Jacobiner-Club – die National-Cocarden wimmeln auf den Gaßen. – Die fremden Töne, die der Freiheit fluchten, stimmen vivre libre ou mourir an. Hätte ich nur Geduld zu schreiben und Sie zu lesen, so könt ich Ihnen viel erzählen. – Wir haben über 10000 Mann in der Stadt, und es herrscht Stille und Ordnung. Die Adlichen sind alle geflohn – der Bürger wird aufs äußerste geschont – das ist Politik, aber wenn die Leute des gueux et des miserables wären, wie man sie gern dafür geben wolte – wenn nicht strenge Disciplin statt fänd – wenn nicht der stolze Geist ihrer Sache sie beseelte und sie Grosmuth lehrte, so würds unmöglich seyn, so alle Ausschweifungen, alle Insulten zu vermeiden.» Also: Diese ungebetenen Gäste benahmen sich – nicht so in Frankfurt, aber doch hier – äußerst korrekt und verfolgten das Ziel, die Mainzer Bürger durch Überzeugungsarbeit und Begeisterung für die Ideale der Revolution für sich einzunehmen. Auch gab es da in den kommenden Wochen einen sehr lebhaften Austausch und wirkliche politische Grundsatzdebatten. Was Caroline aber, wie es im Brief anklingt, abstoßend fand, waren die schnellen Wendehälse in diese und jene Richtung, die sich mit dem jeweils neuen System gut stellten, und das waren jetzt eben die Sansculotten. Ihr Schwager George Böhmer, so hörte sie, hatte seine Professur in Worms aufgegeben und verdingte sich nun als Sekretär von Custine. «*Mir sank das Herz, wie ich den Menschen sah – o weh – wolt und könt Ihr den brauchen? aber wen kan man nicht brauchen? Die sich bey solchen Gelegenheiten vordrängen, sind nie die besten.*» Unglücklicherweise würde George Böhmer sie in naher Zukunft noch schwer in Bedrängnis bringen, unbeabsichtigt und ganz ohne sein Wissen und Zutun, nur weil sie denselben Namen trug.

Übrigens waren nicht 10 000 Franzosen in Mainz, sondern 20 000, also mehr als die Zahl der übrig gebliebenen Einwohnerschaft. Forster, so Caroline, gab sich einstweilen noch eher zurückhaltend – unter anderem sicherlich eine Vorsichtsmaßnahme nach beiden Seiten: «*noch ist er bey keinem der Institute – er macht seinen bisherigen Gesinnungen Ehre, und wird vielleicht mit der Zeit den Ausschlag zu ihrem Vorteil geben.*» So entflammt er auch war von den revolutionären Ideen, so skeptisch war Forster zugleich, wie sich diese auf deutschem Boden ausmachen würden. Noch kurz vor Weihnachten schrieb er an Spener: «*Unser rohes, armes, ungebildetes Volk [...] kann nur wüten, aber nicht sich konstituieren.*» Sollten die Regierungen es nicht schaffen können, so Forster, die Bewegungen positiv umzuwenden, ohne den blutigen Preis zahlen zu müssen, den Frankeich zahlte, und eine «*Revolution von oben*» mit den notwendigen Reformen zustandezubringen? Er wiederholte es eigentlich immer wieder, dass die Deutschen noch nicht reif seien für die Revolution. Er fürchtete Unheil und haderte mit den letzten Bedenken vor dieser historischen Situation. Aber die «*Freiheitsüberschwemmung*» schien zum Schluss ein Naturgesetz. Kein Damm, meinte er, halte sie auf. In diesem Sinne ergab sich Forster förmlich in ein unausweichliches Schicksal und in einen mitreißenden Sog. Und sonst? Wie stand's um die Mainzer unter der Tricolore? Caroline schreibt: «*Der Mittelstand wünscht freilich das Joch abzuschütteln – dem Bürger ist nicht wohl, wenn ers nicht auf dem Nacken fühlt. Wie weit hat er noch bis zu dem Grad von Kentniß und Selbstgefühl des geringsten sansculotte draußen im Lager. Der Er-*

werb stockt eine Weile, und das ist ihm alles – er regrettiert die sogenannten H e r r s c h a f t e n, so viel darunter sind, die in Concurs stehn und die Handwerker unbezahlt ließen. Aber nur e i n e Stimme ist über den Priester – er sieht gewiß sein schönes Mainz nicht wieder, wenn es auch, wies wahrlich sehr zweifelhaft ist, seine Thore dem Nachfolger öffnete. Custine bevestigt sich, und schwört den Schlüßel zu Deutschland nicht aus den Händen zu laßen, wenn ihn kein Friede zwingt. Kaum 4 Monat sinds, wie sich das Concert des puissances versammelte um Frankreichs Untergang zu beschließen hier – wo nun auf dem Comödienzettel steht: mit Erlaubniß des Bürgers Custine.» Am 5. November trat Forster dem Mainzer Jakobinerclub bei, der einen Monat später schon nahezu 500 Mitglieder hatte. Darunter waren Handwerker und Kaufleute, Studenten und Professoren, Hofräte, Ärzte, Kaminkehrer, Lebkuchenbäcker, Perückenmacher und Tanzmeister. Die Beamten und Intellektuellen verfassten die Schriften und führten die Reden im Club, während rund 45 Prozent der Mitglieder Handwerker waren.

Bereits in seiner ersten Rede vor dem Club hatte Forster im Oktober gefordert, die Mainzer sollten sich dem Mutterland der Revolution durch Übernahme der neuen französischen Verfassung anschließen. «*Im Bruderbund und im Waffenschutz Frankreichs*» müsse die bürgerlich-demokratische Verfassung auf deutschem Gebiet ihren Niederschlag finden. Die Kaufmannschaft der Stadt sprach sich für eine konstitutionelle Verfassung aus, aber Forster lehnte das ab. Er wollte eine republikanische Verfassung, sehr viel weiter reichende Veränderungen, und das auf deutschem Boden! Es schien am Ende ein unglaubliches Projekt. Forster, der hierhin und dorthin Getriebene mit seinem ständigen latenten Gefühl von Vergeblichkeit und dem Bewusstsein politischer Ohnmacht, fühlte sich plötzlich auf unendlich animierende Weise gefordert. Im Januar, als er bereits Präsident des Mainzer Jakobinerclubs war, schrieb er an Sömmerring: «*Ich habe mich für eine Sache entschieden, der ich meine Privatruhe, meine Studien, mein häusliches Glück, vielleicht meine Gesundheit, mein ganzes Vermögen, vielleicht mein Leben aufopfern muß. Ich lasse aber ruhig über mich ergehen, was kommt, weil es als Folge einmal angenomme-*

ner und noch bewährt gefundener Grundsätze unvermeidlich ist. Eins allein, weiß ich, ist unantastbar mein, weil ich es allein antasten könnte, das ist mein Bewußtsein.» Mitten in diesem Aufschwung, der Euphorie, der Begeisterung, der sich überschlagenden Ereignisse und der kaum mehr zu bewältigenden Pflichten ereilte ihn aber ein Schicksal, das ihn vermutlich zu Boden geworfen hätte, wenn er denn die Muße gehabt hätte, darüber nachzudenken. Um seine *«Privatruhe»* und um sein *«häusliches Glück»* war es schon seit einiger Zeit nicht mehr gut bestellt, sodass er dieses ganz sicher nicht aufopferte für die revolutionäre Sache, auch wenn das eine schmeichelhaftere Interpretation für ihn sein mochte. Am 17. Dezember schreibt Caroline an Meyer: *«Therese ist nicht mehr hier. Sie ist mit den zwey Kindern nach Strasbourg gegangen – warum – das fragen Sie mich nicht. Menschlichem Ansehn nach, ist es der falscheste Schritt, den sie je gethan hat, und der erste Schritt, den ich ohne Rückhalt misbillige. Sie, die über jeden Flüchtling mit Heftigkeit geschimpft hat, die sich für die Sache mit Feuereifer intereßirte, geht in einem Augenblick, wo jede Sicherheitsmaasregel Eindruck macht, und die jämmerliche Unentschiedenheit der Menge vermehrt – wo sie ihn mit Geschäften überhäuft zurückläßt – obendrein beladen mit der Sorge für die Wirtschaft – zwey Haushaltungen ihn bestreiten läßt, zu der Zeit, wo alle Besoldungen zurückgehalten werden. Das fällt in die Augen. Er wollte auch nicht – ich weiß weder, welche geheime Gründe sie hat, noch welche sie ihm geltend machte – sie hats aber durchgesezt. Ich müste mich sehr irren, wenn nicht diesmal weniger verzeihliche Antriebe als leidenschaftliche sie bestimmten, vielleicht die Begierde nach Wechsel, und eine Rolle dort zu spielen, wie sies hier nicht konte. Viele vermuten Trennungsplane – Sie und ich gewiß nicht. Würde sie so gerecht seyn? – Sie hören mich zum erstenmal so sprechen – weil ich zum erstenmal so denke – aber dies hat mich auch aufgebracht. Der Ausgang mag auch nicht zu ihrem Nachtheil ausschlagen – das kan mein Urtheil nicht ändern. Eine Entschuldigung hat sie – die Infamien zu Frankfurt hatten ihre Imagination erschüttert – aber das hätte eine andre Wendung genommen, wenn es nicht ihrer Neigung gemäß gewesen wäre.»*

Natürlich lief alles auf Trennung von Forster hinaus. Dabei ging

Therese zunächst ohne Huber und nur mit den Kindern. Im Januar zog Caroline dann nämlich kurz in Erwägung, ob Huber, der sich auf Befehl des sächsischen Ministeriums in Frankfurt befand und im Begriff war, nach Sachsen zu gehen, sie eventuell im Wagen mitnehmen könne. Forster selbst schrieb am 4. Dezember an Huber (und erklärt damit auch, warum er Thereses Weggang, jetzt, unter diesen Umständen, nicht zuletzt als politischen Verrat, als Solidaritätsaufkündigung empfindet): «*Publikum und Klub werden sagen: … wir sind verloren, denn Forster schickt seine Frau und Kinder schon fort; und er hat auch nur das Maul aufgerissen, wie die anderen, um uns im Stich zu lassen, jetzt, da es gilt.*» Aber Caroline hielt jetzt fest zu ihm. Sie zog mit Auguste schließlich ganz ins Forstersche Haus, um dort die Stellung zu halten, und sie begriff auch das ganze Ehedrama, in dem sie sich jetzt ziemlich eindeutig auf die Seite des Freundes stellte, den sie bedauerte. «*Er ist der wunderbarste Mann – ich hab nie jemanden so geliebt, so bewundert und dann wieder so gering geschätzt. Er ging seinen politischen Weg durchaus allein und that wohl daran – Ihr Geist ist nicht für die Sphäre, mehr thätig als würkend darinn. Er geht mit einem Adel – einer Intelligenz – einer Bescheidenheit – einer Uneigennützigkeit – wär es nur das! aber im Hinterhalt lauscht Schwäche, Bedürfniß ihres Beifalls, elende Unterdrückung gerechter Forderungen – auffahrendes Durchsezen geringeres. Er lebt von Attentionen und schmachtet nach Liebe, und kan diesen ewigen Kampf ertragen – und hat nicht die Stärke sich loszureißen, die man auch da, wo man Superiorität anerkennt, haben müßte, wenn es uns mit uns selbst entzweite. Ich heiße [?] Egoismus – aber entweder muß man in Einfalt des Herzens Vollkommenheit anbeten – oder die Festigkeit haben sich nie geringer zu achten, als selbst das, was wir über uns erkennen. Dieses Mannes unglückliche Empfänglichkeit, und ihr ungroswüthiger Eigennuz verdammen ihn zu ewiger Qual. Ich habe wohl gedacht, ob man ihm die Augen öfnen könte – es versteht sich, daß ich nicht unmittelbar dazu beitragen darf und werde – ich habe gefunden, man würde seine Liebe tödten können, aber seine Anhänglichkeit nicht. Spricht ihm das nicht sein Urtheil? Sie beschäftigt, sie amüsirt ihn – das kan ihm kein Wesen ersezen – darum ist sie einzig –*

Freiheitsbaum. Aquarell von Goethe

sie reizt seine Eitelkeit, weil er sieht, daß sie auch andre beschäftigt, und daher nie erfährt, wie nachtheilig die Urtheile sind, die selbst diese von ihr fällen. Wer sie nicht mag, flieht sie – ein neuer Triumph! Sie hält sie ihn – geht hin, und nuzt seinen Nahmen, und führt ihn mit Stolz. Das ist nicht billig – ach und doch verdient ers. Guter Forster, geh und klag die Götter an.» Aussichtslos war offenbar auch ihre Vermittlerrolle und ihre helfende Hand, was das private Schicksal Forsters betraf. Und was sollte nun werden? *«Ich bleibe hier – man gewöhnt sich an alles, auch an die tägliche Aussicht einer Belagerung.»*

Bis auf zwei kurze Briefe an die Gotters ist dies das letzte erhaltene Briefzeugnis von Caroline aus Mainz. Den Rest kennen wir nur aus anderer Überlieferung, und es setzt sich mit Forsters Rolle in der Mainzer Revolution zu einem Ganzen zusammen, in ziemlich eng gefasster Dramaturgie. In Mainz tanzte man um den Freiheitsbaum. Das war in diesem Fall eine glattgehobelte Tanne, blau-weiß-rot angestrichen, deren Spitze mit einer roten Jakobinermütze geziert wurde. Zu den ausgelassenen Festen und Zelebrationen der neuen Weltordnung erschienen die Frauen mit dreifarbigen, um die Taille geschlungenen oder schräg über die Brust geknüpften Schärpen oder mit Bändern im Haar in den Farben der Tricolore. Die Freiheit wie auch die Vernunft – große Leitbegriffe der Revolution – waren ja weibliche Göttinnen, die in allegorischen Darstellungen dieser Zeit, meistens mit dem Lichtsymbol der Aufklärung, einer Fackel in der Hand und in dynamischer, beinahe sprunghafter Stellung, den Wind der Veränderung abbildend, gewissermaßen die christliche Ikonographie, die Marienbilder ablösen sollten. Die Jakobinerinnen in Mainz nahmen wohl mitunter an den Clubsitzungen teil. Es ist aber unwahrscheinlich, dass sie die Rednerbühne betraten. Condorcet, einer der Hauptautoren der Revolution, den Caroline in Mainz auf Forsters Anregung hin las, forderte die Freiheit und Gleichheit für beide Geschlechter, auch etwa das Wahlrecht, und er bezog die von ihm formulierte unbegrenzte Vervollkommnungsfähigkeit des Menschen im Einzelnen wie auch der Menschheit im Ganzen, sofern sie sich auf die Vernunft stützten, auf Männer und Frauen. Er blieb da jedoch eine rühmliche Ausnahme. Die Frauenrechtlerin Olympe de Gouges ging hier in diesen Jahren aufs Ganze. Parallel zur «déclaration des droits de l'homme» (= Erklärung der Rechte des *Mannes* und nicht der Menschheit beider Geschlechter, freilich ein grammatikalisches Phänomen der französischen Sprache; nur im Deutschen ist «Menschheit», der «Mensch» ja einigermaßen übergeschlechtlich) formulierte sie 1791 «die Rechte der Frau»: «*Mann, bist du fähig, gerecht zu sein? Eine Frau stellt diese Frage. Dieses Recht zumindest wirst du ihr nicht nehmen können. Sag mir, wer hat dir die selbstherrliche Macht verliehen, mein Geschlecht zu unterdrücken? Suche, untersuche und unterscheide, wenn du es kannst, die Geschlechter angesichts der Ordnung der Natur. Überall wirst du sie unterschiedslos zusammenfinden; überall arbeiten sie als eine harmonische Gemeinschaft an diesem unsterblichen Meisterwerk. Nur der Mann hat sich aus der Ausnahme ein Prinzip zurechtgeschneidert. Extravagant, blind, von den Wissenschaften aufgeblasen und degeneriert, will er in diesem Jahrhundert der Aufklärung und des Scharfsinns in krassester Unwissenheit und despotisch über ein Geschlecht herrschen, das alle intellektuellen Fähigkeiten sein eigen nennt. Es ist dieses Geschlecht, das Nutzen aus der Revolution ziehen und sein Anrecht auf Gleichheit geltend machen will.»*

Olympe de Gouges wurde unter Robespierre guillotiniert. Doch was das Guillotiniertwerden betrifft, so herrschte zu dieser Zeit durchaus Gleichheit für Männer und Frauen; unter Robespierre war es jedenfalls sicher kein männliches und auch kein weibliches Privileg. Vor Robespierre aber hatte es noch sehr viel Hoffnung gegeben. Es waren Jahre, in denen die Dinge zur Disposition standen. In den rauschenden Festen von Mainz, als man die Carmagnole tanzte, wurde so manches Vorurteil, manche Gesellschaftsschranke, manche Einschränkung im bürgerlichen Wertekanon und manches Moralhemmnis über Bord geworfen. Am 13. Januar 1793, nach einem Ball im Mainzer Redoutensaal, der sich an die Errichtung eines zweiten Freiheitsbaums anschloss (der erste war von bösen reaktionären Subjekten nächtlicherweise zerstört worden – «*geschändet*», so hieß es), verbrachte Caroline Böhmer eine leidenschaftliche Liebesnacht mit einem jungen Franzosen. Dieser war bereits eine Zeitlang in Forsters Haus ein- und ausgegangen. Es handelte sich um den neunzehnjährigen Leutnant Jean Baptiste Dubois-Crancé, den Neffen und Adjutanten von Custines späterem Nachfolger General d'Oyré. Ein offenbar einmaliges Erlebnis. Nichts deutet darauf hin, dass daraus eine Liaison wurde oder schon war, was vielleicht gar nicht an ihm lag, sondern an ihr. Caroline, die neunundzwanzigjährige Witwe, überließ sich dieses eine Mal einem Rausch und wollte damit vielleicht Tatter vergessen, Tatter, den sie begehrte und liebte und den sie nicht haben konnte, der einfach nicht stark genug für sie war, jedenfalls nicht aus eigener Kraft in der Lage war, aus seinen Verhältnissen auszubrechen und sich zu ihr zu bekennen. Leider funktionieren solche Überwindungsversuche gewöhnlich nicht. So stand die «*Glutnacht*» für sich, geschuldet dem Freiheitstaumel à la française, einer entgrenzten Stimmung in diesen wenigen Wochen der Hoffnung auf eine neue, eine bessere Weltordnung. Knapp zwei Wochen danach erwog Caroline, zu Gotters nach Gotha zu gehen – daher die Frage, ob Huber sie im Wagen mitnehmen könne. Dass ihres Bleibens in Mainz, auf das längst die kaiserlichen Truppen vorrückten, nicht mehr lange sein konnte, war ihr spätestens am 18. März klar, als sie an Gotter schrieb: «*Mein Nahme ist proscribirt – das weiß ich – gut, daß ich nicht selbst den Fluch über ihn gebracht, denn ein Fluch ist nicht so ehrenvoll wie der andre.*» Ihre persönliche Situation wie auch die Lage in Mainz skizzierte sie da nur sehr vage. Der 18. März war der Tag, an dem die Mainzer Republik offiziell ausgerufen wurde. Gleichzeitig konstituierte sich der rheinisch-deutsche Nationalkonvent. Forster als dessen Vizepräsident hielt am 21. März vor dem Konvent eine glühende Rede, worin es unter anderem hieß: «*Ihr habt die ganze Tyrannei im rheinisch-deutschen Volke mit einem mächtigen Schlage zu Boden gestreckt und die Fahne der Volkssouveränität an dem befreiten Rheinufer aufgepflanzt. Männer, der erste Schritt ist getan; aber der zweite muß folgen [...]. Sprecht das große entscheidende Wort: Die freien Deutschen und die freien Franken sind hinfüro ein unzertrennlich Volk.*» Da dieses unzertrennliche Volk dringend formal verbunden sein musste, um die schon lange vordringende Opposition abzuhalten, die im Begriff war, den kleinen Staat anzugreifen und Mainz zurückzuerobern, reiste Forster am 25. März nach Paris, um dem französischen Nationalkonvent die Anschlusswünsche zu unterbreiten. Er reiste mit drei Begleitern, mit leichtem Gepäck und ohne Mantel, da er glaubte, in drei Wochen wieder zurück zu sein. Erst fünf Tage nach seiner Abreise konnte sich Caroline entschließen, ebenfalls die Stadt zu verlassen. Aber es war zu spät. Am selben Tage, dem 30. März, wurde sie auf dem Weg nach Frankfurt, wenige Kilometer hinter Oppenheim, vom preußischen Militär aufgehalten, zusammen mit Meta Forkel, ihrer kurzzeitigen Hausgenossin in Mainz, Schwester des Mainzer Jakobiners und Custines rechter Hand Georg Wedekind, sowie dessen Mutter und Kindern, mit denen sie reiste. In Frankfurt wurde die Gesellschaft verhört, und nachdem Carolines Verbindung zu Forster und anderen Beteiligten der Jakobinerszene von Mainz festgestellt war – wobei man sie irrtümlicherweise für die Ehefrau von George Böhmer hielt –, kam sie mit den anderen Frauen in die Festung Königstein im Taunus in Haft.

Was niemand wusste und niemand wissen durfte: Caroline war schwanger; sie trug das Kind des französischen Leutnants, das Kind des Feindes.

Die Folgen
1793–1796

Es war kein *«kühler Sommertraum»*, um es in Carolines Worten vorwegzunehmen, der Aufenthalt im Militärgefängnis der Festung Königstein. Drei Monate lang war sie dort inhaftiert, mit fünf anderen Frauen und dem achtjährigen Töchterchen in einer Zelle eingesperrt, in der es nur Holzbänke gab und sonst nichts. *«Unser Loos wurde in so fern leichter»*, schreibt sie am 12. Mai, *«daß der Genuß der freyen Luft in diesem verwüsteten Stück Garten uns zu jeder Zeit zu Gebot stand, und der Commandant menschlich gesinnt war – aber es komt ein andrer und es ist nur zu wahrscheinlich, daß wir dadurch jeden Trost einbüßen.»* Da war sie bereits seit sechs Wochen in Haft. Es ist davon auszugehen, dass Verhöre stattfanden, tägliche Verhöre vielleicht, Schikanen, psychologischer Druck. Natürlich ging es um die Beziehung der Frauen zu führenden Mainzer Jakobinern. Mit zunehmender Dauer des Aufenthalts und zwischenzeitlicher Verlegung nach Kronberg im Taunus, wo sie unter deutlich erleichterten Bedingungen eine Art Hausarrest absaß, gelangte Caroline aber mit der Zeit zu der Auffassung, dass sie und die anderen Frauen als Geiseln gehalten wurden, da ja *«von persönlicher Schuld nicht die Rede sein konnte»*. Allerdings hielt man sie, wie sie wohl wusste, für Forsters Geliebte. *«Allein meine Verbindung mit Forster in Abwesenheit seiner Frau, die eigentlich nur das Amt einer moralischen Krankenwärterin zum Grunde hatte, konte von der sittlichen und politischen Seite allerdings ein verdächtiges Licht auf mich werfen, um das ich mich zu wenig bekümmerte, weil ich selten frage, wie kan das andern erscheinen?»* Forsters Mission hatte sich mittlerweile durch die gewandelten Umstände auf deutschem Boden erledigt. Am selben Tag, an dem er in Paris den Antrag auf Anschluss des rheinisch-deutschen Freistaats an die französische Republik stellte, eroberten die gegenrevolutionären

Johann Wolfgang Goethe. Kreidezeichnung von Johann Heinrich Lips, 1791

Armeen des Königs von Preußen das Rheinland von Bingen bis Worms. Am 6. April – Caroline war seit einer Woche in Haft – überschritten preußische Truppen bei Oppenheim den Rhein. 23 000 französische Soldaten verteidigten unter dem Kommando von General d'Oyré noch über zwei Monate lang die Stadt. Dann, am 19. Juni, nahmen die Preußen sie unter Beschuss. Aus Kronberg schrieb Caroline: «*Diese Nacht habe ich den Wiederschein der Flammen von Mainz gesehen – ich habe keine Ruhe mehr – der Laut des Geschüzes macht hier die Fenster zittern, ob Mainz gleich 3 starke Meilen davon ist. O dies unaussprechliche Elend!*» Das Elend bezog sich allerdings auch auf die Strafmaßnahmen der Reaktion – Lynchjustiz im Auftrag der Sieger. «*Königstein bildet eifrige Freiheitssöhne*», kommentiert Caroline, die die «*Räuberformalitäten*» vor Augen hat: die halbtot geprügelten Gefangenen in der Festung, von denen doch die wenigsten, schreibt sie, wirkliche Anhänger der Revolution waren. Doch auf den Straßen von Frankfurt und Mainz beteiligte sich auch das Straßenvolk mit Genuss an den öffentlichen Demütigungen derer, die mit den «Franken» kollaboriert haben. Das ging Hand in Hand. Professor Heyne in Göttingen schrieb: «*Ich habe es immer gesagt: Alle Greuel der Sansculotten werden von den Siegern und Aristokraten noch übertroffen werden.*»

Auf deutschem Boden hatten die Sansculotten allerdings keine Greuel veranstaltet, und in Mainz ganz gewiss nicht. Goethe, den seine erzwungene Aufgabe als Kriegsberichterstatter an der Seite seines Herzogs längst an seine menschlichen und weltanschaulichen Grenzen gebracht hatte, protokolliert als Augenzeuge auch ein paar solcher Szenen offener Straßenjustiz in seiner «Belagerung von Mainz» – etwa die Malträtierung George Böhmers durch kurfürstentreue Mainzer: *«Ihn aber schleppt man auf den nächsten Acker, zerstößt und verprügelt ihn fürchterlich; alle Glieder seines Leibes sind zerschlagen, sein Gesicht unkenntlich.»* An einer Stelle heißt es in seiner «Kampagne in Frankreich»: *«Der Dichter konnte der rollenden Weltgeschichte nicht nacheilen und mußte den Abschluß sich und andern schuldig bleiben.»* Nun, denn … Oder angesichts der ermordeten Königsfamilie am 21. Januar 1793: *«Auch aus diesem gräßlichen Unheil suchte ich mich zu retten, indem ich die ganze Welt für nichtswürdig erklärte, wobei mir denn durch eine besondere Fügung Reineke Fuchs in die Hände kam.»* Reineke Fuchs, eine politische Tierfabel. Da schmeichelt sich ein über Leichen gehender Schurke durch List, Kaltblütigkeit und Entlarvung gegnerischer Gier, Eitelkeit und anderer Schwächen seiner Umgebung bis zum Reichskanzler hoch, dem der geblendete König trotz aller Untaten Amnestie und zum Schluss hohe Ehren gewährt. Ein Spiegel des schwachen Menschengeschlechts? Der Frage nach einer gerechteren Weltordnung, und wie man sie schaffen könnte, wird damit aber auch keine Antwort erteilt. Schade, dass man in Deutschland so das Kind mit dem Bade ausschüttete, dass man die Revolution mit den Ausschreitungen der Jakobiner in Frankreich und mit den kriegerischen Auseinandersetzungen zwischen Frankreich und Deutschland eigentlich abhakte. Das Mainzer Experiment scheiterte an einigem, aber unter anderem sicherlich daran, dass man die Herrschaft der Franzosen, die danach trachteten, die Mainzer zur freiwilligen Übernahme ihrer Heilsideen zu gewinnen, letztendlich – nachvollziehbarerweise – doch als Fremdherrschaft empfand. Das war später unter Napoleon nicht anders, als das linke Rheinufer bis 1814 französisch wurde, aber da sprach das Militär eine andere Sprache als in den unsicheren Tagen von Mainz. Die Zünfte zum Beispiel sahen sich nach anfänglicher Hoffnung auf eine starke Stellung in dem neuen Regime unter Custine ziemlich bald um diese Hoffnung betrogen, und so waren sie unter den Mainzer Bürgern auch die ersten Gegner des neuen Regimes.

Alles in allem bestand einfach noch sehr viel Anhänglichkeit an die alten, die kleinen Strukturen, die alten Verbindlichkeiten. Mit dem französischen Zentralismus war die Situation im Reich und wie man gewohnt war, zu leben, einfach in keiner Weise vergleichbar, und also ließ es sich auch nur schwer übertragen. Der Freiherr von Knigge versuchte das im Juli 1793 im Schleswigschen Journal mit der Themenstellung: «*Über die Ursachen, warum wir vorerst in Teuschland wohl keine gefährliche politische Hauptrevolution zu erwarten haben*» folgendermaßen zu erklären: «*Wir haben nicht, wie ehemals in Frankreich, nur einen Mittelpunct, den ein kleiner Cirkel privilegierter Volks-Schinder umgiebt; sondern eine Menge Höfe, durch deren Bedürfnisse und Aufwand ein zahlloses Heer von Menschen seine Existenz fortführt, Jahrgelder und andere Zuflüsse geniesst, oder noch zu erhaschen hofft; und diese ewig treuen Diener der Fürsten-Gewalt leben nicht etwa in einem einzigen Paris und Versailles zusammengedrängt, sondern zerstreuet in allen den unzähligen Residenzen, mittleren Städten und Landgütern umher, wo wiederum viel tausend Personen durch sie subsistiren und auf die allgemeine Volksstimme, zum Vortheile der jetzigen Verfassung, Einfluß haben. Der, durch Zurücksetzung gekränkte tiers-état hat in Frankreich die Revolution bewürkt und den Volkshaufen getrieben; Woraus aber besteht bey uns größtentheils der tiers-état? Aus Fürsten-Dienern, Räthen, Secretarien, Beamten, Officianten, Hof-Factorn, Livranten, Advocaten, Ärzten u. d. gl., die Alle, mehr oder weniger, von den Brosamen leben, welche von der Herren Tisch fallen.*» Als Adolph von Knigge das schrieb, war auch in Mainz die alte Ordnung bald wiederhergestellt. Am 23. Juli, nach viermonatiger Belagerung, fiel die Stadt in die Hände der Monarchisten zurück. Wie es dabei zuging, schildert zum Beispiel der aus Württemberg gebürtige Johann Friedrich Pitt, der als Augenzeuge angereist war. Er beschreibt hier die Nacht vom 15. auf den 16. Juli. «*Die heutige Nacht war eine der fürchterlichsten. Um 10 Uhr*

Nächtliche Beschießung von Mainz, 1793

kam ein anhaltender entsetzlicher Regen von den jenseitigen Deutschen an Granaten, Haubitzen, feurigen Kugeln und Bomben auf Mainz, welcher ununterbrochen bis gegen 3 Uhr dauerte und an mehreren Orten schrecklich zündete. Am Schlosse flog ein Pulverwagen in die Luft, und auf der Zitadelle und Eisgrube stürzten viele Gebäude ein ... Die Kanonade dieser Nacht war die stärkste während der ganzen Belagerungszeit. Ganze Batterien entladeten sich immer auf einmal ihrer tötenden Bürde. Die Sachsen beschossen Kastel so heftig, daß ein beträchtlicher Teil in die Asche gelegt wurde.» Noch vor diesen Endkämpfen wurde Caroline Böhmer aus ihrer Haft in Kronberg befreit. Aber wie es dazu kam und was sie da durchmachte (immerhin war sie zum Zeitpunkt ihrer Freilassung im sechsten Monat schwanger, aber niemand scheint ihren Zustand bemerkt zu haben), gehört sicher ins düsterste Kapitel ihrer Biographie. Da es nicht Carolines Art war, zu hadern und sich mit dunkler Vergangenheit lange aufzuhalten, haben wir auch keine ausführlichen Zeugnisse dieser Zeit, lediglich Andeutungen. Der Versuch der Frauen Caroline Böhmer, Meta Forkel und Sophia Magdalena Wedekind und Schwiegertochter Maria, über die kurfürstlich-hannoversche Regierung ihre Befreiung zu erreichen, schlug fehl, ebenso die Bemühungen Wilhelm von Humboldts. Ins heimische Kurfürstentum durften auch bereits einschlägige Meldungen über die gestrandeten ehemaligen Bürgerinnen gelangt sein, die nicht dazu angetan waren, ihre Rettung von offizieller Seite in die Wege zu leiten. Caroline würde bald realisieren, dass ihr der Rückweg in die alte Heimat verschlossen war, dass zu viel schlechter Leumund kursierte, Hasstiraden geradezu, die in nahtloser Verbindung standen mit den früheren Reputationsschwierigkeiten (und das Schlimmste wusste man ja derzeit noch gar nicht!). Die Heynes, wieder einmal, trugen dazu nicht wenig bei, auch Therese, die sie anschwärzte, um selbst besser dazustehen, wider besseres Wissen. Über die Hannover'sche Heimat hinaus stellte Caroline bald nur noch fest: «*Meine Existenz in Deutschland ist hin.*» Aber im Augenblick, im April, Mai und Juni, von Königstein und von Kronberg aus, hielt sie sich noch alle Wege und Aussichten offen, auch zum Beispiel über die Gotters in Gotha, auch hier in der Hoffnung, dass die Freunde etwas für sie tun könnten und dass sie sie eventuell später aufnehmen würden. Sie höre zum Beispiel von der Möglichkeit einer Freilassung durch Zahlung einer Kaution; wie Gotter das als Jurist einschätze. Am Ende scheint sie auf diesem Wege zumindest nach Kronberg gekommen zu sein, wenn dies auch, wie sie finster bemerkte, nur ein Wechsel von eisernen zu goldenen Ketten war. Am 1. Mai, noch in Königstein, machte sie Gotter gegenüber eine Andeutung, ihren Zustand betreffend, bei der sich die Frage stellt, ob ihr Briefpartner sie verstanden hat oder ob es da noch einen anderen Brief gab mit mehr Details. «*Sie haben mehr Wahrheit gesagt, als Sie glaubten – daß mein Leben durch eine lange Gefangenschaft in Gefahr kömt – obgleich in andern Sinn – wie Sie auf jeden Fall von mir erfahren sollen. Theilen Sie dies niemand mit. Schuldig bin ich übrigens gewiß nicht –*» (das und das Folgende ist wohl als politische Weißwäscherei zu verstehen) «*ich theile den ausgezeichnet bittern Haß, den man auf Forster geworfen hat. Man irrt sich in dem, was man über meine Verbindung mit ihm glaubt – um seinetwillen allein will man mich als Geißel betrachten. Wenn das helfen kan, so sprechen Sie von meinem Verhältniß mit einem Teutschen, der aber jetzt zu entfernt ist, um mir helfen zu können.*» Damit dürfte wohl Tatter gemeint sein. Tatter war in Italien. Der «Moniteur», Frankreichs Staatszeitung, hat inzwischen, so hört sie, schon die Meldung verbreitet, *«qu'on a mené à la fortresse de K. la veuve Böh. amie du Citoyen Forster»*, worauf Caroline bemerkt: *«Das ist tröstlich, ich bin seine Freundinn, aber nicht im französischen Sinn des Worts.»* Nach wie vor Solidarität mit Forster, nach wie vor Bewunderung für die mutigen *«Franken»*, die die Stadt Mainz augenblicklich noch so gut verteidigen, dass sie nicht einmal beschossen werden kann, aber dann die Bemerkung, sie teile den *«bittern Haß, den man auf Forster geworfen hat»* ... Wie weit stellte sich Caroline in diesem Kerker auf Zugeständnisse ein, die ihr nach ihrer Freilassung am Ende der gegenwärtig noch unabsehbaren Belagerung einen Neustart in der deutschen Gesellschaft ermöglichen konnten? *«Gotter, Sie wißen die Wahrheit – die Geschichte meines Aufenthalts in Mainz liegt vor Ihnen – so ist sie! Könt Ihr, die Ihr in jenem Zirkel mich liebtet, zweifeln – ich werde kein Wort weiter zu meiner Vertheidigung reden als dieses – könt Ihr zweifeln – nun so mag denn das die Hälfte des Tropfens seyn, von dem der Becher überfließt. – –»* Später, als alles überstanden war, gestand Caroline, sie habe damals in der Haft Gift bei sich getragen, um ihrem Leben notfalls ein Ende zu machen, falls die Rettung nicht rechtzeitig eingetroffen wäre, *«denn meinem armen Kinde war es ja beßer ganz Waise zu seyn, als eine entehrte Mutter zu haben»*.

Je weiter die Zeit voranschritt, umso prekärer, unmöglicher wurde allerdings ihre Situation. Und Auguste, die im Gefängnis mit ihrer Mutter ihren achten Geburtstag feierte, durfte doch von all der Not ihrer Mutter nichts merken. Vielleicht wurde das Mädchen auch durch diese sehr besonderen Umstände so früh erwachsen und verstand so vieles aus der Welt der Erwachsenen. Bitter war jedoch die Erfahrung für Caroline, wie wenig die Menschen, die sie für ihre Freunde hielt, für sie taten, wie sie sie eigentlich in der Festung Königstein mehr oder weniger sich selbst überließen. Tatter tat nichts. Er wusste von ihrer Gefangenschaft, aber er handelte nicht. Zu heikel war ihm vielleicht seine eigene Stellung als Prinzenerzieher und seine Abhängigkeit von den Aristokraten, um Anstalten zur Rettung einer Frau zu unternehmen, die im Verdacht stand, mit den Mainzer Jakobinern im Bunde gewesen zu sein. Er tat nichts, und für Caroline war dies das Ende. Was die Gotters getan haben mochten, war jedenfalls nicht genug, und den aalglatten Meyer, der sich zu nichts und niemandem bekannte und der sich bereits im Herbst brieflich über die revolutionäre Begeisterung seiner Freunde mokiert haben musste, hatte sie bereits damals gemaßregelt: *«Daß Sie uns en horreur haben, kont ich vermuthen. Wer giebt aber Dir Pilgrim im Jammerthale das Recht zu spotten? Sie sind unter jedem Himmelsstrich frey, unter keinem glücklich. Allein können Sie im Ernst darüber lachen, wenn der arme Bauer, der drey Tage von vieren für seine Herrschaften den Schweiß seines Angesichts vergießt, und es am Abend mit Unwillen trocknet, fühlt, ihm könte, solte beßer seyn? Von diesem einfachen Gesichtspunkt geh wir aus; der führt auf Abwege – Sie dürfen deswegen aber nicht glauben, daß wir toll sind und andre Propheten hörten, als die wir immer gehört haben.»* Jetzt war ihr klar, dass er sie *«detestiere(n)»* [verabscheuen] müsse, *«seit diesem Abendtheuer»*, aber sie hatte ja schließlich immer gewusst, dass mit ihm nicht zu rechnen war, wenn es darauf ankam. Er war, wie er war, Meyer, der schwebende Genius. Bei Gotter hatte sie hingegen das Gefühl, dass er ihre Situation gar nicht ermaß, und auch die geliebte Freundin Luise schien mit ihrer Wahrnehmung, ihre Lage betreffend, außerordentlich realitätsfern zu sein. Am 15. Juni, gerade nach Kronberg verlegt, schrieb Caroline an Gotter: *«Dies ist späte Antwort, aber es ist eine – Seit 3 Wochen hab ich das Bett wenig verlaßen können, denn der Geist ist willig, aber das Fleisch ist schwach. Ihr habt mir derweile erzkomisch gedünkt – Louise bildet sich ein, wenn ihr Herzogthum alle seine Canonen abfeuert, so käm es doch wohl einer Mainzer salve gleich, und Sie fertigen mich Gefangne, Bedrängte, Gemishandelte mit einer Galanterie ab! Schöne Werke des Geistes und der Hände! Ja Memoriale, Suppliken und Strümpfe und Hemder für mein Kind! Gehen Sie hin, lieber Gotter, und sehn Sie den schrecklichen Aufenthalt, den ich gestern verlaßen habe – athmen Sie die schneidende Luft ein, die dort herrscht – laßen Sie sich von den, durch die schädlichsten Dünste verpesteten Zugwind durchwehn – sehn Sie die traurigen Gestalten, die Stundenweis in das Freye getrieben werden, um das Ungeziefer abzuschütteln, vor dem Sie dann Mühe haben sich selbst zu hüten – denken Sie sich in einem Zimmer mit 7 anderen*

Menschen, ohne einen Augenblick von Ruhe und Stille, und genöthigt, sich stündlich mit der Reinigung deßen, was Sie umgiebt, zu beschäftigen, damit Sie im Staube nicht vergehn – und dann ein Herz voll der tieffsten Indignation gegen die gepriesne Gerechtigkeit, die mit jeden Tage durch die Klagen Unglücklicher vermehrt wird, welche ohne Untersuchung dort schmachten, wie sie von ohngefähr aufgegriffen werden – muß ich nicht über Euch lachen? Sie scheinen den Aufenthalt in Königstein für einen kühlen Sommertraum zu nehmen, und ich habe Tage da gelebt, wo die Schrecken und Angst und Beschwerden eines einzigen hinreichen würden, ein lebhaftes Gemüth zur Raserey zu bringen. Und doch war das Ungemach der Gegenwart nichts gegen die übrigen Folgen meines barbarischen Verhaftes.»

Sie zog zweifellos im vorhinein Schlussstriche unter ihr bisheriges Leben, Schlussstriche auch unter manche Freundschaftsbeziehung, zumindest ihre innere Haltung dazu. Dabei wusste sie noch gar nicht, wie der Alptraum ihrer Haft ausgehen würde, sie wusste nichts davon, wie schwierig es für ihre Freunde von einst werden sollte, sich zu ihr zu bekennen, sie wusste nichts davon, wie man in Göttingen über sie redete, und sie wusste auch nichts von den Pamphleten, die in reaktionären Mainzer Kreisen kursierten und in denen sie in den Schmutz gezogen wurde, so wie alle «*Revolutionsnarren*» und «*-närrinnen*», diese fehlgeleiteten und auch sonst liederlichen Geschöpfe. Frauen wurden in politischen Pamphleten und Karikaturen bis dato immer nur moralisch vernichtet und nicht politisch verurteilt, indem man sie als sexuell freizügig, als «Hure des Feindes» darstellte. Meta Forkel, Carolines Göttinger Mitbürgerin und kurzzeitige Hausgenossin in Mainz, jetzt auch Gefängnisgenossin, musste sich darum nicht kümmern, denn ihr Ruf war sowieso längst ruiniert. Sie hatte in Göttingen ihren Gatten verlassen, und nach einer höchst physischen Liaison mit Gottfried August Bürger, der sie daraufhin sehr schlecht beleumundete, war die begabte Übersetzerin, von deren Übersetzerdiensten auch Georg Forster Gebrauch machte, von dem Studenten Johann Heinrich Liebeskind schwanger geworden. Als sie im Oktober 1792 mit ihrem neugeborenen unehelichen Söhnchen bei Caroline in der Welschnonnengasse einzog, kommentierte Caroline, die sehr gut mit ihr auskam:

«Ich kante sie beynah gar nicht – habe aber keinen Haß gegen Sünder, und keine Furcht für mich.» Sie selbst betreffend, war der Rufmord jedoch jetzt viel schlimmer als die tatsächlichen «Sünden» der Meta Forkel und was da noch kommen sollte, da es, so die gänzlich entgleisenden Darstellungen der Reaktion, in Clubbistenkreisen ohnehin jeder mit jedem trieb. Die Rolle der Böhmerin war prominenter, allein schon durch ihre Nähe zu Forster. Da hieß es dann also, Caroline Böhmer sei die Mätresse Custines gewesen. Das gelangte sogar bis zu den Schlegel-Brüdern, die in Carolines zukünftigem Leben eine so wichtige Rolle spielen sollten. In dem Einakter: «Die Mainzer Klubbisten zu Königstein oder: Die Weiber decken einander die Schandtaten auf» hieß es dagegen, sie, Caroline, *«eine viel versprechende und wenig haltende Witwe»*, habe Therese Forster zur Abreise bewogen, um selbst mit Forster das Bett teilen zu können. Diese Version verbreitete Therese allerdings zeitweise auch. Sie schuf noch verschiedene Lesarten und Fassungen ihrer angeblich völlig selbstlosen und notgedrungenen Abreise aus Mainz, selbst zehn Jahre danach, denn sie wollte auf keinen Fall als pflichtvergessene Ehefrau, die ihren Mann sitzen ließ, in die Nachwelt eingehen. Es ist nur schwer nachzuvollziehen, doch Caroline verzieh ihr auch das. Hätte man während ihrer Gefangenschaft entdeckt, dass sie schwanger war, dann hätte man damit natürlich ihre intime Beziehung zu Forster bestätigt gefunden. Aber die Wahrheit zu wissen, also wer wirklich der Kindsvater war, hätte die Sache sicher nicht besser gemacht. Wie auch immer das alles ausgehen mochte, für Caroline wurde es eine große Zäsur. Als sie am Tag ihrer Ankunft in Kronberg an Meyer schrieb – einen Brief, der noch länger war als gewöhnlich –, da hoffte und glaubte sie an ihre baldige Freilassung, aber gleichzeitig war ihr auch klar, dass ihr bisheriges Leben hinter ihr lag, dass sie völlig neu anfangen musste. Ihre Worte sind eine Abrechnung: mit der Gesellschaft, mit falschen Freunden, vielleicht mit der Politik, mit den Freiheitsvisionen, vor allem aber mit ihrer Liebe zu Georg Ernst Tatter. *«Meine Existenz in Deutschland ist hin. Es giebt keinen Mann, von dem ich noch abhängig wär, oder ihn genug liebte um ihn schonen zu wollen. Tatter hätte mich durch etwas mehr männlichen Muth und ein entscheidendes Wort retten können – der*

einzige Mann, deßen Schutz ich je begehrte, versagte ihn mir. Meine sehr entschiedne instinktmäßige Neigung zur Unabhängigkeit ließ mirs nie zu, meine Gewalt über irgend einen andern nuzen zu wollen. Tatter wird sich quälen – warum konte er nur das für mich? Er wolte nicht glücklich seyn – und für mich verfloß die Zeit auch, da Entbehrung Genuß ist. Hätte Tatter im December, wie ich ihm ängstlich über meine Zukunft schrieb, gesagt – verlaße Mainz, so hätt ich ihm gehorcht – statt deßen heißts – ich bin in Verzweiflung nichts für Dich thun zu können. Meine Geduld brach, mein Herz wurde frey, und in dieser Lage, bey solcher Bestimmungslosigkeit meinte ich nichts Beßers thun zu können, als einem Freund trübe Stunden erleichtern, und mich übrigens zu zerstreun. – Seit dem Jan. hab ich Tatter nicht geschrieben und werde es auch nicht wieder – außer in einem Fall. Ich bin nun isolirt in der Welt, aber noch Mutter, und als solche will ich mich zu erhalten und zu retten suchen. Was mich beunruhigt und zuweilen die Fröhlichkeit meines Muthes schwächt, ist der Zustand meiner Gesundheit – und die Leiden meiner Mutter. In derselben Woche, wo ich meine Freyheit verlor, büßte Lotte ihr Leben im Kindbett ein. Die Mutter jammert, aber Lotten ist so beßer – sie war glücklich, da sie starb, und sie hätte noch viel Unheil erfahren können, wenn sie länger gelebt hätte.» Lotte, die Sorgenschwester, war endlich in den Hafen einer glücklichen Ehe eingelaufen, als sie, ebenfalls nach einigen Hindernissen, den Sohn des Verlegers Dieterich heiratete. Sie für den Tod im Kindbett glücklich zu preisen, weil ihr dadurch weitere Leiden erspart blieben, klingt allerdings hartherzig und extrem pessimistisch. Aber die Haft hatte Spuren hinterlassen in Carolines Innenleben. Sie zeigte das freilich nicht, war gefasst und zuversichtlich wie immer. Nicht ohne Koketterie sind aber doch Carolines letzte Zeilen an Meyer, der ja für Tragisches, Lebensernstes so wenig zu haben war und mit dem man sich in der leichten Sphäre bewegen musste, die ihm gemäß war. So spielte sie auch mit sich selbst und mit der eigenen Außenwirkung, um noch zu retten, was zu retten war im Hinblick auf ihre gegenwärtige und zukünftige Reputation. *«Lebe wohl. Was Du von mir hören magst, jezt da ich einem gehäßigen Publikum schmälich überantwortet bin – und was für Entschlüße ich ergreifen möge –*

denk, ich sey dieselbe Frau geblieben, die Du immer in mir kantest, geschaffen um nicht über die Gränzen stiller Häuslichkeit hinweg zu gehn, aber durch ein unbegreifliches Schicksaal aus meiner Sphäre gerissen, ohne die Tugenden derselben eingebüßt zu haben, ohne Abentheurerin geworden zu seyn. Nochmals lebe wohl.» Und im Postscriptum: «*Carolinens Befreyung wäre so ein Stückchen für einen Ritter Eures Gleichen gewesen.*» Das war kapriziös – und ironisch. Die Ritterlichkeiten der Männer waren ein schönes und anachronistisches Spiel, weiter nichts. Die das schrieb, baute nicht sehr darauf und würde es auch in Zukunft nicht tun.

Einen aber gab es doch – einen Ritter, zwar nicht ohne Furcht und Tadel und auch nur bedingt geeignet zu männlichem Heldentum, aber von unverbrüchlicher Treue, wie sie sicher nur wenige aufbringen. Das war August Wilhelm Schlegel. Er trat auf den Plan, als Caroline in Not war, und sie vergalt es ihm mit tiefer Dankbarkeit. Die Freundschaftsverbindung der beiden führte in Göttinger Zeiten zurück, denn als Caroline unmittelbar nach Böhmers Tod in die Heimatstadt zurückgekehrt war, da hatte sie diesen begabten Studenten der Philologie, der bei Heyne wohnte und von diesem gefördert wurde, erstmals getroffen. Heynes Lieblingsstudent entstammte wie sein Bruder Friedrich und wie so auffallend viele Glanzlichter der deutschen Geistesgeschichte dem protestantischen Pastorenmilieu. Die Familie kam ursprünglich aus Sachsen – der Großvater der beiden war Stiftsyndikus und Appellationsrat in Meißen gewesen, der Vater wurde Hannover'scher Konsistorialrat. Schon Johann Friedrich, der Großvater, hatte eine Neigung zur Dichtkunst verspürt, die aber ein ungesundes Gegenmodell zu seiner sonstigen pedantischen Art bildete, mit der er sein Amt ausfüllte. Das Ergebnis dieser Zerreißprobe war, dass man ihn wegen Misswirtschaft seines Amtes enthob, da er sich anscheinend zeitweise zu sehr seinen poetischen Entgrenzungszuständen überließ. Nach einer weiteren Generation traten diese Gegenpole in den Enkeln des Stiftsyndikus, in Friedrich und August Wilhelm, mustergültig in Erscheinung: Der eine war der Schöpferische, Geniale, Chaotische, der andere der stille Synthetiker, der die Dinge in eine schöne Form brachte, sie zur Theorie ausbaute, zum bezugsfähigen, festen System. In dieser frucht-

August Wilhelm Schlegel. Gemälde von Friedrich August Tischbein, 1793

baren Ergänzung begründeten die Schlegel-Brüder die deutsche Romantik; jedenfalls trugen sie wesentlich dazu bei.

August Wilhelm, der fünf Jahre Ältere, der ein enormes philologisches Wissen hatte sowie profunde Sprachkenntnisse, hatte zweifelsohne eine etwas pedantische Ausstrahlung. Seine hyperkorrekte Erscheinung zeigte sich bis in die kleinsten Einzelheiten seiner äußeren Aufmachung. Caroline belustigte sich in den Göttinger Tagen darüber, dass August Wilhelm wieder so gepudert und gesalbt war, wie es ein Student auch nur in Göttingen sein konnte, ohne dem Spott seiner Kommilitonen anheimzufallen. Er hatte keine Neigung zu Entgrenzungen jeglicher Art. Er aß und trank gerne gut, war immer nach der neuesten Mode gekleidet, liebte einen geregelten Tagesablauf und gesicherte Verhältnisse – auch, was das Einkommen anging –, und so sorgte er auch in Zukunft immer dafür, dass dieses gewährleistet war. August Wilhelm war der perfekte Schwiegersohn, aber weniger begehrtes Sehnsuchtsobjekt für eine sinnlich empfängliche Frau. Noch in Göttingen hatte er der vier Jahre älteren Caroline seine Liebe ge-

Friedrich Schlegel. Kreidezeichnung von Caroline Rehberg, 1790

standen, sie aber hatte ihm geantwortet, sie könne nur eine Schwester für ihn sein, überhaupt und erst recht, da sie Tatter liebe. Sie war ehrlich ihm gegenüber, und Ehrlichkeit, Offenheit zeichnete diese Freundschaftsbeziehung von Anfang an aus. Noch in Marburg hatte sie ihrer Schwester Lotte geantwortet, die offenbar eine Bemerkung über sie und Schlegel gemacht hatte: «*Schlegel und ich! ich lache, indem ich schreibe! Nein, das ist sicher – aus uns wird nichts.*» Der Kontakt aber riss niemals ab, und als August Wilhelm im April 1791 in die Niederlande reiste, um eine gut bezahlte Stelle als Hauslehrer anzutreten, und als Caroline schließlich nach Mainz ging, blieben beide immer in brieflicher Verbindung. Er war es dann auch – und das ist bezeichnend –, den sie als Einzigen während der Festungshaft in ihre wahren Verhältnisse einweihte. Er wusste, und niemand sonst, warum es überlebensnotwendig war, dass sie rechtzeitig befreit wurde. Wilhelm wahrte Verschwiegenheit, und er handelte. Im Juni 1793 unterbrach er seinen Aufenthalt in Amsterdam (was sicher auch nicht ganz einfach war, auf jeden Fall mit Umständen, Erklärungen und beträchtlichen

Kosten verbunden), um Caroline im Kronberger Hausarrest zu besuchen, ihr, wie er dramatisch bekundete, *«im Leben oder sterben beizustehen»*. Da ließ er ihr auch das Gift zukommen, wenn es bis zum vereinbarten Zeitpunkt nicht sein sollte, dass sie befreit wurde.

Das war ein Liebesakt selbstlosester Art, doch August Wilhelm tat noch viel mehr. Als Caroline am 5. Juli ihre Entlassung erlebte, und zwar durch das Bemühen ihres Bruders Philipp, der an den preußischen König geschrieben hatte, welcher überzeugt werden konnte, dass die Witwe des Bergmedicus Böhmer unschuldig inhaftiert war, da geleitete August Wilhelm Schlegel sie in das Haus des Verlegers Göschen nach Leipzig, wo Caroline vorerst einen einigermaßen geschützten Unterschlupf fand. Luise Gotter hatte das eingeleitet, aber die Schlegels hatten verlegerisch mit Göschen zu tun, und so war von Anfang an eine Verbindung gegeben. Die Schlegel-Brüder wurden nun Carolines Freunde, Beschützer und zeitweise einzige Ansprechpartner in einer sehr schweren Zeit. Man täuscht sich bestimmt, wenn man Carolines Korrespondenzen, in denen sie Optimismus und Kraft, glückliche Überwindungen und lebenszugewandte Weisheiten überwiegen lässt, eins zu eins setzt und dadurch den Eindruck gewinnt, es gebe in ihrem Leben nichts anderes sonst. Das sind Glättungen, Konzilianzen, immer nachträgliche Sichtweisen – deswegen ja nicht weniger respektabel als Ausdruck einer positiven Lebenseinstellung. In den Briefen, die der Leipziger Student Friedrich Schlegel seinem wieder in die Niederlande zurückgekehrten Bruder die nächsten Monate nach Amsterdam schrieb, kommt aber das ganze Elend zum Ausdruck, das Caroline jetzt durchmachte, allein und in fremder Umgebung, hochschwanger mit einem unehelichen, einem «unmöglichen» Kind, in einer verborgenen, immer unsicheren Situation, auf Hilfe angewiesen, dem Verdacht und dem vernichtenden Urteil der Umwelt ausgeliefert, denn, wie Eckart Kleßmann sehr pointiert feststellt: *«Die Folgen illegitimer Mutterschaft betrafen vornehmlich das Bürgertum.» «Die Bauernmagd, der Herr oder Knecht ‹den Acker bestellten›, riskierte nichts, denn sie produzierte nur erwünschten Nachwuchs, weil auf dem Lande jede Arbeitskraft gebraucht wurde. Das Hoffräulein, das einem Aristokraten ‹zu Willen war›, gebar die Frucht unziemlicher*

Vertraulichkeit irgendwo in der Stille bei guter Abfindung; meist kam das Kind zu Pflegeeltern. Der Geistliche, der sich ‹versah›, durfte sicher sein, hatte er einer Schwester gleichen Standes ‹den Leib gesegnet›, die Frucht seiner Anfechtung im Kloster aufgehoben zu wissen. Übel daran war nur das Bürgertum, das nicht imstande war, den Regelverstoß zu integrieren. Für ein ‹Kind der Laune›, ein ‹Kind der Liebe›, ein ‹natürliches Kind› – aus welch zeitgenössischen Bezeichnungen man einige Schlüsse ziehen darf – war kein Platz; die Tragödie Gretchens war eine bürgerliche.»* Die Stigmatisierung, die mit einer solchen Lage verbunden war, können wir uns wahrscheinlich heute gar nicht mehr vorstellen. Außerdem trug die vom geraden Wege Abgewichene wieder physisch und psychisch sehr schwer an ihrer Schwangerschaft, die ihre letzte sein sollte – jedenfalls soweit wir wissen. Der zwanzigjährige Student Friedrich Schlegel, der Caroline regelmäßig im Göschener Hause besuchte, entfaltete ein bewundernswertes Einfühlungsvermögen und eine Fürsorglichkeit, die wirklich erstaunlich ist bei einem so jungen Mann. Auch waren die Schlegel-Brüder, dieses feste Gespann, das der deutschen Geistesgeschichte seinen Stempel als Duo aufdrückte, auf eine rührende Weise miteinander verbunden; sie hielten tatsächlich wie Pech und Schwefel zusammen. Friedrich war der Kreativere und auch der Problematischere. Er hatte eine gewisse Neigung zur Struktur- und Planlosigkeit (war darin wie in so Vielem das Gegenteil seines Bruders), immer Geldprobleme, die August Wilhelm meist ausgleichen musste, enorme Stimmungsschwankungen und suizidale Tendenzen. Quälend erscheinen vor allem die Studienjahre in Göttingen, später in Leipzig, obwohl sie doch auch die Initialzündung waren für seine ästhetischen Arbeiten. Aber die viele Beschäftigung mit sich selbst und mit der eigenen Innenwelt schien ihm nicht gut zu tun. Die Aufgabe, die er mit der schwangeren und gestrandeten Freundin seines Bruders zu bewältigen hatte – schwanger von wem auch immer, denn das wusste er anfangs gar nicht –, gab seinem Leben kurzzeitig einen gewissen Halt. Er machte das gern, und das betonte er auch. Er würde auch einmal bekunden, sie, Caroline,

* Kleßmann 1975, S. 130f.

obwohl sie ja selbst in Not war, habe ihm in diesen Tagen, ohne dies wohl zu ahnen, aus seelischen Untiefen herausgeholfen, und zwar dauerhaft; da war die Freundin geradezu selbst eine Geburtshelferin. Eines war vielleicht noch wichtiger für Caroline als seine Fürsorglichkeit: Friedrich war verhältnismäßig vorurteilsfrei, geradezu ein «neuer Mann», und sein Bruder nicht minder. Nicht zuletzt auch die Möglichkeit eines kameradschaftlichen Verhältnisses zwischen Männern und Frauen ist ja ein Signum für Gleichrangigkeit der Geschlechter in einer aufgeklärten, modernen Gesellschaft, und das ist es bis heute. Überall dort, wo das nicht sein kann, keinen Raum findet, keine gesellschaftliche Akzeptanz, wirken mehr oder weniger deutlich die alten patriarchalen Strukturen, und diese wirken dann natürlich erst recht in den Partnerbeziehungen und auf allen Ebenen einer Gesellschaft. Der Jenaer Romantikerkreis um die Schlegel-Brüder und ihre Frauen war es dann auch, der alles das auslebte, was Goethe in seinem Werk lediglich anklingen ließ: freies Zusammenleben und «Ehen zu dritt» oder zu viert, freie Liebe, Scheidungen, Trennungen, da Menschen und Verhältnisse sich einfach verändern und dem infolgedessen Tribut zollen müssen, wenn sich die Liebe bedauerlicherweise nicht lebenslang halten lässt, offene Zweierbeziehungen, Wohngemeinschaften, experimentelle Lebensformen in dieser und jener Hinsicht und die gelebte Wahlverwandtschaft, die über dem *«Ehstand»* steht, über der bürgerlichen Moral, über dem Segen der Kirche oder den familiären Beziehungen. Die Zeit zwischen Empfindsamkeit und Romantik hat in den gebildeten Schichten ein neues Selbstverständnis und Selbstbewusstsein des «inneren Menschen» bewirkt, da auch Männer ihre femininen Anteile sehr stark ausleben konnten. Im bürgerlichen 19. Jahrhundert wurde das alles wieder zurückgefahren, denn es kamen wieder all die Dinge ins Spiel, die solche Tendenzen aushebeln und den alten Rollenbildern ihre Wirksamkeit zurückgeben: Militarismus und Nationalismus, eine zunehmend enger werdende bürgerliche Moral als Fluchtmoment vor den großen Veränderungen, Konservatismus und Reaktion, Kriegsstimmung, krude Versachlichung durch den Boom der Naturwissenschaften bis hin zum Chauvinismus der Kaiserzeit nach Bismarcks Reichsgründung, Entwicklungen, die natürlich auch gemäß der

«Gleichzeitigkeit des Ungleichzeitigen» Gegenbewegungen auslösten. Carolines Lebenszeit aber, die Jahre um, vor und nach der Französischen Revolution, war eine Phase des Experiments, unschuldig noch, wie alles Neue. Dergleichen ist, auf der privaten Ebene, immer nur elitär, eine Sache für wenige, die den herrschenden Meinungen trotzen und es in Kauf nehmen, dafür im Abseits zu stehen. Aber nichts bleibt ohne Spuren und längerfristige Wirkung im Lauf der Geschichte wie auch im Lauf eines einzelnen Menschen.

Friedrich Schlegel, der jüngste Sohn einer kinderreichen Pastorenfamilie, für dessen Bildungsweg zum Schluss finanziell nicht mehr viel übrig blieb, war schon als Student mehr oder weniger abhängig von seinem älteren Bruder und hatte sich im galanten Leipzig durch ein Liebesabenteuer und andere Kostspieligkeiten in beträchtliche Schulden gestürzt. Es war nicht das erste und nicht das letzte Mal, dass August Wilhelm seines Bruders Schulden bezahlte. August Wilhelm war grenzenlos gutmütig. Aber Friedrich erwies ihm in den kommenden Monaten auch einen unbezahlbaren Dienst. Wilhelm hat auch ihm nicht verraten, wer denn der Kindsvater von Carolines zu erwartendem Nachwuchs sei, und da ergaben sich in der Anfangszeit große Verwirrungen, weil Göschen, der sein Haus zur Verfügung stellte, zum Beispiel in dem Glauben gelassen wurde, der ältere Schlegel-Bruder sei der Vater in spe, um weiteres Nachfragen zu unterbinden. Friedrich fand das alles konfus, und er wollte selbst wenigstens aufgeklärt werden, um die Situation, die ihm ja überantwortet war, souverän bewältigen zu können. Dennoch wartete er mit aller Zartheit und Delikatesse darauf, es aus Carolines eigenem Munde zu hören – was auch geschah. Es waren aber doch zunächst höchst verwirrende Umstände. Göschen stellte unbequeme Fragen und fand vieles ungereimt, zum Beispiel die Tatsache, dass August Wilhelm zum Zeitpunkt der vermeintlichen Zeugung – denn Göschen hatte ja auch Augen im Kopf und konnte das Stadium einer Schwangerschaft halbwegs einschätzen – gar nicht im Lande gewesen war. Körner in Leipzig roch Lunte und ebenso Friedrichs und Wilhelms Schwester Charlotte. Friedrich schrieb: *«Erfährt aber Charlotte die Sache, und C.[arolinens] Umstände, welches der Himmel verhüte, so werde ich sie ohne Rückhalt* *für die Deinige erklären, – denn nur so kann ihre Ehre gerettet werden – jedoch so, daß Dir <allenfalls> noch ein Rückweg möglich bleibt. Ein gänzlicher Bruch mit unsrer Familie ist dann für uns die natürliche Folge. Und schon deshalb – verzeihe mir – durfte ich mich wohl einen Augenblick besinnen.*» Alle Sorge der Brüder galt aber letztlich ihrem Schützling in Not. «*Ihr wollen wir nichts schreiben und sagen. Warum sollte ich sie ängstlich machen?*»

Die Sache kam aber doch heraus; keiner weiß so recht, wie. Am 28. August schrieb Friedrich an seinen Bruder einen erschütternden Brief, in dem er ihm Carolines verzweifelte Reaktion auf diese «*Entdeckung*» beschrieb. Mittlerweile hatte er die Schwangere in dem kleinen Ort Lucka im Altenburgischen untergebracht, der geeigneter und verschwiegener war als Göschens Haus, in dem so viele Menschen ein- und ausgingen. «*Ich bin einige Tage in L-a [Lucka] gewesen, die sehr traurig waren. Ich gieng am Sonnabend hinaus, fand sie sehr wohl, ja heiter; ich brachte ihr zwey Briefe von Franz Wenner aus Frankfurt. Der erste enthielt ‹Ich kenne Ihre ganze Situation›. Der zweite – den sie zuerst erbrach – ‹Man weiß es in Maynz: Gr. (Cranz) ist noch da.› Sie war vor Schrecken und Schmerz betäubt, und konnte lange Zeit nur einzelne Worte hervorbringen. Sie hat die Tage über unaussprechlich gelitten, ihren eigenen Worten nach, mehr, weit mehr, als je in ihrem Leben. – Die Folgen der unglücklichen Entdeckung wirst Du besser übersehen können <als ich>, da Du von allem unterrichtet bist; der Verlust ihres Witwengehaltes, der Kummer ihrer Mutter (sie weiß es noch nicht, aber Philipp fürchtet in seinem letzten Briefe schon, daß sie Verdacht schöpfen könnte) die Verfolgung der B[öhmer]schen Familie, die vielleicht bis zu Entreißung ihres Kindes gehen könnte. – Ich will Dich mit der treuen Darstellung ihres Schmerzens verschonen; sie würde Dein Herz zerreißen; der erste Ausbruch, da sie mit der Stimme des tiefsten Leidens rief: ‹O meine Mutter› und ‹Mein Kind, mein Kind› und solche einzelne Worte, aber weit mehr zeigte sich nachher ihre innre Zerrüttung, die beyden Tage über, bald auf diese, bald auf jene Art, in den schnellsten Uebergaengen von plötzlichen Thränen zu ganz wilden Einfällen und bis zu dem Scherz und dem Lachen der Verzweiflung. Ihre Gesundheit litt schon die beyden ers-*

ten Tage sehr; den Montag brachte sie bis auf einige Viertelstunden ganz im Bette zu. Krampf <im Rücken> und eine heftige Unruhe und Betäubung der Nerven, mit den peinlichsten verwirrten Einbildungen verbunden; der letzte Zustand war ihr unleidlicher, wie die heftigen Schmerzen des ersten.» Wer hatte sie angeschwärzt?

Friedrich verdächtigte Meta Forkel. Er stellte auch sogleich Überlegungen an, wie man diejenigen, die schon Verdacht schöpften und auf die rechte Spur gebracht worden waren, «*irre machen oder zum Schweigen bringen*» konnte. Das Verhalten des Buchhändlers Wenner, zu dem Caroline während der Haft ihre Briefe hatte senden lassen, bezeichnet Schlegel als «*schreyende Schändlichkeit*». Was bewog Menschen wie Wenner zu solchen Aktionen, die darauf aus waren, eine Frau, die sich in einer verzweifelten Lage befand, noch einmal moralisch zu demütigen? Die Selbstgerechtigkeit und Schadenfreude des Spießbürgers? Wäre es mit Caroline zum Schlimmsten gekommen: Aberkennung der Witwenrente, Entzug des Sorgerechts für ihre Tochter, Abwendung der Familie von ihr, Schande über Schande im ganzen Freundeskreis, sie hätte ohne weiteres an den Bettelstab kommen können. Das zeigt das volle Ausmaß der Dinge hinsichtlich der Moralvorstellungen ihrer Zeit. Der Erzeuger eines unehelichen Kindes hatte dagegen keinerlei Folgen zu befürchten, und er wurde im Allgemeinen auch nicht moralisch verurteilt. Das ganze Maß der Verdammung traf nur die Frau. In einer Gesellschaft, die nicht darauf ausgerichtet war, dass Frauen sich selbst ernährten, da sie keinerlei Ausbildung hatten, war auch ein Neuanfang, allein, irgendwo, in fremder Umgebung, keine Option, die tragfähig war. Dergleichen war jedenfalls immer mit einer gewissen Stigmatisierung verbunden, auch wenn niemand die genauen Umstände kannte. Daher der Satz Carolines: «*Meine Existenz in Deutschland ist hin.*» Eine weitere ungünstige Verbindung in Leipzig, also in unmittelbarer Umgebung, war die Malerin Dora Stock, Körners Schwägerin, zugleich die ehemalige Verlobte von Ferdinand Huber, die wegen Therese Heyne verlassen worden war. Sie war verständlicherweise auf alles, was das Forster-Umfeld betraf, nicht gut zu sprechen. Caroline bereute es mittlerweile, dass sie sich nicht in den Rheingegenden niedergelassen hatte, wo sie mehr für sich hätte sein können, da es keine derartigen Verbindungen gab. Aber da hätte sie nicht Friedrich Schlegel gehabt, diesen rührenden und engagierten Freund in der Not. «*Die Gegend von L-a [Lucka]*», schreibt Schlegel, «*ist traurig. Die Familie, in der sie lebt, besteht aus einem kranken, geizigen, grillenhaften Artzte, und aus einer gedrückten und gequälten Anverwandtschaft.*» Aber wenigstens war ein Arzt im Haus – in Carolines Zustand eine gewisse Beruhigung. Nun also war erstmals der Franzose und Kindsvater eingeführt: Cranz, Dubois-Crancé. Ob Wilhelm ihm zu der Sache nicht etwas mehr sagen könne, fragt Friedrich. Aber das tat er offenbar nicht. Er blieb standhaft bei seinen Grundsätzen. Caroline selbst brach schließlich das Schweigen. «*Sie hat mir sehr kurz die Hauptsache gesagt; aber ich fürchtete sie zu reizen, und die meiste Zeit war sie auch ganz unfähig zu jedem Gespräch, geschweige zu einem solchen. – Es war mir unerwartet, alles müßte auch auf Fr. [Forster] führen. Ich weiß nicht, warum es mich im ersten Augenblick so bestürzt machte.*» Ein Franzosenkind also. Eine weitere Kalamität. Auguste, acht Jahre alt, war die ganze Zeit dabei und in die Verhältnisse involviert. Wie hat man ihr das alles vermittelt? Welchen Eindruck trug sie davon? Eine Bemerkung von ihr, die Friedrich erwähnt, zeigt, wie weit dieses Kind schon über den Reifegrad seines Alters hinaus war. Da sagte sie nämlich einmal zu ihrer Mutter: «*Wenn ich nicht wäre, so würdest Du Dich von der Schlegelsucht gar nicht zu retten wissen.*» Friedrich jedenfalls war, wie sein Bruder, von dieser Frau fasziniert. Er kam sogar etwas ins Stammeln, wenn er versuchen wollte, ihre ihm beinahe unfassbar scheinende Natur zu beschreiben. Die Schlegel-Brüder waren eifrige Minnesänger. Zu Füßen der hohen Frau, das war eine Rolle, die beiden bekannt und genehm war. Bei Wilhelm nahm sie allerdings keine Form ein, bei der er irgendwie auf seine Kosten kam. Das war sein Schicksal. Die Brüder-Solidarität und Rechtschaffenheit war auch hier ungebrochen. Wilhelm solle, schrieb Friedrich, nicht denken, dass er irgendwie sein Vertrauen missbrauche und ihm bei dieser Frau ins Gehege komme – wenn es ihm, lässt er anklingen, auch schwerfalle. Aber sie kennenlernen, ihr Vertrauen gewinnen, das dürfe er doch, müsse er sogar, um ihr nützen zu können. «*Ich setzte mich also in das einfachste, einfältigste Verhältniß zu ihr,* *die Ehrfurcht eines Sohns, die Offenheit eines Bruders, die Unbefangenheit eines Kindes, die Anspruchslosigkeit eines Fremden. So bin ich gegen sie, und das müßte so seyn, weil es darauf ankam, daß ich ihr nützlich wäre <und nicht, daß sie meine Freundin würde>.»* Im August hatte Friedrich über Caroline geäußert: «*Die Ueberlegenheit ihres Verstandes <über den meinigen> habe ich sehr frühe gefühlt.*» Caroline wurde das Vorbild der Titelheldin seiner «Lucinde». Das unter anderem war, auf lange Sicht, der Ertrag für die deutsche Literaturgeschichte, der aus den bedrängten Tagen von Leipzig und Lucka hervorging. Das Zusammensein mit der hochschwangeren Frau, die das Geheimnis des Lebens trug, vermischte sich auf faszinierende Weise mit Schlegels Gedanken zu einer poetischen Theorie, einer Grundierung seiner Entwürfe über die Dichtung, die er schon eine Weile mit sich herumtrug. «*Es ist mir nicht eingefallen einen Dichter nach Begriffen a priori construiren zu wollen. Für den Schöpfer giebt es keine Gesetze, aber Richter kann man nur seyn, mit Sinn, nach Gesetzen.*» Also: Der Dichter trug das Gesetz in sich, unbewusst, ausführend, der Ästhetiker vollzog es nach. Und da der Dichter und der Ästhetiker in einer Person hier eine Art Veranschaulichung der Schöpfung in Reinform erfuhr, summierte er: «*Was wir in Werken, Handlungen, und Kunstwerken Seele heißen (im Gedicht nenne ichs gern Herz) im Menschen Geist und sittliche Würde, in der Schöpfung Gott, – lebendigster Zusammenhang – das ist in Begriffen System. Es giebt nur ein <wirkliches> System – die große Verborgene, die ewige Natur, oder die Wahrheit.*»

Je näher bei der kreatürlichen Schöpferin allerdings der Geburtstermin heranrückte, umso größer wurde Carolines Angst, eine Todesangst – wieder einmal. Sie erging sich in düsteren Phantasien, laut Friedrich ein Produkt ihrer Einbildungskraft und ihrer Reizbarkeit, die immer größer wurde. Als schließlich noch der Ofen in ihrem Zimmer unbrauchbar war, wodurch sie gezwungen wurde, einige Tage in der großen Stube der Familie des Hauses zuzubringen, also ganz ohne Rückzugsmöglichkeit und Privatheit, mit fremden Menschen und in ihrem offensichtlichen Zustand begangener Sünde, da war es um Carolines Fassung gänzlich geschehen. Man kann für Caroline nur hoffen, dass die Nacht mit dem Franzosen, für die sie das alles ausstand, es wirklich wert war – ironisch genug, dass sie von diesem einen bekannten «Fehltritt» in ihrem Leben, einem einzigen Mal, sofort schwanger wurde. Jetzt trank sie ihren Kelch aus. Das hat sie ganz klar so gedeutet, und trotzdem stand sie am Ende dazu.

Am vierten November, *«abends»*, kann Friedrich Schlegel seinem Bruder in Amsterdam die freudige Mitteilung machen, dass er soeben von einer Kindstaufe komme, *«wo ich Gevatter gestanden habe. Mein Pathe ist der kleine Citoyen, Wilhelm Julius Cranz»*. Da wurde der Dichter und Schöpfungsanwalt Zeuge eines leibhaftigen Geburtsvorganges, bei dem er natürlich beizeiten das Zimmer verließ. *«Ihre Schmerzen waren ganz ungewöhnlich und unerträglich heftig; ich hörte ihr Geschrey unten auf dem Hofe, ja im Vorderhause, und es durchdrang mir Mark und Bein. Sie verlangte auch einmal Dein Bild, in dem Augenblicke der heftigsten Angst. – Lange dauerten ihre Leiden aber nicht, und endigten sich mit der glücklichsten Entbindung für Mutter und Kind. Eine entzückende Freude, und sie hatte auch Kräfte genung, sie zu genießen.»* Der kleine Citoyen, ließ Caroline dem entfernten Freund ausrichten, gleiche ihr sehr und sehe *«ganz deutsch»* aus. Das sagte sie, kommentierte Friedrich, damit Wilhelm nicht so einen entsetzlichen Hass auf ihn werfe. Dezent steuerte Friedrich – der sich auch weiterhin um die Wöchnerin kümmerte, ständig zwischen Leipzig und Lucka hin- und herritt, sie mit allem Notwendigen versorgte und schließlich sogar noch die Taufe organisierte, für die der Pfarrer allerdings mit einem Louisd'or bedacht werden musste, damit er bereit war, ein solches Produkt sträflicher Unzucht dem Bunde mit Gott anzuvertrauen! – nun aber auch die Verbindung seines Bruders mit Caroline, die seiner Meinung nach eine einzige natürliche Folge aller Gegebenheiten war. Er richtete das ein, legte es beiden nahe. Dass es darauf hinauslaufen würde, war Caroline vielleicht zu der Zeit schon bewusst. Sie hätte sich sonst wohl kaum auf dem Höhepunkt ihrer Geburtsschmerzen Wilhelms Bild reichen lassen, das Bildnis ihres Ritters in der Not, der nichts für sich forderte und alles gab, was er hatte. Dass es nicht Liebe war oder Leidenschaft, was sie mit Wilhelm verband, hat sie seinem Bruder sehr offen gestanden, und der gab es weiter, sollte es vielleicht auch weitergeben. Wilhelm wusste also Bescheid. Caroline schrieb: «*Alles, was ich ihm jemals geben konnte, hat er mir iezt freywillig, uneigennützig, anspruchslos vergolten, durch mehr als hülfreichen Beystand. Es hat mich mit mir ausgesöhnt, daß ich ihn mein nennen konnte, ohne daß eine blinde unwiederstehliche Empfindung ihn an mich gefesselt hielt. – Sollte es zu viel seyn, einen Mann nach seinem Betragen gegen ein Weib beurtheilen zu wollen, so scheint mir W.[ilhelm] in dem, was er mir war, alles umfaßt zu haben, was man männlich und zugleich kindlich, vorurtheilslos, edel und liebenswerth heißen kann.*»

Reichte das? Es machte Wilhelm jedenfalls offensichtlich nichts aus, dass seine Liebe nicht richtig erwidert wurde, dass Caroline sie nur mit Freundschaft vergalt. Dass diese Verbindung keine unbedachte Verzweiflungstat war, geboren aus der Hilflosigkeit ihrer Situation in den Luckaer Tagen, vor allem in den Wochen vor der Geburt, wird daran erkennbar, dass sie erst Jahre später erfolgte, als Wilhelm wieder in Deutschland war. Er hatte beim Kaufmann Muilman in Amsterdam einen Vertrag über vier Jahre, und den hielt er ein, korrekt, wie er war. Auch war das pekuniär äußerst ratsam, und zwar für alle Beteiligten, war ihm doch nach Ablauf dieser Vierjahresfrist eine beachtliche Summe versprochen. Muilman war großzügig. Die Tatsache, dass August Wilhelm Schlegel als Hauslehrer des reichen Bürgertums so ganz andere Erfahrungen machte als der Hofmeister Tatter im Adel, mag für sich sprechen. Er erlebte hier jedenfalls nicht eine solche Kluft der Standesschranken, und er konnte sich seine Würde bewahren.

Eine besonders schwächliche Figur machte bei allem Carolines Herzensmann Georg Ernst Tatter. Da sie ihn irgendwann ganz ohne Nachricht gelassen hatte, erkundigte er sich jetzt bei ihrem Bruder Philipp nach ihr, der ihm alles erläuterte. In den kommenden Jahren versuchte Tatter noch des Öfteren, den Kontakt wieder aufzunehmen, aber auf seine gewohnte folgenlose und vage Art; Caroline verstand das und ging nicht darauf ein. Leicht fiel ihr das sicherlich nicht, aber Königstein, Kronberg, Leipzig und Lucka haben ihr Leben verändert, manche Freundschaften und Beziehungen relativiert, andere neu begründet und aus der Taufe gehoben, auf jeden Fall ihre Begriffe von Freundschaft und Treue befestigt. Was sie in dieser Zeit erlebt hatte, vergaß sie nicht mehr. Meyer hatte sie kurz besucht, noch vor der Niederkunft. Er war auf dem Weg nach Berlin. Aus der Kinderstube mit ihrem «*Kind der Glut und Nacht*», wie sie es nannte, schrieb sie dem alten Freund dann einen ganz selbstvergessenen Brief, der vor allem eines ausstrahlt: Versöhnung, Versöhnung mit dem eigenen Schicksal, Vergebung ihrer Sünden, denn als Sünden empfand sie ihre diversen Mainzer Verirrungen letztendlich doch. Aber sie erteilte sich selbst dafür die Absolution; das ist der Unterschied. «*Mir ist sehr wohl*», schrieb sie. «*Mein Leben ist mir wieder so lieb. Die glückliche ehrenvolle Mutter kan kein reineres Entzücken fühlen, wenn sie sich ihrer Familie gerettet und sie nun vermehrt sieht, als ich, da mein Kind gebohren war und ich mich gleich wohl genug befand, um doch die Erhaltung meiner Kräfte wahren [?] zu dürfen. Ich habe jedesmal aufs kläglichste gelitten, und diesmal war der erste Anschein gar übel, die Augenblicke selbst gewaltsam, aber schnell geendet – und jezt sind die ersten Wochen vorbey, ohne die mindeste Spur von Zufällen**, *die ich so sehr fürchtete. Ist das nicht wunderbar und Gnade des Himmels, who did temper the mind! Das Kind ist ausgezeichnet groß, stark, gesund – ruhig wie ein Lamm, und das ich Dir das beste zulezt verkünde – kein Mädgen. Meine erste Frage war das, sagt der Arzt. Der Zufall hatte wenig Tage vorher einen hier etablirt, der mir vortrefliche Dienste geleistet hat. Die zweite Frage soll gewesen seyn, ob er schwarze Augen hätte. Bey der Gelegenheit müßen Sie wißen, daß er mir nicht ähnlich sieht, außer etwa im Mund und Kind – übrigens kan er mir nie ausgetauscht werden. Beßer hätte ich es nun auch nicht wünschen können, als ichs mit seinen Pflegeeltern getroffen habe. Die Leute sind dem Jungen wahrhaftig gut. Weiß ich aber, ob diese Nachrichten von dem Kind der Glut und Nacht Sie interreßiren? Und nun also! – Gut, ich hab es auch beßer gehabt, wie ich verdiene; eine sorgfältigere und liebevollere Wartung ist mir in ehemaligen Tagen nicht geworden wie jezt. O lieber M., wenn es nur dabey bleibt, daß ich*

* Caroline meint die ihr bekannte Seelenerkrankung nach der Geburt (postnatale Depression).

meine nächsten Verwandten nicht kränke und ärgre – (noch steht alles gut) – wie gut ists, daß ich den Ausgang abgewartet habe, und wenn ich die Folgen vor mir sehe – kan ich den Ursprung bereun? Eben diese brachte mich in die verzweiflungsvolle Lage, und sie ists nun, warum ich mir verzeihe. Gustel hat eine unmäsige Freude über das Kind, als müste es nur so seyn. Wer hier Schuld finden will, darf nicht in unsre Nähe kommen, nicht in dies Stübchen – hier herrscht unschuldiges Vergessen alles Unrechts und aller Sünden.»

Und was sollte nun werden? Die Gotters in Gotha luden sie erneut ein, und das wurde dann auch Carolines nächste Station. Der kleine Julius kam in Lucka zu Pflegeeltern; das hatte sie ja schon Meyer im Brief angekündigt. Eingetragen war er im Kirchenbuch als «*Wilhelm Julius Krantz, Sohn von Julie Krantz*», die mit einem Handelsherrn auf Reisen verheiratet sei und sich vorübergehend in der Gegend aufhalte. Als Pate war eingetragen: Friedrich Schlegel, «*Stud. jur. in Leipzig*». Fiel es Caroline schwer, ihr neugeborenes Kind in Lucka zurücklassen zu müssen? Seine Chance auf ein halbwegs normales Leben war so sicher erheblich größer als an ihrer Seite, zumal er es als Junge sowieso leichter haben würde, selbst im Falle der Entdeckung einer unehelichen Geburt (so ist wohl die Bemerkung zu verstehen, es sei eine gute, die beste Nachricht, dass es «*kein Mädgen*» sei). Von daher gesehen, war, was sie tat, sicher das Beste für dieses Kind. Friedrich Schlegel hatte bis dato nicht im vollen Umfang gewusst, inwieweit Caroline in die revolutionären Umtriebe in Mainz involviert war. Vor ihrer Trennung in Lucka gab sie ihm da aber anscheinend einige Einblicke, und er empörte sich doch, wenigstens oberflächlich. «*Ihr Glaube an die Ewigkeit dieser kurzen Republik*», schrieb er an Wilhelm und versuchte Carolines Irrwege damit auch zu entschuldigen, «*mußte freylich außer Maynz Mauern sehr schwach scheinen – aber innerhalb derselben war er doch wohl selbst bey großem Verstande möglich. Aber das werde ich Ihrem Herzen nie verzeihen können, daß weiblicher Taumel es so weit hinriß, daß sie fähig war, ihren Freund in diesen gräßlichen Strudel armseeliger Gefahren und lumpichter Menschen zu locken. Ich wünschte auch, sie hätte öffentliche Angelegenheiten für immer den Männern überlaßen, aber da sie nun einmal abwich, so finde ich in ihrer Ansicht der Sache zwar gewiß nicht die reine Wahrheit, aber ächten Eifer für alles Große.»* Immerhin! – wenn es auch wohlfeil ist, das, was Schlegel als politischen Irrweg ansieht, als weibliche Schwäche zu interpretieren. Nur zwei Jahre später würde das alles anders aussehen, denn da empfahl Caroline ihm die Lektüre von Condorcet, und sie verband die Lektüreempfehlung recht geschickt mit Friedrichs bisheriger Rezeption des klassischen Altertums, mit den Menschheitsvisionen, die ihm vertraut waren. Friedrich Schlegel wurde auf diese Weise zum Anhänger der Ideen der Französischen Revolution und gab der Frühromantik dadurch eine entsprechende Wendung. Caroline blieb eine Anhängerin der Revolutionsideen, egal, wie in Deutschland in den kommenden Jahren der Wind wehte. Das hatte nur falsch angefangen. Darin war sich mittlerweile die Welt ziemlich einig.

Gotha aber wurde eine bittere Erfahrung für Caroline, denn hier spürte sie erstmals die gesellschaftliche Ächtung, der sie nach dem Verlassen ihres verborgenen Schutzraumes, der Luckaer Kinderstube, öffentlich ausgesetzt war. Die Gothaer Gesellschaft mied ihre Freunde, die Gotters, solange sie bei diesen weilte, und somit wurde bald klar, dass ihres Bleibens hier auch nicht mehr lange war, da sie die Freunde nicht kompromittieren wollte. Aber wohin? *«Wer kent mich, wie ich bin – wer kan mich kennen!»*, schrieb sie am 20. Februar 1794 an Meyer, der als Personifizierung gelebter Abwesenheit wieder für eine kurze Zeit ihr Adressat wurde, um ihre Wirren und Nöte und Überlegungen für die Zukunft zu projizieren. Dass sie in Gotha geschnitten wurde, lag wohl ausschließlich an ihren Mainzer Verbindungen. Von dem unehelichen Kind wusste man da wahrscheinlich gar nichts; Gotters, die Freunde, natürlich ausgenommen. *«Man hält mich für ein verworfenes Geschöpf, und meint, es sey verdienstlich, mich vollends zu Boden zu treten. Die Verwünschungen, die über Therese ausgesprochen werden, treffen mich mit. Um diese Situation zu überwinden, müßt ich wahrhaftig eine Zauberinn seyn – die Natur war wohlthätig gegen mich – sie rettete mir Leben und Gesundheit, und erquickte mich mit süßen Freuden – o hätte ich in meiner Einsamkeit bleiben können! Wißen Sie keine Hütte für mich? Ich bin ja ausgestoßen und muß wenigstens ins Freye blicken können – in einen Spiegel, der mich nicht entstellt zurückwirft. Ich fürchte, der Schritt war falsch, unter bekante Menschen zu gehn.»* Aber Meyer weiß leider auch keine einsame Hütte für sie, und später, als sie noch einmal anklingen lässt, in einer großen Stadt wie Berlin könne sie sich doch wohl leichter verbergen und ein stilles Leben führen ohne die Ächtungen und den Klatsch der Gesellschaft, da geht er nicht darauf ein, weil ihm wahrscheinlich schon diese potentielle räumliche Nähe der Freundin wieder zu viel Verpflichtung bedeutet. Vielleicht ist das der Bruch. Ab Sommer 1794 gibt es mit Meyer keinen Briefwechsel mehr.

Carolines inniger Wunsch nach Versöhnung mit ihrer Familie und mit der Familie ihres verstorbenen Mannes, immerhin Gustchens Großeltern, erfüllte sich einigermaßen zu ihrer Zufriedenheit. Als sie nach Göttingen kam, musste sie allerdings erfahren, dass die kurfürstlich-hannoversche Regierung ihren Aufenthalt untersagte. In dem entsprechenden *«Reskript des hannoverschen Universitätskuratoriums»*, gerichtet an den Prorektor Hofrat Feder, heißt es: *«Es ist vorgekommen, wasmaasen die sich izt in Gotha aufhaltende Doctorin Böhmer, gebohrene Michaelis, sich vor einiger Zeit dort eingefunden hat. Da wir nun derselben den Aufenthalt in Göttingen nicht gestatten können, in Rücksicht der achtungswerthen Familien, denen sie angehört, aber wünschen, daß ihnen diese Unsere feste Willens-Meinung auf eine schonende Weise hinterbracht werden möge, So ertheilen Wir hiemit dem Herrn Prorector den Auftrag, solches der Mutter der besagten Doctorin Böhmer und, falls es nöthig seyn sollte, auch den übrigen Verwandten auf die angegebene Weise bekannt zu machen. Wenn jedoch wider Vermuthen mehrerwehnte Doctorin sich dort einfinden sollte, so wird sie sofort wegzuweisen seyn, und wird der Herr Prorector dieses Rescript bey dem Prorectorats-Wechsel seinem nachfolger im Amte zur Nachachtung zu überliefern haben und hierunter bey den folgenden Prorectorats-Wechseln ein gleiches zu beobachten seyn. Wir Hannover den 16. August 1794. Königlich-Großbritannische zur Churfürstlichen Braunschweig-Lüneburgischen Regierung verordnete Geheime-Räthe.»* Unterzeichnet war das Schreiben vom Grafen Kielmannsegg. Aber Caroline hatte in Göttingen ohnehin nicht mehr viele Verbindungen, und die Versöhnungs- und Erklärungstour bei den Böhmers war glücklich erledigt. Interessant ist ein Brief Schlözers an Caroline aus dieser Zeit, in der dieser zwar nicht ausdrücklich Abstand nimmt von der offiziellen Haltung des Kurfürstentums und dem Opportunismus seiner Bewohner, was bedeuten würde, ihr seine volle Solidarität zu bekunden, der aber dieser mutigen Frau, die allerdings eigentlich nichts anderes getan hatte, als mit Menschen befreundet zu sein, die sich für die Revolution engagierten, wie eine Bestätigung vorkommen musste, da eine für die Gegebenheiten ganz auffällige Sympathie für sie darin durchklingt, unterschrieben sogar mit der enthusiastischen Wendung: «*Mit unveränderter Hochachtung Ihr ganz gehorsamster Diener*». Außerdem enthielt er die Aussage: Frauen (die in traditionellen Ordnungen mehr zu verlieren und mehr zu gewinnen haben, zum einen die Ehre und zum anderen die Freiheit), sind in Zeiten des Umsturzes, in denen der Einzelne ohne Rückhalt gefordert ist, eigentlich stärker und mutiger. Schlözer beginnt etwas umständlich, so, als wisse er selbst nicht so recht, worauf er hinaus will. Dann aber schreibt er unter anderem: «*Seit vollen 8 Jaren sage ich zweien meiner Söhne (nicht einem dritten, der zwar arbeiten kan, aber nicht mag) vor: ‹wär ich in meinem Alter 15 Jare zurück; bei Gott! ich ginge nach America› .... Allein ginge ich; aber noch lieber mit einem selbstständigen Weibe, die im Nothfall meiner Manns Selbstständigkeit (ach! die manquirt uns oft) zur Krücke diente. Doch ich Unbesonnener, was schmeiße ich da hin, das one Commentar (der nicht für einen Brief ist) übel ausgelegt werden kan!*» Anscheinend war er der Verhältnisse im alten Europa, im alten Feudalwesen, in dem man jetzt wieder zur Tagesordnung überging und so tat, als sei nichts gewesen, überdrüssig, doch nicht mehr jung genug für den Sprung übers Weltmeer oder das große Experiment. In Göttingen war jedenfalls die Zeit der schönen Geistesfreiheit und der geistig-politischen Experimente vorbei. Da musste man jetzt auf Linie sein, auch als Professor.

Im September 1795 zog Caroline mit ihrer Tochter zu ihrer Mutter nach Braunschweig, als ihre jüngste Schwester Luise nach Braunschweig heiratete. Hier war tatsächlich ein Neuanfang möglich. Caroline fand neue Freunde, ein neues Umfeld, sie hatte wieder eine richtige Haushaltung und das Töchterchen ein geregeltes Leben mit Unterricht und neuerdings auch Klavierstunden. Gustes Halbbruder war tragischerweise am 30. April an den «Frieseln» gestorben, wie man der Mutter brieflich mitgeteilt hatte. Caroline erlebte damit zum dritten Mal den Tod eines Kindes – schlimmer jetzt, wie sie schrieb, da sie ihre Trauer niemandem zeigen durfte (was beweist, dass tatsächlich von ihrer Mutterschaft niemand wusste, außer der Familie und ein paar engen Vertrauten; Guste durfte zum Beispiel auch nie über das Brüderchen sprechen). Im Vorjahr, als Julius noch lebte, hatte es in Gotha noch einmal ein Zusammentreffen mit Crancés Onkel gegeben, General d'Oyré. «*Die zurückgebliebenen franz. Geißeln wurden von Wesel nach Erfurt geführt. Ich habe den vortreflichen Mann wieder gesehn – Du würdest ihn selbst anbeten, wenn Du ihn kenntest*», schrieb Caroline an Meyer. «*Ich habe nie für seinen Neffen so viel Zärtlichkeit gehabt wie für ihn.[…] – er blieb von früh bis Abend.*» Über den Neffen, den Vater ihres verstorbenen Kindes, hatte sie einige Monate vorher geäußert: «*er hat alles gethan, was in seiner Gewalt stand, um das Schicksaal des Kindes auf die Zukunft zu sichern, und auf den Fall, daß er selbst noch in dem blutigen Abgrund unterginge. Er ist ausgewechselt und seit dem Ende März nicht mehr in Deutschland, wo der Onkel noch zurückbleiben mußte – hoffentlich rettet dieser dadurch sein edles Leben. Der Neffe ist als solcher, und selbst durch die nahe Verwandtschaft mit einem der ersten J[akobiner] in Gefahr. Ich zittre, wenn ich eine Zeitung sehe, schon mehr wie ein bekannter Kopf ist mir entgegen gefallen – und diese! Sein Onkel hat mir auch geschrieben, wie ichs von ihm erwarten konte. Es hat mir viel Freude gemacht von diesen beydes Gutes denken zu dürfen, und sie ganz so zu finden, wie ich sie damals sah.*» Eine weitere Todesnachricht hatte Caroline noch am letzten Tag ihres einsamen Aufenthaltes in Lucka erhalten. Georg Forster war am 10. Januar 1794 in einer kleinen Dachwohnung in der Rue des Moulins in Paris einer Lungenentzündung erlegen. Caroline schreibt nachdenklich, bei der Nachricht sei ihr gewesen, «*als hätt ich ein Kind in den Schlaf gewiegt*». Als Meyer sich offenbar darüber empörte, dass Therese wenigstens eine Mitschuld trage an seinem tragischen frühen Tod, empörte sich wiederum Caroline gegen

Meyer, der, wie es scheint, ohnehin lauter Gemeinplätze von sich gab über Dinge und innere Abläufe, von denen er gar nichts verstand, auch sie, Caroline, betreffend, die doch gerade mühsam genug ihre Spur wiederfand und dabei aber bei sich selbst bleiben wollte. «*Ich habe so sehr selten eine Lindrung erfahren, die ich nicht einzig aus meiner eignen Seele genommen hätte – ich würde nicht staunen, wenn auch Du, der Du die blinde Wuth des Ohngefährs kenst, dennoch ihr erlägst, und ihr Werkzeug würdest, mich noch von einer Seite zu verwunden, von der ich nicht fühllos bin. Ja! Das Unglück kan selbst die in ihm verschwisterten zum Scheiden zwingen.*» Diese Freundschaft war wirklich an einen Endpunkt gekommen. Interessant ist die Parallele, die Caroline zwischen sich und Therese zieht – weshalb sie sie hier auch verteidigt im Sinne einer bei ihr nicht gerade häufig zu Tage tretenden weiblichen Solidarität: Forsters «Schwäche» und Forsters «Unmännlichkeit» haben Thereses Unglück besiegelt und sie zu dem Schritt, den sie tat, förmlich gezwungen, und genauso war es bei ihr: Tatters Schwäche, seine Unentschiedenheit und sein Mangel an Mut trieben sie in die Arme des Fremden, und die Folgen daraus sind bekannt. Eine Interpretation, die aber eigentlich doch Frauen zu Opfern macht und ziemlich konservative geschlechtliche Rollenbilder vermittelt. Männer müssen stark sein und «führen» können. Therese, die ihren laschen Huber, der sich eigentlich immer nur treiben ließ und der ihrer Exzentrik eine konkurrenzlose Bühne bereitete, ziemlich im Griff hatte, bemerkte, der neue Mann im Leben der Freund-Feindin, also A. W. Schlegel, der könne sie doch nicht «*führen*»! Es war noch ein weiter Weg bis zur Lösung von all diesen Vorgaben, bis «*Menschen Menschen*» sein können, wie es bei Schiller heißt (der das allerdings nur auf die Standesschranken bezog, nicht auf Geschlechterverhältnisse).

Therese meldete sich bei Caroline aus Neuchâtel in der Schweiz. Sie war bis auf weiteres damit beschäftigt, ihre unterschiedlich akzentuierten Rechtfertigungsschreiben für ihr Verhalten und ihren Werdegang allen denjenigen zukommen zu lassen, die irgend damit zu tun hatten oder deren Urteil ihr wichtig war. Jetzt jammerte sie: Forster ist tot, und er war doch so gut! «*Er ruht nun im Grabe, der gute, unglück-*

liche Mann – dieses Gemisch der edelsten Eigenschaften, deren Uebermaß ihn zu Fehlern verleiteten, die sein Leben vergifteten.» Gerade wollten sie sich in Frankreich niederlassen, so schreibt sie, um immer in seiner Nähe zu sein. Forster war nach seiner Rolle in Mainz der Reichsacht verfallen und konnte nicht mehr nach Deutschland zurückkehren. Ein schönes Idyll zu dritt (mit den Kindern), und Caroline solle das bitte auch glauben. «*Wahrheit und Liebe vereinte uns. Er sah uns ihm mit den dankbarsten Vertrauen entgegen kommen, er sah uns glücklich, vereint, liebend – kein Betrug, keine Lüge, aber der kindlichste Wetteifer ihm wohlzuthun, ihm zu danken. [...] er war uns, was den Christen ihr Gott ist – wir musten um seinetwillen fromm und glücklich sein, das durch ihn erkaufte Leben muste uns heilig sein. O wahrlich, wahrlich, wir hätten ihn beglückt, und er starb.»* So dick, wie das aufgetragen ist, scheint es fraglich, ob Therese es selbst glauben konnte. Sie hatte nun aber auch einige lebenspraktische Tipps für die Freundin auf Lager. «*Höre eine Bitte, die Dich nicht beleidigen muß, sie ist treu – Ich weis nicht, ob Du jezt nicht liebst, oder was Dir jezt Liebe ersezt, aber kommst Du mit Männern in Verhältniße, so hüte Dich, daß Du nicht gemißbraucht wirst und Dich hintansezest. Gieb Dich aus Liebe, aber nicht aus Überdruß, Spannung, Verzweiflung. – Kannst Du aber die Männer entbehren, so ist es gut für Dich, bis Du wieder eine Bahn gefunden hast. Tatter must Du verlernen – Schlegel konnte Dich retten, aber doch nicht führen kann er Dich? Die bloßen gesellschaftlichen Verhältnisse sind Dir gefährlich – ich bitte, weil ich nicht weis, wo Du Dich schadlos halten sollst, und ich Deinen Frieden wünschte.»* Zwanzig Jahre später schilderte Therese ihrer gleichnamigen Tochter die Vergangenheit Carolines, damit diese vor dem ersten Treffen Bescheid wisse über sie, und da hieß es unter anderem, die törichte Caroline habe sich im Mainzer Freiheitstaumel in einer «*Orgie*» ergangen und sich von einem Achtzehnjährigen ein Kind machen lassen. Außerdem habe sie in einem intimen Verhältnis mit Forster, dem Vater der Briefadressatin, gestanden; also, sie sei eine Ehebrecherin und falsche Freundin, dies nur als Vorbereitung auf die Begegnung mit ihr. Das war 1803, bevor die Damen sich nach langer Zeit und unter sehr veränderten Bedingungen wiedersahen, aber immer noch mit demselben gegenseitigen giftigen Stachel. *«Laß die Menschen treiben!»*, riet Therese der Göttinger Gefährtin von einst jetzt noch zum Abschluss aus Neuchâtel. Caroline nahm diesen Brief, wie er zu nehmen war, und fand den Ratschlag wahrscheinlich überflüssig.

Am 1. Juli 1796 heiratete sie in Braunschweig August Wilhelm Schlegel. Warum tat sie das? Aus Dankbarkeit, tief empfundener Freundschaft, um ihrer Tochter Auguste wieder einen festen Bezugsrahmen und einen Vater zu geben, vor allem aber aus dem Bewusstsein heraus, dass sie anders gesellschaftlich nicht mehr Fuß fassen konnte. Friedrich hatte das ja schon lange befördert und immer wieder gesagt: Durch eine Ehe mit seinem Bruder würde Caroline einen neuen Namen, also «eine neue Person annehmen», was ihre *«politische Lage»* völlig verändern würde. Anders gesagt: Ihre Ehre würde durch einen wackeren Ehemann wiederhergestellt. Schlimm genug, dass das so war und dass es anders offensichtlich nicht sein konnte. Aber ähnlich war es derzeit auch um die Schaffung einer gerechteren Weltordnung in Deutschland bestellt. Bis auf weiteres waren hier die Revolutionen verschoben. Das Nachwort dafür erteilen wir Georg Forster im Gedenken an seinen einsamen Tod in der Pariser Dachstubenwohnung. *«Es ist mir des Schreibens zuviel und des Handelns zu wenig in der Welt.»* Das hatte er am 2. Januar 1789 von Mainz aus an Fritz Jacobi geschrieben. In Frankreich war's andersherum, denn da wurde gerade ziemlich kopflos agiert und sehr wenig nachgedacht, und das machte die Sache nicht besser.

Jena
1796–1800

Am 8. Juli 1796 traf das Ehepaar Schlegel mit Carolines Tochter Auguste in Jena ein. Die Möglichkeit der Mitarbeit an Schillers Zeitschrift «Die Horen», dem «Musenalmanach» und der «Jenaer Allgemeinen Literatur-Zeitung» hatte August Wilhelm Schlegel nach Jena geführt, und so begann hier für ihn eine hochproduktive Phase als Rezensent, Übersetzer, Kritiker und Literaturtheoretiker, in die seine Frau vielfältig involviert war. Caroline war vor allem an der ersten Phase seiner Shakespeare-Übersetzungen beteiligt, bei denen er ihr sogar mitunter redaktionell letzte Hand ließ. Wilhelm dichtete auch – er verfasste Lyrik, Satiren, Balladen und das 1801 in Weimar uraufgeführte (leider durchgefallene) Schauspiel «Ion» –, doch die Dichtung, die genuine Literatur, war nicht das Feld, auf dem die Schlegel-Brüder brillierten. Das überließen sie letztendlich anderen Mitstreitern. Friedrich hatte sein Studium der Rechtswissenschaften abgebrochen und lebte bereits seit Jahren als freier Schriftsteller – anders als Wilhelm aber zeitweise ohne jegliches Einkommen und mitunter auch auf der Flucht vor seinen Gläubigern. *«Große Schulden, mußt Du wissen, wachsen wie Schneebälle»*, hatte er einmal seinem Bruder geschrieben. *«Und ich weiß nicht ob es Glück oder Unglück ist, daß sie großen Credit geben.»* Wie auch immer: Friedrich, der inzwischen zwei Jahre in Dresden im Hause seiner Schwester verbracht und dort den Plan gefasst hatte, aus der *«vollständige[n] Naturgeschichte des Schönen und der Kunst»*, die die Geschichte der griechischen Poesie sei, eine neue Literaturtheorie zu entwerfen, aufgebaut auf den Erkenntnissen der modernen Philosophie, fühlte sich zu einer Aufgabe berufen, die ihren Zweck in sich selbst hatte, und dem standen Verpflichtungen jeglicher Art, selbst Lehrverpflichtungen, überaus störend im Wege. An keinem Punkt wie an diesem, den Fragestellungen ästhetischer Theorie, wird so deutlich, dass die Weimarer Klassik eigentlich ganz natürlich in die Jenaer Romantik mündete, dass es kein Gegensatz und kein Kampfschauplatz war, sondern ein relativ fließender Übergang, aufgebaut auf dem «Alten» und ganz Alten, nämlich hier wie dort der als mustergültig hervorgehobenen, aber letztendlich doch zu überwindenden Antike, da nun einmal eine neue Zeit neue Stilvorgaben erforderte, zunächst jedenfalls eine Standortbestimmung. Die Ästhetischen Schriften von Friedrich Schiller in Jena, der Friedrichs Bruder zwecks Mitarbeit an den in Jena herausgegebenen Zeitschriften eingeladen hatte, verfolgten ähnliche literaturtheoretische Ziele wie Schlegels Aufsätze aus dieser Zeit, doch Schiller war älter als Friedrich Schlegel und philosophisch vor allem an Kant geschult. Die Philosophie, die in Jena den Deutschen Idealismus begründete, Fichte und Schelling und Schleiermacher, später auch Hegel, die war nicht mehr seine Ära. Von Weimar nach Jena, lediglich durch zwanzig Kilometer Landstraße getrennt, fand um 1800 ein Generationenwechsel der Literatur statt, hervorgerufen durch Literaturkritik und durch Philosophie, sicherlich aber auch durch ein neues Lebensgefühl, neue Lebensmodelle. Als Schiller schließlich 1799 von Jena nach Weimar zog, was mit seiner Freundschaft und Arbeitsgemeinschaft mit Goethe zu tun hatte und mit seinem inzwischen erworbenen Stand, war der Bruch mit der jungen Generation längst vollzogen, und dieser begann auf einer verblüffend persönlichen Ebene. Friedrich Schlegel kam nur wenige Wochen nach seinem Bruder und seiner Schwägerin im Spätsommer 1796 in Jena an. Er hatte zunächst seinen Freund Novalis im benachbarten Weißenfels aufgesucht und vage Ankündigungen über seine Ankunft und seine weiteren Pläne gemacht. Caroline und Wilhelm wohnten zunächst in einem Sommerhäuschen am Stadtrand und dann in einer Wohnung am Löbdergraben, am Roten Turm. Die Umgebung gefiel ihnen, und Caroline berichtete, sie machten jeden Abend schöne Spaziergänge. Das Studentenmilieu Jenas war allerdings etwas anderes als das gepflegte Milieu im Umkreis der Georgia Augusta. Caroline stellte fest, wie abgerissen die Studenten herumliefen und was für rauhe Sitten sie hätten. Im September vermerkte sie: *«Von der studierenden Jugend werd ich nichts gewahr, und ich bin wenigstens gesichert, daß sie mir die Fenster nicht einwerfen, da wir künftig über einen Hof hinüber wohnen.»* Das hatten die Studiosi nämlich vor nicht langer Zeit am Hause des Prorektors gemacht, und zwar als Protest gegen Maßnahmen der Weimarischen Regierung, der die Universität unterstand, die als subversiv eingestufte Studentenverbindungen auflösen ließ und einige Studenten zwangsexmatrikulierte. Staatsminister Goethe hatte das angeordnet. Darauf warfen die Studenten dem Prorektor die Scheiben ein, worauf sich bewaffnete Militäreinheiten und bewaffnete Studenten auf dem Markt gegenüberstanden. Also: Da ging es recht wild zu. Die wilde akademische Jugend und die jungen Wilden der Literatur. Eigentlich passte das gut. Die Schlegels verkehrten naturgemäß mit den Jenaer Professorenfamilien, den Loders, den Hufelands, Fichtes, Niethammers, dem Ehepaar Paulus und Schütz. Caroline war nicht sehr begeistert von den Kaffeekränzchen der Professorengattinnen, denn das war nicht ihr intellektuelles Niveau; sie kannte das ja aus Göttingen. Außerdem war sie sich vollkommen bewusst, dass sie sich auch in dieser Kleinstadtwelt – und das war Jena natürlich auch – sehr vor schlechter Reputation, Klatsch und Tratsch hüten musste, denn da war sie gefährdet, und so beschränkte sie diese Gesellschaftskontakte aufs Allernotwendigste. Wie wankend ihre gesellschaftliche Stellung, auch als Wilhelms Frau, nach wie vor war, zeigt schon die Tatsache, dass Wilhelm seinen Bruder Friedrich im Vorjahr nicht in Begleitung Carolines in Dresden besuchen konnte, da das sächsische Ministerium ihren Aufenthalt in Dresden nicht duldete. Schiller hatte den älteren Schlegel-Bruder nach Jena geholt. Zwischen Schiller und dem jüngeren Schlegel-Bruder gab es aber bald ein Zerwürfnis, in dem Caroline eine gewisse, wenn auch wohl keine ursächliche Rolle spielte, da literarische Animositäten den Streit begründeten. Die Weimarer Klassiker Goethe und Schiller in ihrer hochproduktiven Arbeitsgemeinschaft hatten im Jahr vor der Ankunft der Schlegels, Ende Dezember 1795, damit begonnen, kleine giftige «Gastgeschenke» («Zahme Xenien») zu sammeln, und in diesen Versen, die sie im Folgejahr unter die Leute brachten, rechneten sie mit so einigem ab: mit dem Zeitgeist und mit der literarischen Öffentlichkeit, mit den Literaturkritikern, mit Modeschreiberlingen und rückständigen Aufklärungsliteraten, mit dem «*Franztum*» und mit dem deutschen Nationalismus, mit der «*Modephilosophie*» (besonders erheiternd: die Fichte-Satire: «*Ich bin ich, und setze mich selbst, und setz' ich mich selber Als nicht gesetzt, nur gut! setz' ich ein nicht-Ich dazu.*»), mit dem in Mode kommenden Subjektivismus der jungen Dichter (oder auch nicht mehr ganz jungen, mit Fritz Stolberg zum Beispiel, einst Goethes Weggefährte und Freund, jetzt einer derer, die das verkörperten, was Goethe einmal, sich brüsk abwendend von der «romantischen Schule» und ihren Auswüchsen, das «*katholisierende, klosterbruderisierende Unwesen*» nennen würde), mit Jean Paul, mit den Schlegel-Brüdern. Schiller war da viel bissiger. Die ganz scharfen Töne, vor allem gegen die Schlegels, stammen vermutlich von ihm (die Dioskuren haben ihre Schöpfungen in der Xenien-Sammlung nicht kenntlich gemacht; man kann also bis heute nur raten, welches Distichon jeweils von wem stammt). Auch hetzte Schiller da bereits gegen Wilhelms Frau Caroline, die er bis dato nur vom Hörensagen kannte. Das ging nicht gut, Schiller und Caroline, und genauso wenig ging es mit Caroline und Schillers Frau, einer geborenen Charlotte von Lengefeld, die durch die Heirat mit Schiller gesellschaftlich abgestiegen war und diese Tatsache wohl durch besonders stark aufgetragene Prätentionen im Bereich gesellschaftlicher Formvorgaben ausgleichen musste. Caroline hatte ein loses Mundwerk. Sie hegte vor niemandem, auch nicht vor großen Dichtern, eine Ehrfurcht per se, und sie besaß einen unabhängigen Geist, auch die Größe, zu ihren Fehlern, zu allen Tiefen und Untiefen ihres unorthodoxen Weges zu stehen. Das kam nicht gut an bei den Schillers, so angenehm überrascht, wie Schiller bemerkt, er beim persönlichen Kennenlernen auch zunächst von ihr war. In einem der Distichen heißt es (vor der Begegnung):

Unter vier Augen
Viele rühmen, sie habe Verstand; ich glaub's, für den einen,
Den sie jedesmal liebt, hat sie auch wirklich Verstand.

Natürlich ist es nicht nachweisbar, ob damit tatsächlich Caroline gemeint ist. Aber es würde zu dem passen, was Schiller vorher und nachher explizit über sie sagte. Oder auch: *«An Madame B*** und ihre Schwestern»* (gewohnheitsmäßig noch immer die *«Böhmerin»*, über die sich nach Königstein Deutschland das Maul zerriss):

> Jetzt noch bist du Sibylle, bald wirst du Parze, doch fürcht' ich,
> Hört ihr alle zuletzt gräßlich als Furien auf.

Also: Sie sei eine Intrigantin und eine Blenderin, eine mit wechselnden Männerbeziehungen (unausgesprochen ja auch: eine revolutionäre Sympathisantin) und eine Pseudo-Muse für arme, verblendete Männer, die ihre Falschheit und ihre Gefahr nicht bemerkten, auf jeden Fall eine Frau mit viel zu viel Einfluss, was offenbar immer verderblich ist. Das passt ganz zum Diktum der *«Dame Luzifer»*, das Schiller und seine Frau später in Umlauf brachten. Schiller kam aus kleinen Verhältnissen. Der leicht provinzielle Hauch, der ihn immer umwehte, wurde vielleicht durch ein unmäßiges Pathos überkompensiert, vor allem in seinem dramatischen Werk, seiner Weltanschauung mit der ausgesprochenen Freiheitsemphase und in gelegentlichen Rezitationen, was manchmal auch ziemlich komische Wirkungen zeitigte. Friedrich Schlegel, der junge Dichter-Kollege, fand einen aktuell werkbezogenen Anlass, um sich über ihn zu mokieren, nachdem es schon vorher in Literatenkreisen gewisse Widerstände gegeben hatte, dass Goethe und Schiller in ihren ideell-ästhetischen Stilvorgaben ihrer klassischen Ära eine allgemeine Verbindlichkeit formulierten, die auch noch den Anspruch erhob, überzeitlich zu sein. Schlegels Polemik betraf Schillers Gedicht: «Würde der Frauen», eine wirklich unsägliche Produktion, was die aneinandergereihten Weiblichkeitsklischees und die spießbürgerliche Idylle betrifft. Es beginnt:

> «Ehret die Frauen! sie flechten und weben
> Himmlische Rosen ins irdische Leben,
> Flechten der Liebe beglückendes Band.
> Und in der Grazie züchtigem Schleier
> Nähren sie wachsam das ewige Feuer
> Schöner Gefühle mit heiliger Hand.

Ewig aus der Wahrheit Schranken
Schweift des Mannes wilde Kraft;
Unstät treiben die Gedanken
Auf dem Meer der Leidenschaft;
Gierig greift er in die Ferne,
Nimmer wird sein Herz gestillt;
Rastlos durch entlegne Sterne
Jagt er seines Traumes Bild.

Aber mit zauberisch fesselndem Blicke
Winken die Frauen den Flüchtling zurücke,
Warnend zurück in der Gegenwart Spur.
In der Mutter bescheidener Hütte
Sind sie geblieben mit schamhafter Sitte,
Treue Töchter der frommen Natur.»

Es geht bekanntlich noch weiter, und das Gedicht endet gleichsam (wenn auch nicht ausdrücklich) am heimischen Herd. Schlegel schrieb eine vernichtende Rezension dazu, und Wilhelm, sein Bruder, verfasste eine köstliche Parodie auf Schillers Gedicht, das wie folgt loslegt:

«Ehret die Frauen! Sie stricken die Strümpfe
Wohlig und warm, zu durchwaten die Sümpfe,
Flicken zerrissene Pantalons aus.
Kochen dem Manne die kräftigen Suppen,
Putzen den Kindern die niedlichen Puppen,
Halten mit mäßigem Wochengeld haus [...]»

Drei Jahre später, am 21. Oktober 1799, schrieb Caroline an ihre abwesende Tochter Auguste, über ein Gedicht von Schiller, nämlich das «Lied von der Glocke», seien sie gestern fast von den Stühlen gefallen vor Lachen. Sein Streit mit Schiller war letztlich der Auslöser für Friedrich Schlegel, im Juni 1797 nach Berlin überzusiedeln. Diese Ablehnung bezog sich aber keineswegs auch auf Goethe. Die Jenaer Romantiker brachten Goethe eine große Verehrung entgegen, da sie ihn für eine Verkörperung «modernen Griechentums» hielten, für die Vollendung des naiven Dichters in sentimentalischen Zeiten, um mit Schillers Begriffen zu sprechen. Vor allem den «Wilhelm Meister»-

Roman empfanden sie als zukunftsweisende Literatur. In seinem berühmten Athenäums-Fragment bezeichnet ihn Friedrich Schlegel als eine der großen Tendenzen des Zeitalters neben Fichtes Wissenschaftslehre und der Französischen Revolution. Goethe, der das Zerwürfnis zwischen den jungen Wilden in Jena und Schiller bedauerte und der Sympathien für alle drei Schlegels hegte, war sowieso überzeugt, eine Figur der Synthese zu sein und diese ganzen unerfreulichen Divergenzen olympierhaft ausgleichen zu können. Am 17. Juli 1796 – da waren die Schlegels erst seit ein paar Tagen in Jena, gewissermaßen gerade eingezogen und noch ohne Vorhänge, nur mit «*kleinen grauen Läppchen*» vor den Fenstern – erschien plötzlich der Herr Geheimrat Goethe aus Weimar zu einem spontanen Besuch, als Caroline gerade alleine zu Hause war. Unangemeldet, so sagt sie, hätte sie ihn gar nicht erkannt, so «*stark*» sei er in den letzten drei Jahren geworden. «*Er war gar freundlich, freute sich, mich in so angenehmen Verhältnissen zu treffen, sagte viel schönes von Schlegel, bis dieser selbst kam.*» An ihren Schwiegervater schrieb sie: «*Göthe hat den letzten Theil des Wilh. Meister, hinter sich aufs Pferd gebunden (denn er reitet troz seiner Corpulenz wacker darauf los), in Manuscript herüber gebracht.*» Das war wirklich eine Ehre. Caroline durfte das Manuskript lesen, noch bevor es ein anderer zu lesen bekam, Schiller eingeschlossen, dem er aber wohl eine Zweitfassung eingepackt hatte, denn er war gerade auf dem Wege zu ihm. Schiller hat sich darüber geärgert, dass die Schlegels das Manuskript vor ihm bekamen und dass sie es überhaupt bekamen, bevor es gedruckt war. Ärgerlicherweise übertrug Schiller seine feindliche Haltung gegen Friedrich Schlegel, der sich in immer mehr Beiträgen mit Spitzen gegen Schiller, seine Zeitschrift «Die Horen» und den «Musenalmanach» wandte, irgendwann aber auch auf dessen Bruder Wilhelm, und das fand dieser ungerecht, hatte er sich doch derart gar nicht geäußert. Er hätte gerne an seinen Aufsätzen, Rezensionen und Übersetzungen für Schillers Organe weitergearbeitet, was dieser ihm aber nun endgültig aufkündigte. Der Bruch war damit vollzogen. Es scheint, als ob «*Dame Luzifer*» da als Vorwand für etwas herhalten musste, was ganz andere Ursachen hatte und was die Herren schon unter sich alleine aushandelten. Dass Schiller auch auf persönlichster Ebene lästern konnte, sehr weit unter der Gürtellinie und je nachdem, wo er selbst gerade gesellschaftlich positioniert war, erkennt man auch an den ressentimentgeladenen und ziemlich giftigen Ausfällen gegen Goethe – natürlich nicht an ihn, sondern nur über ihn –, als Schiller noch nicht zur Weimarer Szene gehörte, sondern dort nur Debütant war und den Älteren, Gefeierten und Privilegierten, der gerade noch in Italien bei vollem Ministergehalt unter südlicher Sonne weilte, glühend beneidete. Caroline aber war in diesem Fall gar nicht besonders parteiisch, denn sie wusste ja, dass das zum Spiel gehörte; sie kannte das alles aus ihrer Jugend in Göttingen. Ihr loses Mundwerk oder auch ihre spitze Feder jedenfalls richtete sich durchaus nicht nur gegen Leute, die ihr gerade feindlich gesonnen waren. «*Göthe ist jezt wieder hier und läßt das Theater arrangiren*», schrieb sie zwei Monate nach dem Spontanbesuch an ihre Freundin Luise in Gotha, «*sonst giebt er sich diesmal viel mit Raupen ab, die er todt macht und wieder auferweckt. – Wenn Du den Allmanach siehst, so wirst Du auch sehn, wie er sich seither mit dem Todschlagen abgegeben hat. Er ist mit einer Fliegenklappe umhergegangen, und wo es zuklappte, da wurde ein Epigramm. Schiller hat ihm treulich geholfen, sein Gewehr giebt keine so drollige Beute von sich, aber ist giftiger.*»

Eigentlich gefiel es Caroline in Jena sehr gut. Besonders der erste Sommer atmete Ruhe und Frieden in ihren Briefen, die Freude, an einem Ort angekommen zu sein, der versprach, ihr ein neues Zuhause zu werden. Am 2. August 1796 schrieb Schwager Friedrich aus Dürrenberg, wo er wieder bei seinem Freund Novalis, Friedrich von Hardenberg, weilte: «*Heute ists drey Jahr, daß ich Sie zu erst sah. Denken Sie, ich stände vor Ihnen, und dankte Ihnen stumm für Alles, was Sie für mich und an mir gethan haben. – Was ich bin und seyn werde, verdanke ich mir selbst; daß ich es bin, zum Theil Ihnen.*» Schwager Friedrich schrieb gerade an einem Roman, der drei Jahre später veröffentlicht wurde, und hier hielt die Freundin gebührenden Einzug, so, wie er sie damals erlebt hatte, in den denkwürdigen Tagen von Leipzig und Lucka. Der Autor vermochte es, über das Bild von der damaligen Bedrängnis der Freundin und die ziemlich ungewöhnliche Situa-

Novalis.
Stahlstich nach einem Gemälde von Franz Gareis.

tion hinweg ihr Porträt zu entwerfen, in aller Freiheit und Leichtigkeit, in der er sie sah und immer gesehen hatte. Der Romanheld seiner «Lucinde» legt seiner leidenschaftlich geliebten Frau Rechenschaft über seine Vergangenheit ab: Ausschweifungen, Abenteuer, Sinnsuche, seelische Abgründigkeiten, Welt- und Menschenerfahrungen, Lebensüberdruss, den ganzen schmerzlichen Weg der Erkundung des eigenen Selbst. Dieser sinnliche, hochsensible und durchaus gefährdete Protagonist, der am Ende die Vision entwirft von der *«Vollendung des Männlichen und Weiblichen zur vollen ganzen Menschheit»* und diese Vollendung in seiner Liebe zu Lucinde erfährt, eine wunderbare, Geist, Sinne und Seele umfassende Liebe, erlangte doch durch eine andere Frau auf dem Wege dorthin eine Art Heilung von seiner Zerrissenheit, und das ist die *«erhabene Freundin»*, die er in diesem Sinne verewigt. Gerade hat er eine reichlich extreme Erfahrung mit einer exzentrischen Kurtisane gemacht und muss sich von dieser Erfahrung erholen. «*Auch diese Krankheit wie alle vorigen heilte und vernichtete der erste Anblick einer Frau die einzig war, und die seinen Geist zum erstenmal ganz und in der Mitte traf. Seine bisherigen Leidenschaften spielten nur auf der Oberfläche, oder es waren vorübergehende Zustände ohne Zusammenhang. Jetzt ergriff ihn ein neues unbekanntes Gefühl, daß dieser Gegenstand allein der rechte, und dieser Eindruck ewig sei. Der erste Blick schon entschied, beim zweiten wußte er's, und sagte sich's, daß es nun gekommen, und wirklich da sei, was er so lange dunkel erwartet hatte. Er erstaunte, und erschrak, denn wie er dachte, daß es sein höchstes Gut sein würde, von ihr geliebt zu werden und sie ewig zu besitzen, so fühlte er zugleich, daß dieser höchste und einzige Wunsch ewig unerreichbar sei. Sie hatte gewählt und hatte sich gegeben, ihr Freund war auch der seinige, und lebte ihrer Liebe würdig. Julius war der Vertraute, er wußte daher alles genau, was ihn unglücklich machte, und urteilte mit Strenge über seinen eignen Unwert. Gegen diesen wandte sich die ganze Kraft seiner Leidenschaft. Er entsagte der Hoffnung und dem Glück, aber er beschloß, es zu verdienen, und Herr über sich selbst zu werden. Nichts verabscheute er so sehr, als den Gedanken, das Geringste von dem was ihn erfüllte, auch nur durch ein undeutliches Wort, durch einen verstohlnen Seufzer zu verraten. Gewiß wäre auch jede Äußerung widersinnig gewesen, und da er so heftig, sie so fein, und das Verhältnis so zart war, hätte ein einziger Wink, von denen, die unwillkürlich scheinen, und doch bemerkt sein wollen, immer weiter führen, und alles verwirren müssen. Darum drängte er alle Liebe in sein Innerstes zurück, und ließ da die Leidenschaft wüten, brennen und zehren; und so gut gelang ihm der Schein der kindlichsten Unbefangenheit und Unerfahrenheit und einer gewissen brüderlichen Härte, die er annahm, damit er nicht aus dem Schmeichelhaften ins Zärtliche fallen möchte, daß sie nie den leisesten Argwohn schöpfte. Sie war heiter und leicht in ihrem Glück, sie ahndete nichts, scheute also nichts, sondern ließ ihrem Witz und ihrer Laune freies Spiel, wenn sie ihn unliebenswürdig fand. Überhaupt lag in ihrem Wesen jede Hoheit und jede Zierlichkeit, die der weiblichen Natur eigen sein kann, jede Gottähnlich-*

keit, und jede Unart, aber alles war fein, gebildet, und weiblich. Frei und kräftig entwickelte und äußerte sich jede einzelne Eigenheit, als sei sie nur für sich allein da, und dennoch war die reiche, kühne Mischung so ungleicher Dinge im Ganzen nicht verworren, denn ein Geist beseelte es, ein lebendiger Hauch von Harmonie und Liebe. Sie konnte in derselben Stunde irgend eine komische Albernheit mit dem Mutwillen und der Feinheit einer gebildeten Schauspielerin nachahmen, und ein erhabenes Gedicht vorlesen mit der hinreißenden Würde eines kunstlosen Gesanges. Bald wollte sie in Gesellschaft glänzen und tändeln, bald war sie ganz Begeisterung, und bald half sie mit Rat und Tat, ernst, bescheiden und freundlich wie eine zärtliche Mutter. Eine geringe Begebenheit ward durch ihre Art sie zu erzählen so reizend wie ein schönes Märchen. Alles umgab sie mit Gefühl und mit Witz, sie hatte Sinn für alles, und alles kam veredelt aus ihrer bildenden Hand und von ihren süß redenden Lippen. Nichts Gutes und Großes war zu heilig oder zu allgemein für ihre leidenschaftlichste Teilnahme. Sie vernahm jede Andeutung, und sie erwiderte auch die Frage, welche nicht gesagt war. Es war nicht möglich, Reden mit ihr zu halten; es wurden von selbst Gespräche und während dem steigenden Interesse spielte auf ihrem feinen Gesichte eine immer neue Musik von geistvollen Blicken und lieblichen Mienen. Dieselben glaubte man zu sehen, wie sie sich bei dieser oder bei jener Stelle veränderten, wenn man ihre Briefe las, so durchsichtig und seelenvoll schrieb sie, was sie als Gespräch gedacht hatte. Wer sie nur von dieser Seite kannte, hätte denken können, sie sei nur liebenswürdig, sie würde als Schauspielerin bezaubern müssen, und ihren geflügelten Worten fehle nur Maß und Reim, um zarte Poesie zu werden. Und doch zeigte eben diese Frau bei jeder großen Gelegenheit Mut und Kraft zum Erstaunen, und das war auch der hohe Gesichtspunkt, aus dem sie den Wert der Menschen beurteilte. Diese Größe der Seele war die Seite, von der Julius im Anfange seiner Leidenschaft ihr Wesen am meisten ergriff. […] Die Vergötterung seiner erhabenen Freundin wurde für seinen Geist ein fester Mittelpunkt und Boden einer neuen Welt.»

Das ist sehr schmeichelhaft, und nicht nur für das lebende Urbild,

Lucinde.

Ein Roman

von

Friedrich Schlegel.

Erster Theil.

Berlin.
Bei Heinrich Frölich.
1799.

Titelblatt von Friedrich Schlegels Roman «Lucinde»

sondern für die Frauen im Allgemeinen, an denen sich dieser schwierige Held abarbeitet, in «Lehrjahre[n] der Männlichkeit», wie ein zentrales Kapitel des Buches tituliert ist. Die Behauptung der vollendeten weiblichen Natur, die im Einklang steht mit sich und der Welt, während der Mann lebenslang sucht, das Geheimnis des Lebens sich ihm aber allenfalls (und nur episodenhaft, wie es scheint) über die Frauen erschließt, impliziert jedoch auch, dass Frauen nie suchen, zerrissen sind oder Widersprüche empfinden, also auch eigentlich keine Steigerungen durchlaufen, die sie zu grenzüberschreitenden und daher Neuland erschließenden Erkenntnissuchenden machen, wie sie besonders in der abendländischen Tradition zu so einsamer Größe gelangt sind als Pioniere des Wissens, die die Menschheit vorantreiben. Sie werden zu Projektionsflächen des sich selbst erforschenden Mannes, und am Ende erfüllen sie eine Komplementärfunktion: den Mann zu ergänzen und ganz in ihm aufzugehen. So sehr unterscheidet sich das nicht von den Konzepten von Schlegels Vorgängern. Schlegel zeichnet nur einen viel weiteren Horizont und folglich weitere Handlungsspielräume in den fruchtbaren und schönen Beziehungen der Geschlechter. Er hinterfragt den bürgerlichen Moralkodex und seine Vorurteile, kehrt ihn mitunter um, wenn er zum Beispiel feststellt, dass ein Mann, der seine Geliebte sexuell nicht befriedige, der Ehe nicht würdig sei oder dass man die «Tugend» der Frauen nicht künstlich schützen müsse, da diese schon selbst ein sicheres und feines Gespür dafür hätten, und wenn sie sich sexuell einließen, dann aus einem natürlichen Instinkt heraus, den der Romanheld eigentlich mit der Ehe ineins setzt, ob nun der Segen der Kirche, so klingt es an, darüber gesprochen ist oder nicht (und wie lange es dann auch immer dauern möge, mag man hinzufügen). Der Roman wurde zum Skandalon, und zwar, weil er angeblich die Libertinage verherrlicht, und wegen seiner darin enthaltenen Freizügigkeiten. Uns, die wir wirklich anderes gewohnt sind, vermag das kaum aus den Stühlen zu hauen, aber es war 1799 durchaus etwas Neuartiges, wenn in der Literatur (nicht in unter der Hand verbreiteter pornographischer Literatur) Sex und Sinnlichkeit thematisiert wurden, wie dezent und kunstvoll auch immer. «*Ein Libertin mag verstehen mit einer Art von Geschmack den Gürtel zu lösen. Aber jenen höheren Kunstsinn der Wollust, durch den die männliche Kraft erst zur Schönheit gebildet wird, lehrt nur die Liebe allein den Jüngling. Es ist Elektrizität des Gefühls, dabei aber im Innern ein stilles leises Lauschen, im Äußern eine gewisse klare Durchsichtigkeit, wie in den hellen Stellen der Malerei, die ein reizbares Auge so deutlich fühlt. Es ist eine wunderbare Mischung und Harmonie aller Sinne: so gibt es auch in der Musik ganz kunstlose, reine, tiefe Akzente, die das Ohr nicht zu hören, sondern wirklich zu trinken scheint, wenn das Gemüt nach Liebe durstet.*» So etwas schockierte damals die literarische Öffentlichkeit. Vielleicht waren es auch Erzählepisoden wie die von der quasi-Kurtisane Lisette, die die Gemüter erhitzten, zumal der Autor diese eigentlich monströse und randständige Figur nach bürgerlichen

Begriffen mit eindrucksvollen und auch sympathischen Eigenschaften ausstattete. Neben ihrer Unabhängigkeit liebt Lisette nichts so sehr wie das Geld – das sie allerdings gut zu verwenden weiß, auch, so es ansteht, gegenüber Bedürftigen. Wenn sie gerade keine ausgesuchte Kundschaft empfängt, weilt sie lasziv in ihrem luxuriösen und schwülen Boudoir, das mit kostbaren Spiegeln von allen Seiten, mit echten orientalischen Teppichen, Kopien wollüstiger Gemälde von Correggio und Tizian sowie Marmorgruppen mit ebenso einschlägiger Motivik ausgestattet ist. *«Hier saß sie oft auf türkische Sitte Tage lang allein und die Hände müßig im Schoß, denn sie verabscheute alle weiblichen Arbeiten. Sie erfrischte sich nur von Zeit zu Zeit mit Wohlgerüchen und ließ sich dabei von ihrem Jockey, einem bildschönen Knaben, den sie sich in seinem vierzehnten Jahre eigens verführt hatte, Geschichten, Reisebeschreibungen und Märchen vorlesen.»* Das war nicht unbedingt das Bild, das man jungen Mädchen in den moralischen Wochenzeitschriften für das schöne Geschlecht als weibliches Ideal vorführen wollte. Es war einfach schockierend. Lisettes Geschichte endet indessen höchst tragisch. Julius, der zu ihren bevorzugten Kavalieren gehört, auch nahezu kostenlos von ihr beglückt wird, erhält eines Tages von ihr die Eröffnung, dass sie von ihm schwanger sei. Da fühlt sich der holde Jüngling betrogen, weiß er doch, dass die nahezu öffentliche Dame noch mit anderen Herren verkehrt hat, und er verabschiedet sich auf Nimmerwiedersehen. Kaum zu Hause angekommen, holt ihn dann aber Lisettes Page mit Tränen und Klagen zurück. Julius findet die Herrin nur noch in ihren letzten Zügen liegend. Sie hat sich mit einem Messer zahlreiche Stiche versetzt, denen sie kurze Zeit später erliegt. Wieder eine tragische Heldin von der eigentlich souveränen Kategorie, die mit ihrem Autonomiestreben nicht sehr weit kam.

Schlegels Ruf behielt durch dieses Buch lebenslang eine anrüchige Note. Dabei hätte er sich in seiner Lust an der Provokation durchaus bestätigt gefühlt, wenn man zum Beispiel seine Theorie des romantischen Kunstwerks in dem Roman verwirklicht gefunden und diskutiert hätte, eine ganz und gar neuartige Theorie, die er in seiner 1798 gegründeten Zeitschrift: «Athenäum» entwickelt hatte. Dabei geht es um die Unendlichkeit, idealistischen Universalismus und um das damit korrespondierende offene Kunstwerk. «*Romantische Poesie*», so Schlegel im 116. Athenäums-Fragment, «*ist eine progressive Universalpoesie*», dazu ausersehen, «*alle getrennten Gattungen der Poesie wieder zu vereinigen und die Poesie mit der Philosophie und Rhetorik in Berührung zu setzen*». Sie bleibt notwendig Fragment, ist sie doch einem gänzlich gewandelten Weltempfinden geschuldet. «*Alle heiligen Spiele der Kunst sind nur ferne Nachbildungen von dem unendlichen Spiele der Welt, dem ewig sich bildenden Kunstwerk.*» Entsprechend findet sich in Schlegels «Lucinde» keine kohärente Handlung und keine Charakterentwicklung. Ganz verschiedenartige, kaum, manchmal auch gar nicht verbundene Textstücke werden lose aneinandergereiht, und was der in dieser Art Literatur ungeübte Leser serviert bekommt, ist «*systematisches Chaos*», wobei der Eindruck für viele eher bei Letzterem blieb. Dafür war die Zeit noch nicht reif. Schlegels experimenteller Roman, nur der Rückblick eines liebenden Ehemannes auf seine wilde und zeitweise orientierungslose Vergangenheit sowie der Lobpreis seiner für unsterblich gehaltenen Liebe, endet in einem Dithyrambus auf die Unendlichkeit, und die Geschichte von Julius und Lucinde endet eigentlich damit, dass Lucinde ihrem geliebten Julius gesteht, dass sie ein Kind erwartet. So – oder früher noch – enden gemeinhin die Märchen, und der prosaische Alltag beginnt. Aber die Mutterschaft, ein Mysterium, wie es die Vaterschaft niemals sein kann (so lässt es jedenfalls der Autor anklingen), ist hier freilich von hochsymbolischer Bedeutung. Sie ist Alpha und Omega, das Geheimnis des Lebens, Sinnbild fürs Weibliche überhaupt und Ausdruck des ewigen Gestaltenwandels in der Natur. Wieder sind wir bei der Unendlichkeit. Aber sie wird doch verknüpft mit den zukunftsgerichteten und bestanderhaltenden Werten der Bürgerlichkeit. Julius wird sesshaft als werdender Vater, kauft ein Landgut, kümmert sich mit Lucinde um die Wirtschaft und um die Einrichtung, und auf dem Rasenplatz vor dem Haus, umrahmt von den nicht beschnittenen Weinreben, da soll das Kleine dann spielen und treiben. «*Ich will mich aufbauen auf der Erde, ich will für die Zukunft und für die Gegenwart säen und ernten. […]Leichtsinnig lebte ich über die Erde weg, und war nicht einheimisch auf ihr. Nun hat das Heiligtum der Ehe mir das Bürgerrecht im Stande der Natur gegeben.»* Also was wollte man eigentlich? Das ist ein Bekenntnis zu den tradierten Werten, ein Bekenntnis zu ehelicher und elterlicher Verantwortung, zur Verwurzelung und zum Leben in der bürgerlichen Gemeinschaft. Nur die Vorgeschichte ist eine andere und die Vorstellung von der Ehe als sinnliche und geistige Lebensverbindung – *in freier Wahl.* Liebe als Religion. Und anders als im bürgerlichen Leben steht sie für sich. *«Freilich wie die Menschen so leben, ist es etwas anders. Da liebt der Mann in der Frau nur die Gattung, die Frau im Mann nur den Grad seiner natürlichen Qualitäten und seiner bürgerlichen Existenz, und beide in den Kindern nur ihr Machwerk und ihr Eigentum.»* Natürlich war es ein revolutionäres Konzept, weil es den individuellen Menschen, Mann und Frau, als sinnlich-geistig-seelische Einheit über die sozialen Übereinkünfte stellte. Eine solche «Ehe» war wirklich eine freie Lebensgemeinschaft. Das Wort hat eine metaphorische Bedeutung in Schlegels Roman, ist reine Gefühls- und Gewissensentscheidung, und in der Tat ist nirgends ausdrücklich davon die Rede, dass Lucinde und Julius mit Trauschein verbunden sind. Ob die hiermit bekundete, erstmals bekundete romantische Liebe ein Garant für die Ewigkeit ist, überlässt der romantische Autor dem romantischen Leser und seinen romantischen Sehnsüchten. Friedrich jedenfalls hatte die Frau seines Lebens gefunden.

Im Salon der Henriette Herz in Berlin traf Friedrich im Spätsommer 1797 Dorothea Veit, die Tochter des großen jüdischen Gelehrten und Aufklärungsphilosophen Moses Mendelssohn, die mit einem ungeliebten Mann verheiratet worden war und in den jüdischen Salons der preußischen Hauptstadt, hauptsächlich denen ihrer Freundinnen Henriette Herz und Rahel Levin, ihren geistigen und geselligen Neigungen nachging. Brendel Veit, die einige Jahre zuvor ihren jüdischen Vornamen abgelegt und sich Dorothea genannt hatte, war ein herber Typ; ihr Porträt zeigt fast männliche Züge. Das ist interessant, nicht zuletzt für Friedrichs Phantasien von Androgynie. Sie war außerdem neun Jahre älter als er. Da Friedrich alles andere als das bürgerliche Modell anstrebte: Heirat mit einer reizenden jugendlichen Braut, die zu ihrem

Dorothea Veit. Pastellporträt von 1798

Mann aufschaut und mindestens zehn Jahre jünger ist, wie es unter Gelehrten durchaus auch üblich war, Etablierung, Familiengründung, verbunden mit Amt und Würden, nimmt es nicht wunder, dass er auch hier eine ganz und gar unbürgerliche Variante bevorzugte. Die Frau war Jüdin. Die Frau war neun Jahre älter als er. Sie war nicht schön, aber imposant, tiefsinnig, geistreich, voller Ecken und Kanten. Und sie war verheiratet – «gut» verheiratet nach den Maßstäben der Gesellschaft, denn durch ihren Gatten, den erfolgreichen Kaufmann Simon Veit, dessen Familie sogar ein Bankhaus gegründet hatte, gehörte sie zur jüdischen Oberschicht. Simon Veit war ein toleranter Ehemann, der seine Frau aufrichtig liebte und ihr zuliebe sogar literarische Leseabende aufsuchte, obwohl ihn das quälte, doch das konnte an Dorotheas Unglück nichts ändern. Sie hatten zwei Söhne: Jonas und Philipp. Die unglückliche Dorothea, die einst wegen der *«Plattheit und Hohlheit»* ihres zukünftigen Gatten von Wilhelm von Humboldt bemitleidet worden war, der seiner eigenen Braut damals schrieb, da werde eine herrliche Blüte mutwillig zerstört, hatte gerade eine Affäre mit einem durchreisenden Adeligen hinter sich. Das war Eduard d'Alton, ein charmanter und entzückender Weltmann, der nicht nur in Dorotheas eigenes Werk Einzug hielt, in den Roman «Florentin», sondern wahrscheinlich auch das Vorbild für den gleichnamigen Eduard in Goethes «Wahlverwandtschaften» war, denn Goethe fand diesen Mann ebenfalls hinreißend. Weltmänner waren in Deutschlands Intellektuellenkreisen schon etwas Seltenes, selbst in den mondäneren Kreisen der weiblich-jüdischen Intelligenz, die damals in Berlin in punkto Geselligkeit und Geist den Ton angaben. Außerdem hatte Goethe hier seine glühendsten Verehrer, bevor die Jenaer Romantiker sich programmatisch positionierten. Friedrich Schlegel war nun kein Weltmann, aber ein Bohemien, ein chaotischer, geistreicher Hitzkopf, mittellos, wie man nur sein konnte, ein leidenschaftlicher literarischer Visionär und damit ein Grenzgänger, der also alles verkörperte, was Dorothea in ihrem bisherigen Leben vermisste, dessen gesellschaftliche Maßstäbe im jüdischen Kontext auch nicht wesentlich anders waren als unter Christen. Als sie später mit Schlegel durchbrannte und ihren Mann sitzen ließ, hieß es, ihr Vater, Moses Mendelssohn, würde sich im Grabe umdrehen. Doch Moses Mendelssohn stand schließlich auch für Emanzipation, jüdische Emanzipation, bei all seinem freundlichen und zurückhaltenden, beinahe demütigen Naturell. Dass Dorothea weiter ging, so viel weiter ging, und die jüdische Emanzipation mit der Emanzipation der Frau und des Bürgertums verband, hätte sich der Philosoph Mendelssohn, Lessings Freund und Vorbild für seinen «Nathan», der sie ja in die Ehe mit Veit gezwungen hatte, sicher nicht träumen lassen, und was Dorothea tat, war auch erst möglich nach dem Tod ihres Vaters. Die Freiräume dieser Salons jedenfalls, deren gesellschaftliche Besonderheit darin bestand, dass hier Menschen aller Klassen und Stände: Männer und Frauen, Aristokraten und Bürger, Juden und Christen, Militärs, Studenten und Schriftsteller, Schauspieler, Kaufleute und Diplomaten auf eine informelle Weise zum Austausch zusammenkamen, veranlasste in Berlin eine ganze Reihe von Frauen aus diesem Milieu, ebenfalls auszubrechen und sich von ihren Männern zu trennen. Die Bezugsgrößen dieser Ausbrüche waren hier dreierlei: aus dem traditionellen Judentum, aus den festen moralischen Maßstäben der Bürgerlichkeit – wenn Juden auch bis dato keine

Bürgerrechte besaßen, so hatten sie doch weitgehend die Wertvorstellungen übernommen –, und aus dem Patriarchat (vordergründig zumindest). Im Falle Dorotheas wurde das Spektrum vollständig abgedeckt, und wenige gingen wahrscheinlich ein solches Wagnis wie sie ein, als sie nach ihrer Scheidung von Veit in freier Liebe mit dem freischaffenden Schriftsteller Friedrich Schlegel zusammenlebte, immerhin anständig abgefunden von ihrem Ex-Ehemann, sodass sie nicht völlig mittellos war, der Nachrede der bürgerlichen Gesellschaft, christlich wie jüdisch, ausgesetzt, und schließlich noch als weibliche Hauptperson eines Skandalromans, in dem nicht weniger als ihre und Friedrichs erotische Vorlieben thematisiert wurden, die allerdings ziemlich aufschlussreich sind. In dem Abschnitt «Dithyrambische Fantasie über die schönste Situation» finden wir die schon erwähnte androgyne Allegorie plastisch und exemplarisch: *«Eine unter allen [Situationen der Freude] ist die witzigste und die schönste: wenn wir die Rollen vertauschen und mit kindischer Lust wetteifern, wer den andern täuschender nachäffen kann, ob dir die schonende Heftigkeit des Mannes besser gelingt, oder mir die anziehende Hingebung des Weibes. Aber weißt du wohl, daß dieses süße Spiel für mich noch ganz andre Reize hat als seine eignen? Es ist auch nicht bloß die Wollust der Ermattung oder das Vorgefühl der Rache. Ich sehe hier eine wunderbare sinnreich bedeutende Allegorie auf die Vollendung des Männlichen und Weiblichen zur vollen ganzen Menschheit. Es liegt viel darin, und was darin liegt, steht gewiß nicht so schnell auf wie ich, wenn ich dir unterliege.»*

Aber das war keine Allegorie auf ihr gemeinsames Leben. Dieser Geistesabenteurer, der erzählende Autor, war viel zu vereinnahmend, egoman und zerklüftet, um seine Theorien und Vorlieben in dieser Weise wörtlich zu nehmen. An Heirat dachte er zunächst überhaupt nicht. Dafür hatte er prinzipiell keinerlei Sympathie; die bürgerliche Ehe war ihm einigermaßen verhasst. Vielleicht war er auch überfordert und überrumpelt von Dorotheas Entschluss, sich von Veit scheiden zu lassen. Bezeichnenderweise tat sie das nämlich, als Friedrich mit Wilhelm und Caroline in Dresden war. Das war im Sommer 1798, ein Jahr nach dem Kennenlernen. Für Dorothea war dieses Jahr eine quälende Zeit voller Gewissensskrupel und Prüfungen. Friedrich Schleiermacher, ein neuer Freund des romantischen Kreises, Theologe und Religionspsychologe, der beweisen würde, dass der Mensch in den göttlichen Naturzusammenhang eingebunden ist und dass es zwischen Sittengesetz und Naturgesetz folglich keinen prinzipiellen Unterschied gibt, bestärkte sie in ihrem Entschluss. Die beiden gingen im Berliner Tiergarten spazieren, und irgendwann kam Dorothea zu der Erkenntnis, dass die Trennung von ihrem Mann unumgänglich war. Am 11. Januar 1799 wurde die Ehe der Veits durch ein Rabbinatsgericht rechtskräftig geschieden. Simon Veit hatte alles getan, um das zu vermeiden, verzweifelt, sogar weinend, so heißt es; das machte es Dorothea nicht leichter. Die Söhne wurden dem Vater zugesprochen, aber Veit war einverstanden, dass Dorothea den sechsjährigen Philipp behielt. Auflage war allerdings, dass sie keine weitere Ehe einging und dass sie nicht ihre Religion änderte. Eine neue Heirat stand also erst einmal überhaupt nicht zur Diskussion. An seine Schwägerin Caroline schrieb Friedrich damals: «*Uns bürgerlich zu verbinden ist eigentlich nie unsre Absicht gewesen, wie wohl ich es seit geraumer Zeit nicht für möglich halte, daß uns etwas andres als der Tod trenne. – Zwar widersteht es meinem Gefühl ganz die Gegenwart und die Zukunft auszugleichen und zu berechnen; und wenn die verhaßte Ceremonie (welches aber nicht füglich, nicht möglich ist) die einzige Bedingung jener Unzertrennlichkeit würde, so würde ich nach dem Gebot des Augenblicks handeln, und meine liebsten Ideen vernichten. – Wenn ich aber davon und von allem übrigen wegsehe, so wäre schon die Verschiedenheit des Alters für mich Grund genug dagegen. Jezt da wir beyde jung sind, macht es eigentlich nichts aus, daß sie sieben Jahre älter ist [!]. Aber wenn es ihr nicht länger anständig ist, meine Frau in diesem Sinne zu seyn, dann bin ich noch sehr jung, und werde, wenn ich mich auch ganz ohne Rücksichten wie ein Fremder beurtheile, eben so wenig ohne Frau leben als mich mit einer Gesellin begnügen können. Sie würde wahrscheinlich nicht meine lezte Liebe seyn, wenn sie auch meine einzige wäre; so wie ihre zu mir nicht ihre erste ist.*» Das klingt nicht sehr romantisch, sondern eher bedenkenvoll. Eine Zeitlang wohnte Dorothea mit ihrem Söhnchen in einer verhältnismäßig schäbigen Wohngegend am Stadtrand von Berlin. Dann, im September 1799, zogen Friedrich, Dorothea und Philipp zu Caroline, Wilhelm und Auguste nach Jena. Zwei Patchwork-Familien, wie sie im Buche stehen, für ein gemeinsames Leben zusammengewürfelt, alle experimentierfreudig und mit glänzenden geistigen Vorgeschichten, ergänzt durch alte und neue Freunde, die den Jenaer Romantikerkeis ausmachten, eine kurze und fruchtbare Blütezeit mit Sym-poesie und Sym-philosophie, aber auch sehr viel menschlich-Allzumenschlichem auf sehr engem Raum. Es wird dieses Allzumenschliche sein, das die Romantik in Jena jäh und unschön zerschlägt.

Bis «Romantik» zum Leitbegriff der jungen literarischen Bewegung in Deutschland wurde, hatte das Wort eine längere Vorgeschichte. Vom französischen *«romant»* kommend, bezeichnete dieses ursprünglich die lateinisch-römischen Dialekte in den römischen Provinzen, vor allem Frankreichs, und die in diesen Dialekten verfassten Geschichten. *«Romance» («Romanze»)* wurde dann zum Synonym der chevaleresken Literatur des Mittelalters. Ab dem 16. Jahrhundert verwendete man den Begriff in England im Sinne von *«like the old romances». «Romantic»* meinte *«romanhaft»*, auf eine dichterische Erzählform, vom Epos abstammend, bezogen, die lange als untergeordnete Gattung galt, bis in die Zeit der Schlegels und darüber hinaus, und entsprechend war diese Verwendung auch pejorativ, ab etwa der Mitte des 17. Jahrhunderts in der Bedeutung von *«barock», «überladen»* und *«unwirklich, überzeichnet»*. Doch besonders in England steht der Begriff zugleich in engem Zusammenhang mit einer gewandelten Landschaftsästhetik. Hier entstand gleichsam als Gegenbild zu den symmetrischen französischen Schlossgärten, Sinnbildern des Absolutismus und der gebändigten, beherrschten Natur, die Vorstellung einer mit Behutsamkeit nachgeahmten Natur mit naturbelassenen Elementen, die den Menschen und seine Lebenswelt als Teil eines natürlichen Ganzen betrachtete. Gleichzeitig erhob man die gänzlich unbehandelte, die wilde Natur zu einer ästhetischen Größe und die entsprechenden Szenerien zu romantischen Stimmungsbildern: einsame Heidelandschaften, Moore, undurchdringliche Wälder, knorrige Eichbäume, zerklüftete Felsformationen. Das Inventar wurde bald ziemlich einschlägig und entstammte im Wesentlichen den Landschaften der Britischen Inseln (und dem entsprechenden Wetter), auf jeden Fall eher den nördlichen Gegenden. Es war definitiv kein an griechischen Landschaften orientiertes Arkadien, kein lieblicher südlicher Hain. Das «Romantische» lag damit außerhalb der bisher üblichen Geschmacksnormen, bezeichnete aber eine neue ästhetische Kategorie und folglich auch eine neue Form menschlicher Selbstwahrnehmung als Spiegelbild dieser Natur. Das Bizarre und Ungebändigte, mitunter Gefährliche, Abgründige ersetzte die gewohnte schöne Form und die Ausgewogenheit, klassisches Maß. Jedenfalls haben die Engländer auch die berühmte Rheinromantik initiiert, als sie nämlich um 1780 die Rheingegend als Reiselandschaft entdeckten und die Literaten unter den Reisenden ihre inzwischen pointierten ästhetischen Vorstellungen auf diese schöne Mischung von Wildheit und Lieblichkeit anwenden konnten. Horace Walpole, Earl of Oxford (1717–97), war der Begründer des englischen Landschaftsgartens und der englischen Schauerromantik. Sein 1764 erschienener Roman «The Castle of Otranto» löste die Welle der «Gothic novels» aus, die sich auch auf den Kontinent ausbreitete. Er hatte 1747 ein kleines Landhaus in Twickenham an der Themse gekauft, das er in den folgenden zwanzig Jahren zu einem bizarren gotischen Schloss umbaute – dem Vorbild seines Schlosses Otranto. Walpoles Landschaftsästhetik war aber auch kulturelles Programm, denn auch hier ging es um Freiheit im übertragenen Sinn. Das Ideal des englischen Landschaftsgartens sah einen unmerklichen Übergang vor zur freien Natur. Keine Einzäunungen, keine Beschneidungen, sondern fließende Übergänge, Kontraste von Tal und Hügel, runde, naturbelassene Formen. *«Durch diese Kunst, nur mit den eigenen Farben der Natur zu arbeiten und ihre günstigsten Züge aufzufassen, sah der Mensch vor seinen Augen eine neue Schöpfung sich auftun. Die lebendige Landschaft ward geläutert und ausgebildet, nicht verwandelt. Den Formen der Bäume gab man ihre Freiheit, sie verbreiteten ihre Äste ohne Zwang, und wo irgendeine hervorstehende Eiche oder herrschende Buche der Verstümmelung entgangen war und den Wald überlebt hatte, da wurde das Gesträuch weggeräumt, und man stellte sie in ihre volle Ehre wieder her, um die Ebene auszuzeich-*

nen und zu beschatten.» So Walpole über die Maßnahmen des Gartenbauarchitekten William Kent, der für die Königin arbeitete, in seiner Schrift «Über die englische Gartenbaukunst». Übrigens hat August Wilhelm Schlegel das Buch übersetzt. So charmante und idyllische Revolutionen konnte man also veranstalten auf den Britischen Inseln. Die Franzosen mussten gleich auf die Straße gehen und Köpfe rollen lassen. Die Deutschen indessen verwandelten die Revolutionen der Straße in Revolutionen des Geistes und verbanden ihre Romantik mit tiefsinnigster Philosophie.

Der erwähnte Literaturtipp, den Friedrich Schlegel im Juni 1795 von seiner noch nicht ganz-Schwägerin Caroline bekommen hatte, trug nachweislich Früchte für die gesamte Wegstrecke seines Schaffens und Denkens. *«Friz, es giebt 2 Bücher, die Sie lesen müßen»*, heißt es da, *«und das Eine derselben knüpft sich in meiner Erinnerung an die Materie vom Wißen an. Das ist Condorcet. Er gehört in Ihr Fach – indem Sie die Stufe der Cultur eines Volkes, und den Werth dieser Cultur, gegen den Begriff, den wir von frühster menschlicher Vollkommenheit haben können, gehalten, bestimmen wollen. Von Ihrer einzelnen großen Umschwingung weiß Condorcet nichts – aber von den Schwingungen ins Unendliche mehr, wie wir beyde je davon geträumt haben.»* Und: *«er wendet die Mathematik und die Berechnung nicht nur auf das Sinnliche, sondern auch auf das Unsinnliche an, das sie erzeugte. Sie werden sehn, wie flüchtig er die Sittlichkeit des Menschen berührt, und wie sie sich aus den Zahlen, als Zahl ergeben soll, und nicht einmal für die Summe der Rechnung gehalten wird. Und wir haben sie doch nicht zu suchen unter den Himmelscörpern, wohin die Leiter der Zahlen reicht – sie ist nicht dort – sie ist hier – ja das Gefühl, mit dem wir von jener Betrachtung anbetend zurückkehren, ist es nicht, worin sie vorzüglich liegt. Die Verhältniße zum Menschen sind dem Menschen wichtiger wie die zum Schöpfer, und mir hat es sogar oft geschienen, als hingen sie nur schwach zusammen. Freylich deutet das darauf hin, wie viel Schaffen wir noch zu durchwandern haben, wozu uns denn die Ewigkeit ihre Zeit gönnen wird.»* Nicht nur diese Lektüre, sondern sicherlich auch Carolines Augenzeugenberichte aus Mainz, ihr Austausch mit Georg Forster und ihre republikanischen Sympathien haben das Denken dieses noch jungen Mannes, der einen Übergang suchte zur Jetzt-Zeit, den jüngsten Entwicklungen, um an seine antiken Studien und seine Ästhetik anknüpfen und einen Bogen der Verbindung schlagen zu können, zweifelsohne beeinflusst. 1794 verfasste er die Schrift «Über antiken und modernen Republikanismus». Sie ist leider verloren gegangen. Und als er drei Jahre später einen Aufsatz schrieb: «Über Georg Forster», da befasste er sich zwar hauptsächlich mit Forsters wissenschaftlichen Arbeiten und weniger mit seinen revolutionären Aktivitäten; es war aber dennoch sehr mutig, zu der Zeit über Forster zu schreiben, als nicht einmal Forsters Freund Lichtenberg mehr bereit war, einen Nachruf auf ihn zu verfassen. Das «Republikanische» ist für Schlegel fortan ein Synonym für Progression überhaupt, und das ist nicht gleichzusetzen mit einer konkreten politischen, einer parlamentarischen Staatsform oder gar dem Verfassungsstaat, sondern betrifft alle Lebensbereiche. Condorcets Gedanke der *«unendlichen Perfektibilität»* (bei der man sich allerdings fragen muss, ob sie nicht auch, wie Rousseau es sah, in Verfall, eine negative Entwicklung umschlagen kann) überträgt Friedrich Schlegel auf seine Poetik, auf sein Konzept von romantischer Poesie als *«progressive[r] Universalpoesie»*.

Novalis und Schlegel verwendeten mathematische Gleichnisse, um dieses Postulat der Unendlichkeit, das sie als Weltverhältnis definierten und als Voraussetzung allen Seins, kenntlich zu machen. Hier, etwa in der Infinitesimalrechnung, ereignete sich exemplarisch der romantische Weg der Erkenntnis und der Weltwahrnehmung: dass im Endlichen die Tendenz zum Unendlichen erfasst werden kann, in der Erscheinungswelt die Idee. Republikanismus ist unendliche Approximation, so Friedrich Schlegel. Politisch gesehen, wird das immer utopischer. Je größer die Enttäuschungen über die politische Wirklichkeit waren, umso mehr wendeten die frühen Romantiker die revolutionäre Begrifflichkeit in eine metapolitische Utopie. Doch der Zusammenhang zwischen Aufklärung und Romantik, den die Spätromantiker vehement ablehnen sollten, ist bei diesen frühen Vertretern durchaus noch gegeben. Schlegel orientierte seinen Republikanismus an der attischen Polis und verteidigte Rousseaus «volonté générale» als conditio sine qua non jeder zukünftigen neuen Verfassung, wenigstens bis zu seiner Paris-Reise im Sommer 1802, die mit dem Ziel verbunden war, *«sich mit der französischen Nation in ein philosophisches Verhältnis zu setzen»*. Was für ein Glück aber, dass in England bereits 1790 ein Buch publiziert worden war, das die Möglichkeit gab, künftige Progressionen auf der Basis einer Evolution anstelle der Revolution zu verstehen. Friedrich von Hardenberg, der sich *«Novalis»* nannte, *«der Neuland Bestellende»*, hatte dieses Buch schon vor einigen Jahren gelesen, und er nannte es ein *«revoluzionäres Buch gegen die Revoluzion»*. Es handelte sich um die «Reflections on the Revolution in France» Edmund Burkes. Burke war Staatsmann, Unterhausabgeordneter, Angehöriger der liberalen «Whig»-Partei und leidenschaftlicher Verfechter der freiheitlichen Verfassungstradition seines Landes, wie sie sich seit der Glorious Revolution 1688 entwickelt hatte. Unverhohlen gab Burke seinen Abscheu gegenüber den revolutionären Ereignissen in Frankreich Ausdruck – seiner Meinung nach das Werk kopfloser Dilettanten und die sträfliche Zerstörung althergebrachter, natur- und gottgegebener Ordnung. Begriffe wie Freiheit und Menschenrechte, so Burke, dürften nicht als Abstrakta, als Ergebnisse metaphysischer Spekulationen betrachtet werden, sondern eingebunden in die Relationen und Traditionen einer Gesellschaft und eines Gemeinwesens. Andernfalls würden sie ausarten in Willkür und Tyrannei. Die menschliche Natur, so Burke, sei viel zu komplex, um sie mit solchen Begriffen und deduzierten Rechten erfassen zu können. Damit meinte er wohl vor allem die Gleichheit – für den englischen Staatsmann ein Unding. Die Menschen seien nicht gleich. Ein funktionierendes Gemeinwesen und eine ausbalancierte Regierung trage dieser Ungleichheit Rechnung und vermöge sie zu assimilieren, in eine schöne Ordnung zu bringen. Auch kritisiert Burke die Überbetonung der Vernunft in der Aufklärungstradition als Charakteristikum und als treibende Kraft des einzelnen Menschen wie auch der Gesellschaft im Ganzen. Dagegen spreche allein schon die Erbsünde, und die chaotischen Zustände im gegenwärtigen Frankreich seien für die gegenteilige Auffassung der pure Beweis – wohlgemerkt, Burke schrieb das *vor* den Terreurs, *vor* den Septembermassakern, in einer gewaltarmen, noch konstitutionellen Phase der Revolution. Das Wort, das Burke verwendet, verwendet auch Friedrich Schlegel, allerdings im Sinne einer Vorstufe und Zwischenstufe, verglichen mit den Staatsformen der Alten und übertragen auf die Moderne, für die man noch Hoffnung hegen könne, dass sie sich weiterentwickle zu einer späteren, wirklichen Volkssouveränität: «*Ochlokratie*», «*Pöbelherrschaft*». Aber Burke blieb dabei. Eine Revolution von unten nach oben führe unweigerlich zu einer Zerstörung langjähriger gewachsener Strukturen zugunsten eines politischen Tagesgeschäfts, das für eine tragfähige Neuordnung keinerlei Grundlage habe, weil man gleichsam das Kind mit dem Bade ausschütte und auch noch inkompetente, unerfahrene Leute in die Versammlungen setze. Vielmehr plädiert Burke für ein allmähliches Wachstum staatlicher Institutionen inklusive der notwendigen Korrekturen und Reformationen über die sich verändernden Perspektiven der Zeitläufte. «*Ein solcher Prozess ist langsam. Er ist nicht von einer Versammlung zu leisten, welche sich rühmt, in wenigen Monaten auszuführen, was sich über Jahrhunderte entwickelt hat.*» Eindeutig und zuweilen recht aufdringlich rühmt sich der Autor als Vertreter und Teilhaber des englischen Verfassungsmodells, englischer Tradition, die er als so vorbildlich für Europa betrachtet, dass er eigentlich der Meinung ist, alle Revolutionen würden sich auch in Zukunft erübrigen können, wenn man sich diese nur zum Vorbild nähme: die konstitutionelle Monarchie à la Anglaise. Interessanterweise sollten einige enttäuschte Ex-Aktivisten der Französischen Revolution am Ende sämtlicher französischer Abenteuer zu genau dieser Auffassung kommen. Das seien alles so wunderbare und gewachsene Strukturen, so Burke: Machtkontrolle, zwei Kammern, gegenseitige Kontrolle und alles zum Wohle des Volkes, wie es eben besser nicht sein könne. «*Das Oberhaus beispielsweise ist nicht in der Lage, das Unterhaus aufzulösen, ja nicht einmal, sich selbst aufzulösen und seinen Anteil an der Gesetzgebung des Königsreichs aufzugeben. Wenn ein König auch für seine Person abdanken kann, so kann er doch nicht im Sinne der Monarchie abdanken, und aus ähnlich gewichtigen Gründen kann auch das Unterhaus nicht einfach seinen Anteil an der staatlichen Autorität aufgeben. Die Verpflichtung und der*

Vertrag der Gesellschaft, der im Namen der Verfassung geschlossen ist, verbietet solche Eingriffe und Preisgaben.» Der Verfassungspatriot Edmund Burke verteidigt die wunderbare Kontinuität englischen Parlamentarismus von der Magna Charta bis zur gegenwärtigen Zeit. Die von ihm propagierte Glorious Revolution diente nicht der Auflösung der staatlichen Ordnung, sondern der Wiederherstellung alter Freiheiten, die die Stuart-Könige verletzt haben. In solchen Fällen, auch etwa beim amerikanischen Freiheitskampf, den Burke unterstützte, mochten Revolutionen gerechtfertigt sein, nicht aber, wenn der angebliche Freiheitskampf alle gewachsenen Ordnungen umstoße. Man würde ja einen Verrückten, so Burke, der aus seiner ihn vor sich selbst schützenden Zelle ausbreche, auch nicht zu seiner neu gewonnenen Freiheit beglückwünschen und auch nicht den entlaufenen Mörder zu seinen *«natürlichen Rechten»*. Interessant ist Burkes Prognose für Frankreich: Das Ganze werde in einer Militärherrschaft enden. Einer aus dieser längst in unübersichtliche Fraktionen zerfallenen Meute werde die Macht an sich reißen. Dabei hat er vielleicht an General Lafayette gedacht. Der tatsächliche Machthaber wurde Napoleon Bonaparte.

Da ein Jahrhundert zur Neige ging, stand es den Dichtern und Denkern des Zeitalters an, sich zukunftsbestimmend zu positionieren. 1800 war das Ende des «Lichtzeitalters», jedenfalls wenn man die jungen Dichter beim Wort nahm – blendendes, grelles Licht, das die dunkleren Seiten im Menschen, die aber mindestens ebenso Aufschluss gaben über sein Selbst und über seine Bestimmung, bisher nicht einbezog. Wenige Jahre nach der Jahrhundertwende würde im Umkreis der deutschen Frühromantik, ohne dass aber bis zum heutigen Tage die Autorschaft zweifelsfrei feststeht, ein anonymes Werk das Licht der Welt erblicken, in dem gleichsam ein Nachtwächter das neue Saeculum ausruft. Dieser Nachtwächter, der dort sein (Un-)Wesen treibt, wo das respektable Leben am Tag aufgehört hat, denn in der Nacht, da schlief der rechtschaffene Bürger den Schlaf des Gerechten, und auf Deutschlands nächtlichen Straßen trieben sich damals nur verdächtige Subjekte herum: Räuber, Diebe und Mörder, Ungläubige, Republikaner, aus dem Tollhaus Entlaufene, Selbstmörder, verrückte Poeten,

Journal
von
neuen deutschen Original Romanen
in 8 Lieferungen jährlich

Dritter Jahrgang. 1804

Siebente Lieferung.

Nachtwachen.

Penig 1804
bey F. Dienemann und Comp.

Titelblatt der anonym erschienenen «Nachtwachen von Bonaventura»

bestenfalls vielleicht einmal ein Pfarrer, der zu einem Sterbenden gerufen wurde und – der Nachtwächter; dieser Nachtwächter also stellt sich zum Schluss als der Spross eines Schwarzkünstlers und eines wahrsagenden Böhmerweibes heraus, die ihn im Augenblick einer Teufelsanbetung gezeugt haben, worauf der Teufel sogar Pate des späteren Nachtwächters wurde. Ein solches Produkt hatte offenbar keine Chance auf einen ehrbaren Beruf. In den «Nachtwachen» des «Bonaventura» werden die bizarren Erlebnisse des Nachtwächters Kreuzgang (seinen Namen hatte er von dem Ort, wo er als Waisenjunge in einem Kloster gefunden wurde) in seinen diversen nächtlichen Diensteinsätzen beschrieben, durchsetzt von phantastischen Szenen aus der Literatur, dem Bänkelgesang, der Commedia dell'arte, dem

Marionettenspiel oder der biblischen Apokalypse. Die in sechzehn Nachtwachen aufgeteilten Kapitel tragen Titel wie «Der sterbende Freigeist», «Das Weltgericht», «Leichenrede am Geburtstage eines Kindes», «Prolog des Hanswurstes zu der Tragödie: der Mensch», «Das Tollhaus», «Monolog des wahnsinnigen Weltschöpfers», «Das Invalidenhaus der Götter» oder «Der Hintern der Venus», und die Nachtwachen enden in einem Gebeinhaus, und wörtlich enden sie mit dem bezeichnenden Wort: *«nichts»*. Hier wird alles, der Weltlauf und menschliches Streben, zu einer einzigen großen Paradoxie, und wenn eine Figur dieser Szenen, welche auch immer, das Wort *«Humanität»* ausspricht, dann trägt sie die Narrenkappe, denn in dieser Welt herrscht nichts als die reine und nunmehr ungeschminkte Absurdität. Die trübe Funzel des Nachtwächters, seine Laterne, vermag die Nachtseiten der menschlichen Existenz nicht zu erhellen, sondern allenfalls in den Blickpunkt zu rücken. Selbst der wahnsinnige Weltschöpfer, der bei seiner Rede einen Kinderball in der Hand hält und mit ihm zu spielen beginnt, kann nur die Anmaßungen und Verblendungen des von ihm geschaffenen Menschleins beklagen, das er sich einst zum Zeitvertreib schuf, dessen Possen ihm aber allmählich zu weit gehen – *«mit seinem Fünkchen Gottheit»* begann er seinen Schöpfer und dessen Schöpfung zu Tode zu analysieren und wurde sogar darüber verrückt. Nachtwächter Kreuzgang, der es verstehen kann, dass der Weltschöpfer seinen Spielball zerdrücken will, stimmt ihm zu und sagt: *«es ist fast gefährlich für uns andere Narren, daß wir den Titanen unter uns dulden müssen, denn er hat ebensogut sein konsequentes System wie Fichte, und nimmt es im Grunde mit dem Menschen noch geringer als dieser, der ihn nur von Himmel und Hölle abtrennt, dafür aber alles Klassische ringsumher in das kleine Ich, das jeder winzige Knabe ausrufen kann, wie in ein Taschenformat zusammendrängt. Jeder vermag jetzt aus der unbedeutenden Hülse, wie es ihm beliebt, ganze Kosmogonien, Theosophien, Weltgeschichten und dergleichen, samt den dazugehörigen Bilderchen herauszuziehen. Groß und herrlich ist das allerdings; wenn nur das Format nicht so klein wäre! – Schon Schlegel hat es sehr auf die kleinen Bilderchen abgesehen, und ich muß gestehen daß mir eine große Iliade in Sedez herausgegeben, nim-*

mer behagen will – das heißt den ganzen Olymp in eine Nußschale packen, und die Götter und Heiden müssen sich entweder zum verjüngten Maßstabe bequemen, oder ohne Gnade das Genick brechen.» Wer immer der Verfasser der 1804/05 im sächsischen Penig beim Verleger F. Dienemann erschienenen «Nachtwachen» war – und man vermutete unter anderem Clemens Brentano und E.T.A. Hoffmann, Jean Paul, Lichtenberg, Schelling und sogar Caroline, seit 1987 gilt indessen der aus Braunschweig gebürtige Schriftsteller und Theaterregisseur Ernst August Friedrich Klingemann als «Nachtwachen»-Autor –, es ist jemand, dem der frühromantische Geist sehr vertraut ist und der nicht nur die vorangegangene Klassik und die humanistischen Ambitionen vorangegangener Generationen, sondern auch die Romantik selbst in ihrer ersten Blütezeit durch Überzeichnung und Parodie überwindet: die romantische Philosophie, das romantische Weltverhältnis, romantische Autorschaft und romantische Kunstreligion. Diese Total-Demaskierung, die sogar die romantische Ironie ironisiert, adaptiert einen Zeitgeist auf wirklich erschlagende Weise, indem sie ihn schlichtweg «erledigt», und sie weist ihn weiter in die Moderne (die ja mit der Romantik beginnt), ja in die Postmoderne, denn dort, wo das «Nichts» ist, symbolisch dafür im Gebeinhaus, da bleibt nur das Spiel, ein wahrhaft teuflisches Maskenspiel.

Sehr pünktlich zum neuen Jahrhundert, nämlich im Januar 1800, beendete währenddessen ein anderer Dichter seine Verse der Nacht, die im selben Jahr im 6. Heft des «Athenäum» erschienen. Es waren die «Hymnen an die Nacht» von Novalis. Die Schlegel-Brüder hatten das «Athenäum» gegründet, nachdem auch die Mitarbeit Friedrichs am «Lyceum der schönen Künste» von Johann Friedrich Reichardt in Berlin im Streit endete. Mit diesem anspruchsvollen Organ mit dem mythologischen Namen, das Friedrich Vieweg in Berlin besorgte und wohl auch finanzierte, besaß die Bewegung nun endlich ihr Forum. Wilhelm und Friedrich, «W.» und «F.», gaben die Zeitschrift, so war es jedenfalls vorgesehen, *«ohne alle Mitarbeiter»* und zugleich als Verfasser heraus, und sie kündigten an, fremde Beiträge nur dann aufzunehmen, wenn sie glaubten, diese wie ihre eigenen vertreten zu können. Das waren dann etwa die (nicht kenntlich gemachten) von Novalis und Schleiermacher. Ansonsten waren die Herausgeber ausnehmend wählerisch. Der ästhetisch-revolutionäre Geist ihres Organs musste unter allen Umständen gewährleistet sein. Abhandlungen würden, so die *«Vorerinnerung»*, *«mit Briefen, Gesprächen, rhapsodischen Betrachtungen und aphoristischen Bruchstücken wechseln»*. Im Mittelpunkt stand also so etwas wie das offene Kunstwerk. Notwendig bleibt alle romantische Poesie, die sich mit sämtlichen Erscheinungsformen und Manifestationen des Lebens verbindet, letztlich Fragment (*«Alle heiligen Spiele der Kunst sind nur ferne Nachbildungen von dem unendlichen Spiele der Welt, dem ewig sich selbst bildenden Kunstwerk.»*). Das Fragmentarische hatte hier also System. Im Vorfeld der ersten Ausgabe forderte Friedrich alle Menschen seiner unmittelbaren Umgebung dazu auf, ihm für die neu entstehende Zeitschrift Fragmente zu liefern: Wilhelm, Caroline, Auguste. Bei Tische könnten sie diese doch formulieren, und Auguste möge sie aufschreiben. Das Gemeinschaftswerk dieses revolutionären literarischen Schaffens wird besonders bedeutungsvoll, die «Sym-Poesie» und die «Sym-Philosophie». Wichtig ist nur der gemeinsame Geist, aus dem die Produkte entstehen. An Caroline schrieb Friedrich: *«Ich habe immer geglaubt, Ihre Naturform – denn ich glaube, jeder Mensch von Kraft und Geist hat seine eigenthümliche – wäre die R h a p s o d i e. Es wird Ihnen vielleicht klar, was ich damit meyne, wenn ich hinzusetze, daß ich die gediegene feste klare M a s s e für Wilhelms eigentliche Naturform, und F r a g m e n t e für die meinige halte. – Ich habe wohl auch Rhapsodien versucht und W. kann gewiß sehr gute Fragmente machen, aber ich rede nur von dem, was jedem am natürlichsten ist. Man erschwert sichs gewiß sehr, wenn man, besonders bey wenig Uebung, eine Form wählt, die Einem nicht natürlich und also nur durch große Kunst und Anstrengung erreichbar ist. – Sollten Sie jemahls einen Roman schreiben: so müßte vielleicht ein andrer den Plan machen, und wenn nicht das Ganze aus Briefen bestehn sollte, auch alles darin schreiben, was nicht in Briefen wäre. –»* Aber Caroline schrieb keinen Roman, und sie kam auch Friedrichs Bitte nicht nach, Fragmente oder Rhapsodien für Friedrichs und Wilhelms Zeitschrift zu machen oder, wie Friedrich ihr dann vorschlug, aus ihren Briefen *«Eine große philosophische Rhapso-*

die zu – diaskenasiren.» (damit meinte er «zusammenredigieren»). Sie wollte ihre Briefe nicht ausschlachten für eine literarische Zeitschrift. Außerdem war der Gedanke, als Schriftstellerin in die Öffentlichkeit zu treten, ihr eigentlich auch stets abhold – warum auch immer. Das ist schade. August Wilhelm und Friedrich und noch andere ihres Kreises fanden es offenbar auch sehr bedauerlich. Es gibt dennoch aus den Jenaer Jahren in Carolines Nachlass den Entwurf eines Romans. Der Romantikerkreis wusste um dieses Vorhaben und forderte Caroline verschiedentlich dazu auf, es doch in die Tat umzusetzen. Möglicherweise war sogar schon etwas davon realisiert. 1798, in ihrem 35. Jahr, schrieb Friedrich Schlegel an Schleiermacher: *«Nun, sage ich, kann sie thun, was wir alle wollen – einen Roman schreiben. Mit der Weiblichkeit ist es nun doch vorbei, und in die litterarische Welt ist sie einmal eingeführt.»* Was auch immer da nun *«vorbei»* war mit ihrer *«Weiblichkeit»* – ihre Ehe mit Wilhelm, die auf Freundschaft aufgebaut war und völliger gegenseitiger Toleranz, also auch wechselseitigen Freiheiten, konnte ohne weiteres die Vereinbarung implizieren, sexuell nicht vollzogen zu werden, und so wäre es dann auch nicht verwunderlich, dass daraus keine Kinder hervorgingen –, jedenfalls liegt der Romanentwurf vor, aber eben nur der Entwurf.

«Der Hauptgegenstand des Romans wäre ein Weib – das wir Gabriele nennen wollen – ein selbstständiges und zugleich ein liebenswürdiges Wesen. Die Thorheit müste auf den ersten Blick stärker bei ihr hervorschimmern als die Vernunft; sie wäre ihre verführerische Seite, die sie selbst mehr aus Frohsinn als aus Leichtsinn geltend machte. Aber im Innern wohnte Würde, Adel, der heiligste Ernst eines schönen Herzens. Ihr Geist müste hell seyn, ihr angebohren, und auch ausgebildet – die allzu rege Empfänglichkeit dürfte ihn zuweilen verwirren – nur ganz verblendet dürfen wir sie nicht sehen; selbst wo sie mit Leidenschaft liebt, und wo ihre Leidenschaft Unrecht hat, muß sie es ahnden, fast wißen, und nur sich durch eine andre Ausflucht täuschen. So kan sie hoffen die Fehler oder die Mängel eines Geliebten zu besiegen oder zu ergänzen. Sie darf ganz hingegeben lieben, aber wenn der nächste Augenblick nach einer glücklichen Stunde sie auffordert, so muß sie sich ganz auf sich allein verlassen können. Noth, Liebe,

*Genuß müßen die vielleicht vernachläßigte Überlegung mit Blizesstrahlen wieder in ihr erleuchten, statt sie zu verfinstern. Sie kan hingerißen werden, ohne sich hinterdrein als die Betrogne zu fühlen – der ist der Betrogne, der sie getäuscht zu haben glaubt. * Vorurtheilsfrey durch Instinkt soll ihr das Raisonnement mehr Gründe gegen andre als für sich leihen. Die äußre Sitte schont sie in allem, nicht sowohl aus Grundsaz als gewohnter Bescheidenheit. Sie soll glänzend seyn, wenn sie lebhaft wird, aber nicht immer gleich sich als lebhaft ankündigen. Mögen manche nur häusliche Tugenden in ihr kennen. Ohne sich selbst eigentlich zu kennen mag sie früh in die Welt geworfen werden. Keine zärtlichen Bande knüpfen sie an ihre erste fast bedeutungslose Jugend – sie hat nach dem Tode ihres Vaters keine nahen Verwandte, ein Mann, an den sie verheirathet worden, starb früh. Ihr Nachdenken muß erwachen, indem sie sich so allein wie vor den Thoren eines Daseyns sieht, deßen Fülle sich in ihr zu bewegen anfängt – ihr Nachdenken, ihr dennoch unbefangenes Zutraun, aber kein stolzes Bewußtseyn, noch sichre Rechnung auf einen Himmel auf Erden, der dem in ihrer Brust entspräche. * Wir können vielleicht annehmen, daß ihr Vater ein Gelehrter war, und sie ihre Mutter früh verlohr. Allein neben ihrem Vater, bekam sie manche Kenntniße, ohne daß diese in wahrer Verbindung mit ihrem Geiste standen. Nur späterhin kamen sie ihr zu Hülfe. Ihr Vater mochte ein Philolog seyn, und ihr vom Homer und der Sapho vorsagen und sich dagegen von ihr auf dem Clavier spielen und Romanzen vorsingen laßen. Es durfte ihm nicht an Sinn und Seele fehlen, wie man sieht, aber es giebt Menschen, die solche haben und doch nicht eigentlich mittheilen können, denen es dabey auch an umfaßenden Begriffen mangelt, und meinen, das erhabene sey nur blos für sie, auf ihrer Studierstube und in ihren Büchern da – hier erkennen sie es nur, denn die lebendige Welt kennen sie ja nicht. * Gabrielens Schönheit brachte sie an den Mann. Dieser Mann war jung und brav, aber übrigens nicht so, daß er ihren Kopf, ihr Herz aus dem Schlummer der Kindheit hätte wecken können. Er hinterließ ihr ein kleines Vermögen. Sie kehrte in ihres Vaters Haus zurück – bis dieser starb. In diesem Zwischenraum lernt sie Wallern kennen. Sie ist noch nicht zwanzig Jahr.»*

In diesem schönen Entwurf trägt die Protagonistin doch einige Wesenszüge und biographische Koordinaten von der Verfasserin. Ein Streben nach Unabhängigkeit und nach authentischem Leben, Vernunft, Selbstschutz und Einsicht stehen neben einer naiven Empfänglichkeit, die naturgemäß auch ihre Fallstricke mit sich führt, die aber überwunden werden, wie auch die Zwänge oder Bedingtheiten der Gesellschaft, von denen auch Gabriele nicht vollkommen frei ist – auch sie wird ja schließlich in ihrer Jugend von der Familie verheiratet. Erstere, also die Fallstricke, besteht sie aus eigener Kraft, aus «Ermannung», Selbsterkenntnis und den entsprechenden Konsequenzen, Letztere, die Bedingtheiten und Zwänge, unter anderem über die Wechselfälle des Lebens, die ja auch immer wieder neue Chancen bereithalten. «Waller» wäre wahrscheinlich die große Herausforderung dieser Heldin mit Seelengröße geworden, die aber offenbar nicht über menschliches Maß hinausgeführt werden sollte, sondern ihre Schwächen, Stolpersteine und Fehler hat und die entsprechenden Widersprüche bestehen muss – wie alle Menschen mit dem Anspruch auf ein authentisches Leben, Mann oder Frau. Nur war es eben bei der Frau so schnell mit der «Ehre» vorbei, die auch Caroline nur durch eine Vernunftheirat, männliche Protektion, wieder herstellen konnte. Diese Kapitulation, wenn man so will, war sicherlich auch ein Teil ihres Lebens geworden. Dass es bei Gabriele heißt: *«Die äußre Sitte schont sie in allem, nicht sowohl aus Grundsaz als gewohnter Bescheidenheit»*, deutet vielleicht darauf hin, dass Caroline sich wünschte, es hätte in ihrem Fall auch so ganz ohne gesellschaftliche Affronts ablaufen können. Es wäre jedenfalls interessant gewesen, zu sehen, auf welche Wege Caroline ihre Heldin führte und wie sie sie ausmalte. Vielleicht hatte die Autorin aber auch Angst vor der schwer vermeidlichen autobiographischen Grundtönung, eventuell auch Unterstellung, der Reaktion jedenfalls einer, wie man weiß, mitunter sehr zynischen und denunziatorischen lesenden Öffentlichkeit. Gerade war ja Friedrichs «Lucinde» erschienen, und Caroline äußerte, *sie* als Geliebte des Autors hätte die Veröffentlichung nicht zugelassen. Die Nachrede, die sie gewohnt war, war ihr auch ohne Roman schon genug.

Das Zusammenleben am Löbdergraben gestaltete sich ebenfalls als Herausforderung. Wie ein ewiges Fest junger Geisteskometen, die in dem Häuschen zusammenkamen und gemeinsam dichteten oder philosophierten, darf man sich das sicher nicht ausschließlich vorstellen. Caroline waltete hier in der Tat als *«tüchtige Hausfrau»*, wenn etwa manchen Tags zehn bis zwanzig Personen zum Mittagessen erschienen, denn sie konnte hervorragend organisieren, fühlte sich immer für alles verantwortlich und legte Wert auf ein schönes Ambiente, also dass alles passte und stimmte: Blumen, Gardinen, Tischschmuck, Menüfolge und Gesprächsklima, Keller und Küche, Raumtemperatur, Einrichtung, Personenkonstellationen und Stimmungen. Seit Dorothea, Friedrich und Philipp dauerhaft mit im Haus wohnten, wurde es allerdings auch etwas eng. Dorothea wohnte mit Philipp im Erdgeschoss, Wilhelm, Auguste und Caroline im ersten Stock und Friedrich, der ringende Dichter, allein unterm Dach. Dorothea merkte sehr bald, wie schwierig es war, mit Friedrich zu leben, aber sie beklagte sich nicht. Ihre mutige Emanzipation, aus ihren bürgerlichen Verhältnissen ausgebrochen zu sein, führte in ihrem Fall nicht zu mehr innerer Freiheit und persönlicher Selbstbehauptung, sondern im Gegenteil zu einer fast sklavischen Unterwerfung unter den Willen des von ihr vergötterten Mannes, da sie nun einmal alles für ihn aufgegeben hatte, was sie offensichtlich als Preisgabe ihrer ganzen Person empfand und auch so lebte. Das ist wahrlich erschreckend, da es sich ja doch um eine so intelligente und mutige Frau handelte. *«Er ist doch ein Gott, wo nicht mehr!»*, gestand sie den Freunden, etwa Schleiermacher, dem sie zum Beispiel auch schrieb: *«Mein Muth, und mein Uebermuth fürchte ich werden mich nicht ganz von der Angst befreyen, daß ich zu gering für (den) Herrlichen bin.»* Dieser Herrliche zeigte sich jetzt auch von seiner unschönen Seite, und wenn alltägliches Zusammenleben, besonders im Falle von Wohngemeinschaften, in denen nur lose persönliche Bindungen herrschen, worauf es noch umso schwieriger ist, die Marotten der anderen zu tolerieren, auch immer so seine Tücken hat, bis hin zu Bewährungsproben einer auf Dauer angelegten Beziehung, so kamen hier eben noch die Stimmungsschwankungen des mit sich und der Welt ringenden

Dichters dazu. Caroline, die ihren Schwager so nahm, wie er war, konnte mit schwierigen Männern viel besser und vor allem auch souveräner umgehen, was man am Beispiel von Georg Forster gesehen hatte. Sie gab ihnen Selbstvertrauen, und sie nahmen sich dann in ihrer sich durchaus abgrenzenden Gegenwart auch weit mehr zusammen. Dorothea aber zog offenkundig den Kopf ein – kein Ansporn also für Friedrich, sich in irgendeiner Weise zusammenzunehmen. Einmal berichtete Dorothea: «*Friedrich hat wunderwütige Terzinen gemacht, kommt mit jeder einzelnen Terzine drei Treppen herunter, liest es mir einzeln vor, und da ich stupider Weise unmöglich gleich den Sinn fassen kann, obgleich der Glanz der Verse mich trifft und mir behagt, so fährt er mich dermassen an, daß ich vor Angst fast gestorben bin.*»

Außerdem wurde ihr nun bald klar, dass sie von Friedrichs sporadischen Einkünften als freier Schriftsteller sicher nicht leben konnten. Um ihre Einkommenssituation zu entspannen, schrieb Dorothea einen Roman, der selbstredend unter Friedrichs Namen veröffentlicht wurde. So gesehen, war «Florentin» sicher das Produkt mit dem prosaischsten Hintergrund von allen romantischen Werken dieser Epoche – er diente schlichtweg dem Broterwerb, war aus der Not geboren. Doch davon abgesehen, kann man wohl sagen: Die Autorin hätte es besser machen können, wäre sie in dieser Zeit nicht am Tiefpunkt ihres Selbstbewusstseins gewesen. Der gastfreundliche Haushalt, in dem regelmäßig vor allem Novalis, Ludwig Tieck mit Ehefrau und der junge Philosoph Schelling verkehrten, wurde vermutlich zu größeren Teilen von Wilhelms Ersparnissen sowie seinen gegenwärtigen Tätigkeiten (er war 1798 zum außerordentlichen Professor in Jena ernannt worden) bestritten. August Wilhelm, der seinen Bruder in der Vergangenheit wohl nicht nur vor dem Schuldturm, sondern auch vor dem Selbstmord bewahrt hatte, war eine grundsolide Natur, sicherlich kein belastender Faktor in diesem Haushalt, in welcher Weise auch immer. Dass Caroline ihn geheiratet hatte und mit ihm auskam, zeugt davon, dass ihr ein solch solider Charakter nicht wesensfremd war. Nun war es aber auch um dieses Zusammenleben nicht mehr so ganz rein und selbstverständlich bestellt. Dorothea, die von außen hereinkam und in die Verhältnisse Einblick erhielt, spürte sehr bald, dass diese Ehe auf seltsamen Voraussetzungen aufgebaut war. Vom Sakrament sei bei Wilhelm und Caroline nicht viel zu merken, schrieb sie an Schleiermacher. Die beiden lebten *«als liebende Freunde»* zusammen. So weit, so gut. Zum Einsturz gebracht werden solche Konstrukte gemeinhin, sobald ein elementareres Moment von anderer Seite in die Beziehung eindringt, bei mindestens einem Beteiligten. Noch gab Caroline sich Mühe, das, was bereits geschehen war, elegant zu kaschieren, vor sich selbst wie vor anderen, wie man wohl annehmen darf. Nach der ersten Begegnung im Oktober 1799 (von der schließlich einiges abhing) war Dorothea jedenfalls eingenommen von ihr. *«Caroline ist wirklich sehr liebenswürdig, lieber Freund!»*, schrieb sie an Schleiermacher. *«Wäre sie es auch nur in dieser einzigen Rücksicht, daß sie die Wirtin so leicht und in einer so angenehmen Manier macht, daß es jedem wohl im Hause werden muß. Sie ist es aber noch in mancher andern Rücksicht, sie ist dienstfertig, gefällig und unermüdlich, es einem jeden rechtzumachen. Sie spricht hübsch, manchmal mit etwas Pathos, aber in der Gesellschaft zeichnet sie sich eben nicht durch Einfälle oder Witz aus, so wie sie überhaupt sich von ihren eigentlichen Verdiensten nichts anmerken läßt.»* Eine nur vorgesetzte Bescheidenheit, bewusste Zurücknahme oder gar Berechnung? So ganz schien Dorothea Caroline von Anfang an nicht zu trauen, und schließlich hatte man ihr schon im Vorfeld einiges von ihr berichtet: von ihrer Scharfzüngigkeit, ihrer Koketterie und von Arroganz – die sie nicht finden kann, Kaprizen und Launen aber dafür umso mehr, die Caroline dann allerdings zugegebenermaßen auch immer wieder zurücknehme durch versöhnliche Gesten und ihre eigentlich immer liebenswürdige und verbindliche Art. Koketterie gegenüber ihrem Mann, Wilhelm, die fand Dorothea bei Caroline wohl auch, aber nicht *«ins Blaue hinein»*, wie es die Art echter Kokotten sei. Im nächsten Brief heißt es dann unter anderem: *«Ewig schade, daß sie ihr seltnes Talent für die Kunst nicht übt und mit Ernst bildet.»* Doch darauf folgte gleich auch die Spitze: *«So nimmt ihr aber die schöne Weiblichkeit alle Zeit und alle Gedanken.»* Das würde Dorothea dann auch an Carolines Tochter monieren: dass sie zu viel Zeit damit verbringe, sich zu putzen – Zeit, die verloren gehe für Studien und ernsthafte Dinge. Dorothea hielt sich selbst für unschön und plump. Sehr ausführlich beschrieb sie hingegen Carolines Erscheinung: ihre graziöse Figur, ihre erstaunliche Jugendlichkeit, die sie sich in jeglicher Hinsicht erhalten habe, das braune Haar, das sie kurz und kraus um den Kopf trage (also eigentlich sehr natürlich), ihre einfache, aber immer frische und niedliche Aufmachung, die sie ausnahmslos selbst anfertige und häufig abändere – denn für modische Couture von fremder Hand war im Hause Schlegel vermutlich kein Geld –, geschickt und geschmackvoll, und alles stehe ihr auch so gut. Da war also eine Frau, die ihrer Meinung nach mehr Talent hatte als sie, es aber nicht zu gebrauchen wusste, sondern gewissermaßen lässig beiseite schob, eine Frau, die mit einnehmender Leichtigkeit und dem Zauber persönlicher Ausstrahlung wirkte, was unattraktive Menschen oder die sich dafür halten, mit nachvollziehbarem Neid realisieren, und diese andere Frau war natürlich letztlich die Herrin des Hauses; daran würde sich auch in der dauerhaften Gemeinschaft nichts ändern. Strümpfe stricken konnte Caroline zu allem Überfluss auch noch, konnte Dorothea sich nicht enthalten zu bemerken, und die Küche in ihrem Haus sei vorzüglich. Warum freute sie sich nicht darüber und war zufrieden damit, umso mehr Zeit für Studien, Lektüre, Arbeit für Friedrich sowie die anstrengende Betreuung seiner anspruchsvollen Person übrig zu haben, wenn Caroline den Haushalt allein führte? Vorerst verstanden sich die beiden ganz gut, denn Dorothea hatte Geist und Witz, wie Caroline feststellte, und die Gemeinschaft insgesamt sprühte vor Geist, Unternehmungslust, dem Gefühl eines alternativen Lebensmodells und der gemeinsamen Produktion zukunftsgerichteter Literatur. Dass Caroline die Erste war, die Dorothea, die geschiedene Jüdin und Friedrichs verfemte Lebensgefährtin, besonders nach dem skandalösen Roman, voll und ganz annahm und gesellschaftlich akzeptierte (es wäre wohl sonderbar gewesen, wenn sie es nicht getan hätte, nach ihrer eigenen wilden Geschichte), brachte auch eine gewisse Verbindlichkeit. Aber vielleicht war es für Dorothea auch schwer erträglich, Caroline für etwas dankbar sein zu müssen, das diese sich selbst auf ihre Weise einfach herausnahm. Allerdings lebte Caroline mit niemandem in freier Liebe zusammen, hatte das auch bisher nie getan. Aber ihre Papierehe? Wie stand es damit? Und überhaupt? Dorothea sinnierte: «*Im Grunde glaube ich nicht, daß sie zu dem Leben, wie es ihr hier angewiesen ist, rechte Liebe hat. Ihr Wunsch ist wahrscheinlich, einen glänzenden Weg zu gehen. Sie ist freundlich und lebhaft, aber nie vergnügt, nie fröhlich. Auch ist oft ein Zerstreutsein, eine merkliche Abwesenheit in ihrem Wesen merklich – kurz, ich glaube nicht, daß sie glücklich ist.*» Damit lag sie wohl richtig. Um die Wahrheit zu sagen, befand sich Caroline nach der ruhigen, gemächlichen Wegstrecke, die ihr an Wilhelms Seite gegeben war, in neuer emotionaler Verwirrung, denn sie hatte sich in den jungen Friedrich Wilhelm Schelling verliebt, der im Vorjahr nach Jena gekommen und nun regelmäßiger Kostgänger an ihrem nun schon berühmten und geselligen Mittagstisch war. Es war wieder die nun schon sprichwörtliche romantische Konstellation: Schelling war 24, also zwölf Jahre jünger als sie. Auch Caroline würde seit ihrem Abenteuer mit dem Franzosen nicht mehr von den jüngeren Männern loskommen. Dass sich hingegen die romantischen Männer – bis auf eine illustre Ausnahme – so gerne Frauen aussuchten, die nach damaliger Vorstellung fast eine Generation älter waren als sie, führte ja schon automatisch zu einer anderen Qualität von Beziehung und einem Wandel der Geschlechterverhältnisse. Die Frau war die Lebenserfahrenere, der Mann in gewisser Weise der Suchende, Anlehnende. Das hielt in der Asymmetrie häufig nicht lange vor, wie wir ja am Beispiel von Friedrich und Dorothea gesehen haben. Aber die Paarbildungen gingen von veränderten Voraussetzungen aus. Männer und Frauen experimentierten mit neuen Rollenbildern oder einfach mit der Lust am nicht-Festgelegten. Bei allen Reflexionen über das «Männliche» und das «Weibliche» lief es aber, wie man vorwegnehmen kann, immer wieder darauf hinaus, dass Männer «Geist» sind und Frauen «Natur». Das wurde dann zwar esoterisch hypostasiert – Frauen als Apologie des Naturstandes à la Rousseau, angeblich überlegen, da sie eine verlorengegangene Einheit und Ganzheit verkörpern, ihre Ähnlichkeit mit dem Unendlichen, Höchsten, unteilbarer und zusammenhängender als der suchende und «teilbare» Mann –, aber es blieb dabei: Frauen sind eine Art Pflanzenwesen; der voranschreitende Typ ist immer der Mann.

Unendlichkeit. Das Wort wurde in der Epoche zum Zauberwort, einer magischen Größe, Ausdruck des Weltverhältnisses des romantischen Menschen in der Natur. Nirgends wird uns das vielleicht so fühlbar und sichtbar wie in den Landschaftsbildern Caspar David Friedrichs. Sein «Mönch am Meer» wurde so etwas wie das Symbolbild der Romantik. Der sinnende, in sich versunkene Kapuzinermönch und der endlose Raum, der nur umso deutlicher die menschliche Ohnmacht und Endlichkeit dieses Menschen dokumentiert, während das Subjekt aber eingehen will in den unendlichen Raum, drückte das Weltverhältnis sinnfälliger aus als jede schwer zugängliche Philosophie. In der christlichen Tradition werden die Prädikate des Unendlichen allein Gott zugeschrieben. Der kritische Idealismus hingegen erlaubt dem Menschen mit neuen Voraussetzungen eine Art voranschreitende Teilhabe an der unendlichen (göttlichen) Sphäre. In der Antinomienlehre Kants werden die Widersprüche, in die sich die selbstbezügliche Vernunft des Menschen verstrickt, in Bezug auf das Unendliche aufgehoben. Die Dinge in Raum und Zeit (und diese selbst) sind weder unendlich noch endlich, sondern es handelt sich um Erscheinungen, in denen sich in einem nie aufhörenden Prozess der Synthese von Daten eine Wirklichkeit als Erfahrung manifestiert. Das «Ding an sich», so Kant, ist nicht erkennbar. Wir erleben die Welt nur durch die Brille unserer Erkenntniskräfte, geformt durch die *apriori* im erkennenden Geist bereitliegenden Anschauungsformen des Raumes und der Zeit sowie den Denk- und Verstandesformen der Kategorien. Die Vernunft aber fordert, bei keinem Letzten in der Reihe der raum-zeitlichen Erscheinungen stehenzubleiben, sondern immer weiter vor- und rückwärts zu schreiten, ins Unendliche und ins Indefinite. Es gibt also keinen Anfang in der Zeit, keine Grenze des Raumes und keine letzten Teile des Raums in der Zeit, aber es gibt ein Gesetz der nie abzuschließenden Setzung von Räumen, Zeiten und ihren immer feineren Teilen, das Gesetz einer ins Unendliche gehenden räumlich-zeitlichen Datenverbindung und

Analyse. Der Kantianer Fichte, für den Philosophie die wissentliche Selbstbeobachtung der schöpferisch-ethischen Aktivität der Persönlichkeit ist, betrachtet die Tätigkeit des Ich als ins Unendliche gehend. *«Das Ich ist unendlich»*, heißt es bei Fichte, *«aber bloß seinem Streben nach. Es strebt unendlich zu sein.»* Nach den drei *«Tathandlungen»* (Ich setzt sich selbst. Ich setzt nicht-Ich. Ich setzt im Ich dem teilbaren Ich ein teilbares nicht-Ich entgegen) gibt uns nach Auffassung des Philosophen gerade das Bewusstsein, dass die dingliche Welt außer uns nichts weiter ist als das Produkt unseres eigenen Vorstellungsvermögens, die Gewissheit unserer Freiheit. Somit ist nicht das Ich bestimmt durch die Dinge, sondern die Dinge sind bestimmt durch das Ich – anders gesagt: Das Bewusstsein bestimmt das Sein. Das ist Freiheit.

Als das Jahrhundert zur Neige ging, da ging man auch ins Gericht mit dem alles erhellenden und sezierenden Licht, mit dem sich das zurückliegende Jahrhundert identifiziert hatte. Zwar: Es stand für das Ende des finsteren Aberglaubens, der Abhängigkeiten, der Unwissenheit und der selbstverschuldeten Unmündigkeit. Doch das Licht ist nur *eine* Hälfte der kosmischen Wirklichkeit, und die Vertreter des Lichtzeitalters vertreten nur *eine* Erfahrungsdimension menschlicher Identität. In der frühromantischen Literatur finden sich zahlreiche Karikaturen als Verkörperungen der Aufklärung. Das sind Philister, die nichts verstanden haben, aber die Menschheit belehren wollen, trockene Buchstabengelehrte, die nur Zahlen und Worte und Buchstaben aneinanderreihen, aber nichts wissen von den tiefer gelegenen Kräften im Menschen, von Phantasie, Kunst, Poesie. In Ludwig Tiecks Fünfakter «Die verkehrte Welt», 1800 erschienen, usurpiert ein solcher Philister den Thron Apolls, der in den schlechten Zeiten für Kunst, die da angebrochen waren, geflohen ist und als Asylant bei König Admet die Schafe hütet. Skaramuz, der Aufklärer und Usurpator, lässt den göttlichen Flüchtling sofort steckbrieflich suchen, denn so sicher es auch ist, dass die Zeiten für Poesie unter seiner Herrschaft vorbei sind, so sicher müssen doch die Unterwanderer unter Kontrolle gebracht werden in seinem vernunftgeleiteten, schlichten Regime. Wenn der Aufklärer den Pegasus reitet, dann unter *«schlich-*

ter, vernünftiger Prosa», und die Musen wohnen mit vierteljähriger Kündigungsfrist zur Miete auf dem Parnass. Das Ganze endet in einem schönen Verwirrspiel mit bürgerlich persifliertem Schluss, in dem das Theater sich über sich selbst lustig macht, das Publikum lebhaft an dem Geschehen beteiligt ist und der Bühnenautor unentwegt die Illusion aufbricht. Apollon rebelliert gegen den Aufklärer, die tragische Muse heiratet einen Arzt und Thalia, die Muse der Komödie, Schutzheilige des Theaters in neuerer Zeit, wird die Gattin des Narren. Was soll man also tun gegen die Ignoranz eines Zeitalters, das derart den leeren Buchstaben verfallen ist, dass darüber die Kunst und die Phantasie in Gefahr geraten? Neue Wege nach innen und in die dunklen Bezirke. Das wird das Motto sein, und es steht für Erneuerung. August Wilhelm Schlegel spricht die Lichtvertreter direkt in ihrer Eigenschaft an, wenn er diese Erneuerung zu charakterisieren versucht: «*Ihr wollet erleuchten? Gut, das Licht ist eine Gabe des Himmels: wo sind die Proben eurer himmlischen Sendung? Das Licht ist vermöge seiner Natur zuvörderst selbst hell, und dann erleuchtet es die übrigen Dinge. Eben so verhält es sich mit dem, was im menschlichen Gemüthe einzig den Namen des Lichtes verdienen kann: die Ideen, welche in der innern Anschauung unmittelbare Überzeugung ihrer Nothwendigkeit und ewigen Gültigkeit mit sich führen, und demnächst auch die äußerlichen Erscheinungen in ihr wahres Verhältnis unter einander und gegen jene setzen. […] Auch unser Gemüth theilt sich wie die äußere Welt zwischen Licht und Dunkel […]. Der Sonnenschein ist die Vernunft der Sittlichkeit auf das thätige Leben angewandt, wo wir an die Bedingungen der Wirklichkeit gebunden sind. Die Nacht aber umhüllt diese mit einem wohlthätigen Schleyer, und eröffnet uns dagegen durch die Gestirne die Aussicht in die Räume der Möglichkeit; sie ist die Zeit der Träume. Einige Dichter haben den gestirnten Himmel so vorgestellt, als ob die Sonne nach Endigung ihrer Laufbahn in alle jene unzähligen leuchtenden Funken zerstöbe: dieß ist ein vortreffliches Bild für das Verhältniß der Vernunft und Fantasie: in den verlorensten Ahndungen dieser ist noch Vernunft […] Was schon in den alten Kosmogonieen gelehrt ward, daß die Nacht die Mutter aller Dinge sey, dieß erneuert sich in dem Leben eines jeden Menschen: aus dem ursprünglichen Chaos gestaltet sich ihm durch Liebe und Haß, durch Sympathie und Antipathie die Welt. Eben auf dem Dunkel, worein sich die Wurzel unsers Daseyns verliert, auf dem unauflöslichen Geheimniß beruht der Zauber des Lebens, dieß ist die Seele aller Poesie.*»

Die letzte und schwerste Prüfung
1800–1803

Eigentlich war es nur ein einziger verlängerter Winter, in dem der Romantikerkreis in Jena zusammenkam und Literaturgeschichte schrieb: die Schlegels, Tieck, Friedrich von Hardenberg, Schelling, der junge Physiker Ritter. Besonders denkwürdig ist das Romantikertreffen zwischen dem 11. und 14. November, bevor das neue Jahrhundert begann. Zu den versammelten Gästen gehörte sonst auch die Schriftstellerin Sophie Mereau, die im Schlegelschen Haus den Medizinstudenten Clemens Brentano kennenlernte, während zum Beispiel die Professoren Paulus, Loder und Hufeland schon seit längerem Carolines Mittagstisch frequentierten. Die Geschichte der Sophie Mereau, die später Brentano heiratete, ist ein weiteres anschauliches Beispiel weiblicher Emanzipation im Kreis der Romantiker. Sophie Schubart wurde 1770 als Tochter des sächsischen Obersteuerbuchhalters Gotthelf Schubart in Altenburg geboren. Schubart ließ seinen Töchtern Sophie und Henriette eine hervorragende Bildung zukommen, die im Falle der jüngeren Sophie zu Ambitionen und einem verständlichen Unwillen führte, sich mit der üblichen untergeordneten Frauenrolle zufriedenzugeben. Sophie, die sich mit Kunst, Sprachen, Literatur und Philosophie befasste und korrespondierendes Mitglied des Berliner «Tugendbunds» war, zu dem auch die Brüder Wilhelm und Alexander von Humboldt, Schillers Schwägerin Caroline von Wolzogen, die damals noch in Berlin lebende Dorothea Veit, Henriette Herz und Wilhelm von Humboldts Verlobte Karoline von Dacheröden gehörten, strebte nach Höherem und war auch dem klassischen Ehemodell nicht sehr zugetan. Sie war vielumworben, eine Schönheit ihrer Epoche, doch auch sie ging letztlich, ähnlich wie Caroline nach den Folgen von Mainz, eine Vernunftehe ein. Der einzig nachvollziehbare Grund, der sie bewogen haben mag, den fünf Jahre älteren Juristen Friedrich Ernst

Karl Mereau, der in Jena als Universitätsbibliothekar angestellt war, nach jahrelangem Widerstreben zu heiraten, war die Aussicht darauf, an seiner Seite in Jena zu leben. Äußerst geschickt hatte der unermüdliche Brautwerber in die letzten und ausschlaggebenden seiner 120 erhaltenen Werbebriefe die Mitteilung einfließen lassen, dass er unlängst an Schillers Krankenlager gesessen und mit ihm über ihre Gedichte geredet habe (der sie für gut befand). In der Tat: Schiller, der sonst ziemlich unfreundliche Bemerkungen über schriftstellernde Frauen verlauten ließ, schätzte und förderte das Talent und das Werk Sophie Mereaus – eine der ersten Frauen, wenn nicht die erste, die versuchte, eine unabhängige Existenz als Schriftstellerin aufzubauen. Relativ offen lebte sie in Jena ihre außerehelichen Liebschaften aus, die meistens im Sande verliefen – bis auf den neun Jahre jüngeren Clemens Brentano, dem sie nach etwa siebenjähriger Ehe mit Friedrich Karl Ernst Mereau in Carolines gastfreundlichem Hause begegnete. Als Sophie 1801 die Scheidung von ihrem Ehemann einreichte, da war es indessen nicht, wie im Fall Dorotheas, um sich mit dem wartenden Liebhaber zu verbinden, sondern es war ein bewusster Schritt in die Selbständigkeit. In einem ihrer später verfassten Romane, dessen süßlicher Titel «Das Blütenalter der Empfindung» dem Zeitgeschmack und vermutlich der Absatzförderung geschuldet war, der aber wenig mit dem Geist der Erzählung zu tun hat, da heißt es: *«Im Vollgenuß der Gesundheit, in keine Verhältnisse verwickelt, von keinen Vorurteilen gefesselt, stand ich da – ein freier Mensch.»* Das sagt freilich ein männlicher Protagonist, das Autor-Ich in der konventionsgeläufigen Maske, wenn auch bewusst in anfänglicher Verwirrung gehalten von einer Verfasserin, die gerne mit Rollen spielt. So experimentierfreudig diese Zeit und ihre Repräsentanten auch sein mochten, so war es aber doch eine Tatsache, dass Männer zwar ohne weiteres ihre «weiblichen» Seiten ausleben durften, Frauen aber das Ausleben der als männlich geltenden Rollenmuster bestenfalls in bizarren Masken gewährt wurde – etwa der Kindfrau Bettina Brentano, Clemens' Schwester, die in ihren romantisch beseelten Jungmädchenjahren eine seltsame androgyne Koboldrolle spielte, sich Goethe auf den Schoß setzte und ihm dann schwüle Briefe schrieb aus der Sicht eines «Kindes», auf Stühlen und Schränken herumkletterte und in Männerkleidern umherreiste, um auf diese Weise («Kinder und Narren sagen die Wahrheit», und ihnen ist erlaubt, was gefällt) Einzug in die Literaturgeschichte zu halten. In einem von Sophies Briefen an Clemens Brentano heißt es jedenfalls: *«Es ist wahr, ein Gefühl ist in mir, ein einziges, welches nicht Dein gehört. Es ist das Gefühl der Freiheit. Was es ist, weiß ich nicht, es ist mir angeboren, und Du verletzest es zuweilen. Verteidigen kann ich es nicht, denn wer sich verteidigen muß, ist nicht frei; betrügen kann ich nicht, denn Betrug ist Zwang, kannst Du es also mehr schonen wie bisher, so bin ich zufriedner …»* Sophie Mereau war in Jena weit und breit die einzige Frau, die sich in Fichtes Vorlesungen setzte – Konvention oder Universitätsstatute hin oder her.

Fichte hatte Jena mittlerweile verlassen – nicht ganz freiwillig, sondern nach seiner Entlassung von der Universität infolge des «Atheismusstreits». Der Philosoph hatte die Meinung vertreten, es sei keine Pflicht, zu glauben, dass Gott als moralischer Weltregent existiere, sondern es sei allein Pflicht, zu *handeln*, als ob man es glaube. Das war sehr Kantisch – Kant stellte in seiner religionsphilosophischen Schrift «Die Religion innerhalb der Grenzen der bloßen Vernunft» bereits in der Vorrede der ersten Auflage 1793 fest, *«die Moral, so fern sie auf dem Begriffe des Menschen, als eines freien, eben darum aber auch selbst durch seine Vernunft an unbedingte Gesetze bindenden Wesens, gegründet ist»*, bedürfe nicht der Idee eines Wesens über ihm, sondern sei sich selbst genug, *«vermöge der reinen praktischen Vernunft»*. Fichte blieb seinem geistigen Ziehvater in allem, was nicht politisch war, auf der Spur. Die Möglichkeit einer moralischen Weltordnung ohne die Notwendigkeit der Existenz Gottes, die er hier konstatierte, brachte ihn aber in Jena zu Fall. Er lebte jetzt in Berlin als Privatmann, trotzig und unermüdlich für eine philosophische wie politische Freiheit ins Feld ziehend, die alle gesellschaftlichen Dimensionen umfasste. Der Französischen Revolution und ihren Grundgedanken blieb der Philosoph immer verbunden. Während der Besatzungszeit unter Napoleon engagierte er sich dann heißblütig für eine nationale Erneuerung und schaffte somit den Sprung von der revolutionären Gesinnung zum Nationalpatriotischen. Er bediente damit eine Stimmung, die in der Luft lag. Seine «Reden an die deutsche Nation» im Winter 1807/1808 machten Geschichte und waren jedenfalls ein seltenes Beispiel dafür, wie ein Systemdenker den Brückenschlag zu den politischen Fragen des Tages vollzog. Ein unbequemer Zeitgenosse war dieser Sohn eines armen Leinewebers aus einem Dorf in der Oberlausitz, der sich als Hütejunge ein Zubrot verdiente und vom Dorfpfarrer fördernden Gönnern für eine akademische Laufbahn empfohlen wurde, jedenfalls von jeher. Kaum nach Jena berufen, verbreitete er beunruhigende politische Schriften, forderte die Denkfreiheit von den Fürsten Europas zurück, die sie seiner Meinung nach unterdrückten, und behauptete frech, diese würden größtenteils in Trägheit und Unwissenheit erzogen und seien *«allemal wenigstens um ihre Regierungsjahre hinter ihrem Zeitalter zurück»*. Geheimrat Goethe, der als Kultusminister auch für die Jenaer Universität zuständig war, wusste auch nicht, wie er mit dem unbequemen Mann umgehen sollte. Politische Aufmüpfigkeit jedenfalls war ihm ein Greuel. Und so hielt er sich im Zuge des Verfahrens gegen Fichte bedeckt, als es wegen des Atheismusstreits zum Eklat kam, angeheizt durch akademischen Neid der professoralen Kollegen, die Fichtes enormen Zulauf nicht litten. Auch Caroline schildert die *«Fichtesche Sache»* in einem Brief an Luise Gotter als groß angelegte Intrige. *«Wie Du von der ersten Anklage, die von einem bigotten Fürsten und seinen theils catholischen theils herrnhutischen Rathgebern herrührte, zu denken hast, wirst du ungefähr einsehn. Wir hoften aber, es sollte sich mit einer unbedeutenden Formalität endigen. Aber da hezt man den Fichte durch allerley Berichte von Weimar, es stehe schlimm usw., daß er an den Geheimerath Voigt schreibt, er werde seinen Abschied nehmen, wenn man ihm einen gerichtlichen Verweis gebe und seine Lehrfreiheit einschränke.»* Man habe es dann so hingedreht, dass man Fichtes Demissionsdrohung annahm, und den Studenten, die sich nach Weimar wandten, um ihn zu erhalten, habe man zur Antwort gegeben, man werde ihnen Fichtes *«Privatbrief»* an Voigt zugänglich machen und sie in der Angelegenheit gleichsam zu Richtern bestellen. *«Die Sache läuft darauf hinaus, man ergriff freudig den Vorwand ihn los zu werden, aus Furcht vor dem Chursächsischen Hof, und weil Fichtens unerschütterliche Red-*

lichkeit sie oft in Verlegenheit setzt. Der Herzog hat sich viel gegen Jena erlaubt.» Aber das war nun nicht mehr zu ändern. Fichte war guten Mutes. Er bekam bald einen Ruf an die Berliner Universität und verfasste in der Zwischenzeit eine Schrift mit dem Titel «Der geschlossene Handelsstaat». Da entwarf er das Bild eines Staatswesens, das hinsichtlich der Einrichtungen der Individuen, ihrer Rechte und Pflichten eine regulative Funktion hatte. Dieser Staat schien das «Ich» bis zu einem gewissen Grad förmlich zu assimilieren. Ohne Einschränkung der persönlichen Freiheitsrechte funktionierte der geschlossene Handelsstaat jedenfalls nicht.

Friedrich Schlegel und seine Mitarbeiter am «Athenäum» bewegten sich in anderen Dimensionen. Novalis alias Friedrich von Hardenberg, Friedrichs Studienfreund aus der Leipziger Zeit, gab der Bewegung eine Wendung ins Esoterische, aber an ihm würde sich auch eine gewisse Trennlinie abzeichnen. Da war endgültig der Scheideweg von der Weimarer Klassik und der progressiv-horizontalen Linie der Aufklärung beschritten, denn an seinem Credo, das die Objektivierung der Klassik, das Hinaufstreben ins Mythisch-Typische durch reine Subjektivierung ersetzte, den Weg nach innen, sprach sich das romantische Programm als eine Abgrenzung aus. Nicht nach oben ging dieser Weg, sondern ins Innere, nicht ins Licht, sondern in mythische Dunkelheit, nicht in ein lediglich illusorisches Wachstum, sondern in den Zyklus des Werdens und Vergehens. *«Wir sind auf einer Mißion»,* heißt es in Novalis' «Blüthenstaub»-Fragmenten in der ersten Athenäums-Ausgabe, *«zur Bildung der Erde sind wir berufen».* Und: *«Leben ist der Anfang des Todes. Das Leben ist um des Todes willen. Der Tod ist Endigung und Anfang zugleich, Scheidung und nähere Selbstverbindung zugleich. Durch den Tod wird die Redukzion vollendet.»* Das magische Weltverhältnis der Romantik findet bei ihm reinen Ausdruck. Dass Dichter und Priester im Anfang eins waren und in der Zukunft auch wieder werden sollen, beschwört Novalis auch in den «Blüthenstaub»-Fragmenten. Dabei besaß dieser junge Adelige im Gegensatz zu vielen seiner romantischen Mitstreiter einen unverkennbaren Hang zur Solidität. Er hatte ein Amt und ein regelmäßiges Einkommen, wollte ursprünglich in den preußischen Staatsdienst, hatte sein juristisches Studium in Wittenberg sehr zügig abgeschlossen, dichtete nur am Feierabend und trug sich mit frühen Heiratsabsichten (seine Braut war allerdings eine Zwölfjährige). Diese tiefe und zerbrechliche Seele, die die romantische Todessehnsucht begründete, sehnte sich zugleich nach dem Bewährten und Festen und suchte nach Kompensationen ihrer wirklich ins Unendliche reichenden geistig-seelischen Disposition. Das war auch die Hinwendung zur Natur – Chemie, Bergwerkskunde, also die zu ergründenden Gesetze der Erde – sowie männliche Ertüchtigung, wie sie das Militär bieten konnte («*Im Zivilstande werde ich verweichlicht*»). Da es nichts wurde mit dem Dienst bei der Kavallerie, was mit den schlechten Vermögensverhältnissen seiner Familie zusammenhing, musste er andere Wege einschlagen, um sich zu ertüchtigen. Aber Hardenberg war auch ein einnehmender, angenehmer Geselle. Friedrich Schlegel schrieb seinem Bruder Wilhelm im Januar 1792: «*Das Schicksal hat einen jungen Mann in meine Hand gegeben, aus dem alles werden kann. – Er gefiel mir sehr wohl und ich kam ihm entgegen; da er mir denn bald das Heiligtum seines Herzens weit öffnete. Darin habe ich nun meinen Sitz aufgeschlagen und forsche. – Ein noch sehr junger Mensch – von schlanker guter Bildung, sehr feinem Gesicht mit schwarzen Augen, von herrlichem Ausdruck, wenn er mit Feuer von etwas Schönem redet – unbeschreiblich viel Feuer – er redet dreimal mehr und dreimal schneller wie wir andre – die schnellste Fassungskraft und Empfänglichkeit. Das Studium der Philosophie hat ihm üppige Leichtigkeit gegeben, schöne philosophische Gedanken zu bilden – er geht nicht auf das Wahre, sondern auf das Schöne – seine Lieblingsschriftsteller sind Plato und Hemsterhuis – mit wildem Feuer trug er mir einen der ersten Abende seine Meinung vor – es sei gar nichts Böses in der Welt – und alles nahe sich wieder dem goldenen Zeitalter. Nie sah ich so viel Heiterkeit der Jugend. Seine Empfindung hat eine gewisse Keuschheit, die ihren Grund in der Seele hat, nicht in Unerfahrenheit. Denn er ist schon sehr viel in Gesellschaft gewesen (er wird gleich mit jedermann bekannt) ein Jahr in Jena, wo er die schönen Geister und Philosophen wohl gekannt, besonders Schiller.*» Schiller war in der Tat eine Heldenfigur für den jungen Dichter Friedrich von Hardenberg. Vergleichbar mit Friedrich Schlegels früher «Gräkomanie» und seiner Anknüpfung an die klassischen Positionen wird auch hier deutlich, auf wessen Schultern die frühen Romantiker standen, auch wenn sie sich später von ihnen abgrenzten. In Schillers Gedicht «Die Götter Griechenlands», das Novalis bewunderte, zeigte sich eine ähnliche Zeitdiagnose, wie sie sich die Romantiker später zur Grundlage machten für ihren Aufruf zur Poetisierung der Welt. Im Gegensatz zu beseelteren Zeiten, den Zeiten der Götter Griechenlands, herrschte jetzt ein prosaischer Geist, in dem nicht der elysische Hain winkte, sondern der Sensemann und der Rationalismus, Christentum und Vernunftglaube. Beschworen wird ein mythisches Zeitalter, und beklagt wird die Seelenlosigkeit einer vernunftdurchwirkten Epoche.

> «Wo jetzt nur, wie unsre Weisen sagen,
> Seelenlos ein Feuerball sich dreht,
> Lenkte damals seinen gold'nen Wagen
> Helios in stiller Majestät.»

Schillers Sehnsucht nach irdischen Paradiesen, nach einer Rückkehr in einen arkadischen Zustand, schuf noch ein Bindeglied mit den jungen Romantikern. Aber schon Schillers Schlusszeilen der «Götter Griechenlands» verweisen mindestens auf die Diskrepanz eines Weltverhältnisses, das die Romantiker dann verabsolutierten.

> «Ja, sie kehrten heim und alles Schöne
> Alles Hohe nahmen sie mit fort,
> Alle Farben, alle Lebenstöne,
> Und uns blieb nur das entseelte Wort.
> Aus der Zeitfluth weggerissen schweben
> Sie gerettet auf des Pindus Höhn,
> Was unsterblich im Gesang soll leben
> Muß im Leben untergehn.»

Bei Novalis heißt es: *«Zu Ende neigte die alte Welt sich. Des jungen Geschlechts Lustgarten verwelkte – hinauf in den freyeren, wüsten Raum strebten die unkindlichen, wachsenden Menschen. Die Götter verschwanden mit ihrem Gefolge – Einsam und leblos stand die Natur. Mit eiserner Kette band sie die dürre Zahl und das strenge Maaß.*

Wie in Staub und Lüfte zerfiel in dunkle Worte die unermeßliche Blüthe des Lebens. Entflohn war der beschwörende Glauben, und die allverwandelnde, allverschwisternde Himmelsgenossin, die Fantasie. Unfreundlich blies ein kalter Nordwind über die erstarrte Flur, und die erstarrte Wunderheymath verflog in den Aether. Des Himmels Fernen füllten mit leuchtenden Welten sich. Ins tiefre Heiligthum, in des Gemüths höhern Raum zog mit ihren Mächten die Seele der Welt – zu walten dort bis zum Anbruch der tagenden Weltherrlichkeit. Nicht mehr war das Licht der Götter Aufenthalt und himmlisches Zeichen – den Schleyer der Nacht warfen sie über sich. Die Nacht ward der Offenbarungen mächtiger Schoos – in ihn kehrten die Götter zurück – schlummerten ein, um in neuen herrlichern Gestalten auszugehn über die veränderte Welt.»

«Hymnen an die Nacht». Der Gedichtzyklus des Novalis, der 1800 erschien und aus Vorlagen unterschiedlichen Datums zusammengesetzt ist, hat eine «Ur-Hymne» zur Grundlage, die man aus einem Tagebucheintrag des Dichters am Grab seiner jugendlichen Geliebten Sophie von Kühn drei Jahre zuvor rekapitulierte. Die mittlerweile fast fünfzehnjährige Braut war nach anderthalbjährigem Leiden an einer Infektionskrankheit gestorben. An ihrem Grabe hatte der Dichter ein Initialerlebnis, sah er die dahingegangene Braut doch als Mittlerin zwischen der einen und der anderen Welt – eine Todesinitiation. *«Christus und Sophie»*, heißt es in Hardenbergs Tagebuch. Er beschloss, Sophie nachzusterben, und tatsächlich starb Friedrich von Hardenberg knapp vier Jahre später mit neunundzwanzig Jahren an Tuberkulose. Ein wirklich geisterhaftes Geschehen. Nichts exemplifiziert die Romantik so sehr wie diese Hymnen an die Nacht und ihr Urheber. Die Nacht verspricht seligen Bewusstseinsverlust, eine Abkehr vom tückischen Blendwerk des Tages, mühseligem irdischen Tagewerk. Noch Thomas Mann wird diese Verse zitieren. Sie haben gewissermaßen den romantischen Geist eines Jahrhunderts begründet. *«Muß immer der Morgen wiederkommen? Endet nie des Irdischen Gewalt? unselige Geschäftigkeit verzehrt den himmlischen Anflug der Nacht. Wird nie der Liebe geheimes Opfer ewig brennen? Zugemessen ward dem Lichte seine Zeit; aber zeitlos und raumlos ist der Nacht Herrschaft. –*

Ewig ist die Dauer des Schlafs. heiliger Schlaf – beglücke zu selten nicht der Nacht Eingeweihte in diesem irdischen Tagewerk.» Das Sophie-Erlebnis schließlich, die «Ur-Hymne»: *«Einst da ich bittre Thränen vergoß, da in Schmerz aufgelöst meine Hoffnung zerrann, und ich einsam stand am dürren Hügel, der in engen, dunkeln Raum die Gestalt meines Lebens barg – einsam, wie noch kein Einsamer war, von unsäglicher Angst getrieben – kraftlos, nur ein Gedanken des Elends noch. – Wie ich da nach Hülfe umherschaute, vorwärts nicht konnte und rückwärts nicht, und am fliehenden, verlöschten Leben mit unendlicher Sehnsucht hing: – da kam aus blauen Fernen – von den Höhen meiner alten Seligkeit ein Dämmerungsschauer – und mit einemmale riß das Band der Geburt – des Lichtes Fessel. Hin floh die irdische Herrlichkeit und meine Trauer mit ihr – zusammen floß die Wehmut in eine neue, unergründliche Welt – du Nachtbegeisterung, Schlummer des Himmels kamst über mich – die Gegend hob sich sacht empor; über der Gegend schwebte mein entbundner, neugeborner Geist. Zur Staubwolke wurde der Hügel – durch die Wolke sah ich die verklärten Züge der Geliebten. In ihren Augen ruhte die Ewigkeit – ich faßte ihre Hände, und die Thränen wurden ein funkelndes, unzerreißliches Band. Jahrtausende zogen abwärts in die Ferne, wie Ungewitter. An Ihrem Halse weint ich dem neuen Leben entzückende Thränen. – Es war der erste, einzige Traum – und erst seitdem fühl ich ewigen, unwandelbaren Glauben an den Himmel der Nacht und sein Licht, die Geliebte.»* Die transzendentalphilosophische Reise dieses Poeten, der die Grenzen seiner Individuation in einem todeserotischen Akt aufheben will, läuft auf Verflüssigung, Mischung und Neumischung, eine durchgehende Erotizität allen Lebens hinaus, Auflösung des Ich, ständige Aufhebung seiner erstarrenden Grenzen. Das ist das Gegenmodell zum bewussten und seiner selbst bewussten Individuum, das sich den Weg ebnet und souverän die Welt um sich ordnet. Es ist Regression, lustvolle Aufhebung aller Formen und Grenzen, eine Absage an die Vernünftigkeit, ein Bekenntnis zu Traum, Rausch, Ekstase und Tod. Es ist vielleicht die eigentliche Revolution im romantischen Denken. Nichts davon ist kompatibel mit dem abendländischen Humanitätsideal, mit der Erziehung des Menschengeschlechts, mit dem Fortschrittsglauben, mit dem sozialen Gedanken oder mit einer wie auch immer akzentuierten staatlichen Ordnung. Noch die Spätromantik im Fin-de-siècle hundert Jahre danach, die sich auf die pessimistische Philosophie Arthur Schopenhauers beruft, wird als subversiv angesehen und positioniert sich in Deutschland auch als bewusste Gegensphäre zum staatlich verordneten Optimismus der Kaiserzeit. Auch das ist Freiheit: Entgrenzung, Ichverlust, Aufgabe aller Form, die Entscheidung, dem Lebensdienst abzuschwören, Irrationalität, Hingabe ans Elementare, wenn es nicht anders sein kann, auch die Freiheit zur Selbstzerstörung, die ja doch, wenigstens in der Braut- und Christus-Nachfolge des Dichters Novalis, eine höhere Vereinigung mit dem Kosmischen und mit dem Göttlichen sein soll.

Das Religiöse erhielt von nun an eine herausragende Bedeutung im romantischen Denken. Nicht nur Novalis erwähnte etwa von dieser Zeit an, da er seine nächtlichen Hymnen verfasste und in den denkwürdigen Tagen von Jena mit seinen Freunden zusammentraf, immer häufiger Christus, Maria und die Bedeutung der Kirche. Besonders der katholische Glaube als das vermeintlich naivere und lebendigere Christentum wurde als eine neu zu entdeckende Nährquelle empfunden und gegen die anmaßende Vernunft der Aufklärung ins Feld geführt, die eine Folge des wort- und schriftvergötternden Protestantismus sei. Auch bei Friedrich Schlegel finden wir bereits zu dieser Zeit derartige Ansätze. Erst recht finden wir sie in den schon 1796 erschienenen «Herzensergießungen eines kunstliebenden Klosterbruders», die hauptsächlich von Heinrich Wackenroder verfasst wurden, die sich aber im Wesentlichen Ludwig Tieck auf die Fahne schrieb: Die Apotheose des Künstlers wird flankiert von Madonnenbildern, das Allerheiligste der Kunst ist ein Fingerzeig Gottes, und das unwiederbringlich verlorene christliche Mittelalter zeugte von einer ebenso verlorenen inneren Einheit und Kraft. Goethe hat sich über den Buchtitel und die im Büchlein enthaltenen Tendenzen und Kunstwelten lustig gemacht. Dass ein Mönch sich für Kunst interessiere, sei eine mögliche, aber keineswegs eine zwingende Korrelation, und so müsse man, um die Kunst wertzuschätzen oder sie auszuüben, auch nicht unbedingt Mönch werden. Der Weimarer Dichterfürst, den Novalis im «Blüthenstaub» noch als den *«wahren Statthalter des poetischen Geistes auf Erden»* bezeichnete, erschien diesen jungen Avantgardisten nun gar zu prosaisch, und Novalis war auch der Erste, der das formulierte. Der «Wilhelm Meister», so meinte er, mit seiner überwiegenden *«Ökonomie»*, sei *«ein Candide, gegen die Poesie gerichtet»* und *«aus Stroh und Hobelspänen zusammengesetzt»* – was ungerecht ist, denn Wilhelm, Goethes ein wenig farbloser Protagonist, ist eigentlich auch eine Art schwebender Held, der am Ende nicht schlauer als vorher ist, allenfalls etwas abgeschliffen von der Buntheit und Mannigfaltigkeit der lebendigen Welt, in der der bildungsfähige Einzelne mit der Zeit seinen übersteigerten Subjektivismus zurücknehmen muss; Goethe war kein Ideendichter und kein Moralist, das ganz bestimmt nicht. Jedenfalls aber war er nicht mehr der Statthalter des poetischen Geistes auf Erden nach Meinung der nachrückenden Generation. In seinem eigenen Roman «Heinrich von Ofterdingen», einer Art Anti-Meister, in der ein junger Mann nicht seinen Kunst- und Theaterflausen entsagt, sondern, von einem geheimnisvollen Fremden dazu animiert, die blaue Blume sucht, die so sinnbildlich wurde, entlarvt Novalis gleichsam den schreibenden und damit die Dinge verfestigenden Autor als Sinnbild der Aufklärung. In seiner eigenen Weltsicht aber sollen die Dinge im Fluss bleiben. Die Zeit im «Ofterdingen» ist unbestimmt, es gibt kein Kontinuum, sondern mythische Wiederholung, eine zyklische, keine chronologische Erzählstruktur, und alles steht irgendwie von Alters her fest. So überlistet gewissermaßen die schwebende Poesie den Erzähler selbst, der alles in eine feste Form bringen will.

An einem dieser denkwürdigen Jenaer Tage zwischen dem 11. und dem 14. November 1799 trug Novalis dem Freundeskreis seinen Aufsatz «Die Christenheit oder Europa» vor. Er war für das «Athenäum» gedacht, doch er frappierte und irritierte den Freundeskreis, und zwar derart, dass man schließlich Goethe um Rat ersuchte, was mit dem Aufsatz zu machen sei, ob man es wirklich wagen könne, ihn zu veröffentlichen. Goethe riet davon ab – und das war absehbar, auch sicher keine reine Diplomatie, um den jungen Literaten in Jena eine Konfrontation mit der sachsen-weimarischen Obrigkeit zu ersparen, allerdings diesmal nicht wegen «Atheismus» wie im Fall Fichtes, sondern wegen katholisierender Anwandlungen. Novalis, «der Neuland Bestellende», war sich bewusst, dass ein neues religiöses Zeitalter anstehe, und sein Freund Friedrich Schlegel äußerte über ihn: *«Du wirst der Paulus der neuen Religion sein, die überall anbricht – einer der Erstlinge des neuen Zeitalters – des Religiösen.»* Was aber war Religion nach der Auffassung Friedrich von Hardenbergs? Ein Verbundensein mit einer höheren Welt, eine permanente Erfahrung von Transzendenz – oder wie es Friedrich Schleiermacher ausdrückte: in allem Einzelnen und Endlichen das Unendliche sehen. In seiner Zeit als Student der Bergakademie im sächsischen Freiberg, der eine Anstellung zum Salinen-Asessor folgte, da entwarf Hardenberg seinen *«magischen Idealismus»*. Das ist die Vorstellung eines dynamischen Gleichgewichts zwischen Außenwelt, menschlicher Phantasie und Idee. Der Mensch ist ein Spiegelbild des unendlichen Weltalls; er besitzt diese Unendlichkeit auch in seinem Innern. Und so stellt der *«magische Idealismus»* die verlorengegangene Einheit zwischen Universum und Mensch wieder her. «Magie» ist für Novalis *«die Kunst, die Sinnenwelt willkürlich zu gebrauchen»* oder auch *«Sympathie des Zeichens mit dem Bezeichneten»*. Wie so viele seiner Zeitgenossen suchte Novalis nach der großen Einheit in der Natur, nach dem einheitlichen Wesen hinter der Vielheit aller Erscheinungen. Vielfältig, so unerschöpflich wie die Natur waren auch seine Zugänge. Über Chemie, Physik, Alchemie, Gravitationslehre, Arithmetik, Mythenforschung und Dichtung rodete der «Neuland Bestellende» das Land auf der Suche nach Analogien. Die ganze Natur, so erfuhr er an der Freiberger Bergakademie bei den mineralogischen Vorlesungen seines Lehrers Abraham Gottlob Werner, war ein einziger Kristallisationsprozess. Novalis spricht von der Natur als einer *«versteinerten Zauberstadt»*. Diese versteinerte Stadt zu entziffern, ist des Poeten wie des Naturforschers Aufgabe. Alles das ist Religion: das Streben des Menschen nach Vereinigung mit dem Absoluten. *«Wir träumen von Reisen durch das Weltall: ist denn das Weltall nicht in uns? Die Tiefen unsers Geistes kennen wir nicht. – Nach Innen geht der geheimnisvolle Weg»*, so Novalis. Ende November 1797, auf der Reise nach Freiberg, da hatte Novalis in Leipzig zum ersten Mal Schelling getroffen und *«einige köstliche Stunden»* mit ihm *«symphilosophiert»*. Doch seine *«Religion des sichtbaren Weltalls»*, schrieb der Dichter euphorisch an seinen Freund Friedrich Schlegel, solle Schelling noch weit übertreffen. Sein Ahnherr, Dietrich von Hardenberg, hatte einst seinem jüngsten Sohn Günther das Gut Rode zu eigen gemacht. *«Die daselbst wohnenden aus der Güntherschen Linie schrieben sich de novali, von Rode»*, schreibt der Chronist. Das war im Hochmittelalter, in der Blütezeit mittelalterlicher Dichtung, aber auch, wie es dem dichtenden Nachfahren bewusst war, in einer Zeit, als Europa geeint war in *einem* Glauben, im katholischen Christentum. Dieses stand für ein universales Bewusstsein von Transzendenz, für eine noch ungebrochene Bindung an *einen* Glauben und für einen Geist, der sich seines eigenen höheren Ursprungs bewusst war. *«Es waren schöne glänzende Zeiten»*, so heißt es im Aufsatz, *«wo Europa ein christliches Land war, wo Eine Christenheit diesen menschlich gestalteten Weltteil bewohnte; Ein großes gemeinschaftliches Interesse verband die entlegensten Provinzen dieses weiten geistlichen Reichs. – Ohne große weltliche Besitztümer lenkte und vereinigte Ein Oberhaupt die großen politischen Kräfte.»* Wie sollte man diese Zeilen, die der Freund an einem Novembertag 1799 im Jenaer Kreis vortrug, anders verstehen, als dass für ein erneuertes katholisches Christentum und eventuell ein erneuertes Papsttum als Heilmittel in heillos ungeordneten Zeiten geworben wurde? Die abendländische Geschichte seit diesen glänzenden Zeiten stellt der Autor jedenfalls folgendermaßen vor: Das *«kindliche Zutrauen»* der Menschen, nicht zuletzt durch die Weisheit der geistlichen Führer gegeben, wich einer unruhigen Suche nach rationaler Erkenntnis und nach materiellen Besitztümern. Anstelle von *«Glauben und Liebe»* herrschten nun *«Wissen und Haben»*. Der moralische Verfall der Geistlichkeit stand für diese Entwicklung, Religionsstreitigkeiten, aber vor allem der Aufstieg des Protestantismus, Luthers Reformation, in deren Folge der lebendige Glaube einer trockenen Buchstabengelehrsamkeit wich. Diese führte geradewegs in den Rationalismus der Aufklärung, der dem Sinn für alles Geheimnisvolle und Wunderbare den Todesstoß gab – nahezu eine Unheilsgeschichte. Am Ende dieser Entwicklung – einer Welt ohne religiösen Begründungszusammenhang – standen die blutigen Umwälzungen der Französischen Revolution. Es bedurfte also nach Meinung des Autors einer Erneuerung der Welt durch den Glauben, einer Welterneuerung gleichsam von innen, und damit eines Vorgangs, der dem blindwütigen Aktionismus von außen, der diese Revolution auszeichnete, der aber auch für politisches Vorgehen ganz allgemein stand, ein heilsversprechendes Alternativmodell war. Der unmittelbare Bezug zur politischen Realität und den Gegebenheiten der Zeit gestaltet sich hier etwas schwierig. Ein Plädoyer für die Heilige Allianz, von der 1799 noch gar nicht die Rede sein konnte, ist diese Schrift sicherlich nicht, ebenso wenig ist sie ein lupenreines Plädoyer für das Papsttum und die katholische Kirche. Der Dichter verstand diese Dinge mythisch, symbolisch. Begriffe wie *«Revolution»*, *«Königtum»*, *«Republik»* verwendet er in seinen Fragmenten und Aufsätzen gewissermaßen metapolitisch; sie erfahren bei ihm eine ästhetische Umdeutung. Über allem steht eine schöne Friedensvision. Wie diese aber konkret realisiert werden soll, wird nicht gesagt. Auch bei Friedrich Schlegel ist die Zuordnung und die Konkretisierung in diesen Jahren zuweilen schwierig. Als *«Republikanismus»* versteht er in Condorcet'scher Nachfolge eine unendliche Approximation (zu was? Einem Höchstmaß an individueller, an staatsbürgerlicher Freiheit, Freiheit der Menschheit, im Ganzen betrachtet?). Später wird Schlegel eine konservativere Haltung annehmen und, ähnlich wie andere Konservative, die der liberalen Verfassungsbewegung nicht grün waren, kritisieren, dass das Modell der Gewaltenteilung, *«die Sehnsucht nach den zwei Kammern, als dem höchsten Ziele menschlicher Glückseligkeit»*, nicht zu mehr Freiheit führe, sondern zu einem Widerspruch der Staatsgewalt mit sich selbst. Gegenwärtig, da die Dichter-Autoren so ins Blaue hinein politisierten und visionierten, wurde Europa gerade von den Koalitionskriegen gegen das revolutionäre Frankreich verwüstet. Die deutschen Mittelstaaten, zu denen auch das Herzogtum Sachsen-Weimar gehörte, befanden sich aber durch den Sonderfrieden von Basel zwischen Preußen und Frankreich bis 1806 in einem segensreichen Zustand der Schonung und Ruhe. Außerdem hatte gerade ein junges Königspaar Preußens Thron bestiegen, das zu wunderbaren

Hoffnungen Anlass gab: Friedrich Wilhelm III., der mit Luise von Mecklenburg-Strelitz verheiratet war.

Mythische und symbolische Deutungen hin oder her, befremdlich ist in diesem Zusammenhang eine Schrift Friedrich von Hardenbergs, eine Fragmentensammlung, erschienen 1798 in den Jahrbüchern der Preußischen Monarchie, vor deren Hintergrund man auch seine «Christenheit» sehen muss: «Glaube und Liebe oder Der König und die Königin». Die Jahrbücher waren nach der Thronbesteigung des jungen Preußenkönigs gegründet worden, quasi als Huldigungsblatt für diese neue Generation der preußischen Monarchie, die in der Bevölkerung große Hoffnungen weckte. Hardenberg stand dem nicht nach. Er huldigt dem in Liebe verbundenen jungen Königspaar, und er entfaltet in seiner Schrift seine Vorstellung vom idealen, poetischen Staat als einer höheren Einheit über den partikularen Bestrebungen und versehen mit einem idealen Repräsentanten, der eine Mittlergestalt ist auf dem Wege zur *«Thronfähigkeit»* aller Menschen. *«Das Erziehungsmittel zu diesem fernen Ziel ist ein König.»* Das ist erklärungsbedürftig, es ist eventuell auch eine Schaumgeburt aus dem Meere poetischer Politisierung. Auf jeden Fall wird Friedrich Wilhelm III. mit solchen Ansprüchen überfordert, wenn er auch ein vernünftiger, wackerer Mann war, der tabula rasa machte mit der Mätressenwirtschaft seines Vaters Friedrich Wilhelm II., und wenn er auch eine reizende Frau hatte, in die die halbe Nation sich verliebte. Ein Genie in der Staatskunst war er ganz sicher nicht, noch weniger ein im Sinne Hardenbergs begnadeter geistiger Führer, und derartig äußerte er sich auch, preußisch knapp, als er die seltsame Schrift des Neffen des Ministers von Hardenberg zu lesen bekam. In einem kurzen historischen Abriss heißt es da unter anderem auch: *«Daher entstand mit einer ächten Republik immer ein König zugleich, und mit einem ächten König eine Republik zugleich.»* Meinte er damit vielleicht eine parlamentarische Monarchie? Seine synthetische Methode des «magischen Idealismus» war vielleicht nicht auf jeden Gegenstand in der irdischen Welt anwendbar. Dieser metapolitische Utopismus brachte das Land, wird man sagen können, zumindest nicht weiter. Der nächsten Romantiker-Generation und der konservativen Geschichtsschreibung kommender Tage wird es dann einfallen, die Revolution gedanklich durch eine Evolution zu ersetzen, bei der dem Adel eine führende Rolle zukommen soll. Auch der Freiherr von Eichendorff wendet sich später gegen einen institutionalisierten Freiheitsbegriff und gegen die Konstitution. *«Es ist [...] gleich willkürlich»*, meint er, *«ob man den Leuten sagt: ihr sollt nicht frei sein, oder: ihr sollt und müßt grade auf diese und keine andere Weise frei sein!»* Die Angst vor einer Durchrationalisierung des Lebens bildete jedenfalls auch für Novalis den Hintergrund seines romantischen Denkens. *«Die Welt muß romantisiert werden. So findet man den ursprünglichen Sinn wieder.»* Das niedere Selbst wird auf diese Weise mit einem besseren Selbst identifiziert, das Gemeine bekommt einen hohen Sinn, das Gewöhnliche ein geheimnisvolles Ansehen, das Bekannte die Würde des Unbekannten, das Endliche einen unendlichen Schein – wie auch umgekehrt. Alles das dient *«der Erhebung des Menschen über sich selbst»*. Problematisch wird es nur, wie man sieht, wenn all das auf praktische Politik übertragen wird. Aber das ist vielleicht ein deutsches Problem. *«Welterneuerung»* aus der Rückkopplung des Geistes an seinen eigenen höheren Ursprung. Wunderbar klingt das. Aber wie soll man's beginnen? Wie soll das konkret werden? Wie schon gesagt: «Die Christenheit oder Europa» frappierte und irritierte den Freundeskreis an diesem Novembertag im romantischen Jena, und auch, als August Wilhelm Schlegel eine launige Parodie auf den Textinhalt machte – etwa der Art: Ja, das waren noch Zeiten, als man noch *«ein Mus und Kuchen»* war und man die Erde fürs Zentrum der Welt hielt sowie Rom für das Zentrum der Erde, wo die Pfaffen wie im Land der Schlaraffen lebten etc. –, schaffte man das Problem nicht aus der Welt. Goethe schlichtete – und der Text wurde im *«Abyssus des Ungedruckten»* (so Friedrich Schlegel) belassen. August Wilhelm machte die Katholisierung des Freundeskreises nicht mit und Caroline ebenso wenig. Er war Philologe, ein kritischer Geist. Eine gewisse Distanz, die sich allmählich zu seinem Bruder abzeichnete und die nur zum Teil mit den privaten Verwicklungen der Gegenwart und der kommenden Zeit, den Beziehungswirren, zu tun hatte, betraf auch diese für ihn kaum nachvollziehbare Wendung ins Religiöse. Das Schicksal hielt noch einiges für ihn bereit. Nur ein paar

Jahre noch, und er zog mit der steinreichen französischen Intellektuellen Germaine de Staël durch Europa – fürstlich bezahlt, als Faktotum, literaturwissenschaftlicher Berater, nominell als Privatlehrer ihrer Kinder, aber wieder einmal in unbelohntem, verzehrendem Minnedienst, denn diese Rolle schien ihm zu liegen. Madame de Staël befand sich in einer Art Privatkrieg mit Kaiser Napoleon, und sie kämpfte für eine geistige Erneuerung des moralisch am Boden liegenden und geistig ausgetrockneten Frankreich. Da kam ihr deutsches Dichten und Denken gerade recht, und so kam ihr auch Schlegel gerade recht, denn Madame hatte wenig Geduld, und sie wollte nicht die ganze voluminöse Literatur selbst lesen müssen, schon gar nicht auf Deutsch. August Wilhelm machte ihr schöne Zusammenfassungen und diente ihr mit seinem gewaltigen Wissen und seinen profunden Sprachkenntnissen für ihre Analysen deutschen Dichtens und Denkens. Sie war fasziniert von genau dieser höheren Rückkopplung, dem Enthusiasmus, dem idealistischen Zug, hatte aber genügend Distanz und französischen Aufklärungsgeist, um der Sache etwas entgegenzusetzen, wenn es ihrer Meinung nach zu sehr ausartete und sich in diffusem Nebel verlor. A. W. Schlegel war der perfekte Begleiter mit seinem enzyklopädischen Wissen, seiner Bereitschaft, zu dienen, seiner wohltemperierten Einstellung und der Distanz an der richtigen Stelle.

Währenddessen, jetzt, hier, in der Gegenwart und in Folge blieb Friedrich Schlegel Novalis und dem ebenso religiösen Tieck ganz auf der Spur. Die christlichen Lieder, so Friedrich an Schleiermacher, seien das Göttlichste, was Hardenberg je gemacht habe. Was ihn aber kränkte – und ihn kränkte noch einiges in diesen Tagen und Wochen und Monaten –, war, dass Tieck ihm gewissermaßen seinen Freund ausgespannt hatte, denn Tieck und Hardenberg waren nun ganz eng beisammen. Dorothea berichtet an Schleiermacher: *«Hardenberg ist hier auf einige Tage. Sie müssen ihn sehen; denn wenn Sie dreißig Bücher von ihm lesen, verstehen Sie ihn nicht so gut, als wenn Sie einmal Tee mit ihm trinken. Ich rede nur von der reinen Anschauung, zum Gespräch bin ich gar nicht mit ihm gekommen, ich glaube aber, er vermeidet es; er ist so in Tieck, mit Tieck, für Tieck, daß er für nichts anders Raum findet. Enfin, mir hat er's noch nicht angetan. Er sieht aber wie ein Geisterseher aus, und hat sein ganz eignes Wesen für sich allein, das kann man nicht leugnen. Das Christentum ist hier à l'ordre du jour; die Herren sind etwas toll. Tieck treibt die Religion wie Schiller das Schicksal; Hardenberg glaubt, Tieck ist ganz seiner Meinung; ich will aber wetten was einer will, sie verstehen sich selbst nicht und einander nicht.»* Aber Tieck hatte durchaus auch seine lustige Seite. Caroline nahm darauf Bezug, wenn sie schrieb – vor seinem Eintreffen aus Berlin: *«Sie kommen durch die Tür? Ich meinte, Sie müßten wie Ihr Kater über die Dächer einherspazieren.»* Das war eine Reminiszenz an Tiecks köstliches Stück «Der gestiefelte Kater», die Urfassung des uns heute geläufigeren Märchens der Brüder Grimm. Das ist eine Zeitsatire und wieder ein «Stück im Stück». Gegenstand ist ein Theaterabend, an dem so einiges schiefgeht und mit dem unter anderem das Theaterwesen der Zeit persifliert wird. Eine Theatergruppe soll ein Spiel aufführen, und darin geht es um Gottlieb, den Jüngsten von drei Bauernsöhnen, dem nach dem Tod des Vaters nichts vom Erbe bleibt als – der Kater Hinze. Der aber verspricht ihm, zu seinem Glück, ja sogar zu einem Königreich zu verhelfen, wenn er ihm nur ein Paar Stiefel anmessen ließe. Das schon ist dem Theaterpublikum und den Kritikern im Parterre (*«Wir sind zwar aus Neigung hergekommen, aber wir haben doch Geschmack»*) ein Dorn im Auge (*«Der Kater spricht? – Was ist denn das?» «Unmöglich kann ich da in eine vernünftige Illusion hineinkommen»*). Später fordert man sogar sein Geld zurück, da das Vorgehen auf der Bühne gar zu unwahrscheinlich und auch verworren sei, kein *«fester Standpunkt»* vermittelt werde und am Ende gar nichts für die Bildung und die Erbauung des Publikums dabei herauskomme. Gottlieb opfert für die Stiefelanfertigung seines Katers sein letztes Geld, und tatsächlich gelingt es dem also gestiefelten Kater, seinem Herrn durch einige List das Land des bösen Nachbarregenten in die Hände zu spielen und außerdem noch die Gunst des hiesigen, reichlich einfältigen Königs zu gewinnen, der ihm sogar noch seine Tochter zur Frau gibt. Diese ist eine Schöngeistige, aber eine, die ständig die Grammatik falsch anwendet, und der König ist einer der ersten gekrönten Tölpel in der Literaturgeschichte, noch vor Büchners «Leonce und Lena». Er kennt kein Getreide und weiß nicht, was man damit anfangen soll, und sein Hofgelehrter bedient ihn mit diffusen astronomischen Unterweisungen, die hauptsächlich aus gewaltigen Zahlen bestehen – darauf der König: *«Nichts mag ich in der Welt lieber hören, als so große Nummern, – Millionen, Trillionen, – da hat man auch dran zu denken.»* Leander: *«Der menschliche Geist wächst mit den Zahlen.»* Welche denn nun die höchste Zahl sei, will der Monarch wissen. Das könne man gar nicht sagen, so der Gelehrte, da man immer noch eine daraufsetzen könne; der menschliche Geist kenne gar keine Einschränkung. Darauf der König: *«Es ist doch aber wahrhaftig ein wunderliches Ding um diesen menschlichen Geist.»* Parodiert wird vieles an den deutschen Verhältnissen – nicht nur die Einfältigkeit der Regenten, sondern zum Beispiel auch die Kleinstaaterei. Bei einem kleinen Ausflug gelangt der König schon nach kürzester Zeit in das Land seines gräflichen Nachbarn, das er aber noch nie gesehen hat, obwohl sein Historiograph doch ständig mit Aufzeichnungen seines Landes betraut wird, aber offenbar nicht auf dem Laufenden ist. Ein Gastwirt, der seine Wirtsstube genau an der Grenze zum Nachbarland hat, profitiert von den hin- und herspazierenden Deserteuren der verschiedenen Länder, die dem einen Regiment entkommen und sich dann von dem anderen wieder gewinnträchtig anwerben lassen – ohne großen Aufwand, lediglich ein paar Schritte zu Fuß. Der Kater, der später in den Adelsstand erhoben wird, weil seine Verdienste ihn auszeichnen, wiewohl er eigentlich von geringer Geburt ist, rezitiert *«Freiheit und Gleichheit»*, während er dem Popanz nachjagt (der eigentlich der Landesfürst ist, aber aus nicht weiter spezifizierten Gründen nur «Popanz» genannt wird), den er zuvor überreden konnte, sich in eine Maus zu verwandeln, und Gottlieb, seinen Herrn, einen ehemaligen Bauernsohn, erklärt der geadelte Kater schließlich zum *«Tiers état»* der Regierung. Anknüpfend an diese satirische Sicht auf die Dinge, kann man dann auch auf spätere «Historiographen» Bezug nehmen, die Überlegungen anstellten, warum es in Deutschland damals nicht klappte mit der Revolution, unter anderem jedenfalls: Es waren zu viele Schlagbäume zu überwinden.

Im Haus am Löbdergraben verflüchtigte sich allmählich die Harmonie. Das war alles recht kompliziert – Gefühlswirren und Eifersüchteleien, Konkurrenzdenken der Männer in literarischer und philosophischer Hinsicht, Flirts, weltanschauliche Disharmonien –, aber vor allem in der «Stammbelegschaft», bestehend aus den zwei Paaren, enstand eine Konstellation, die dem Freundeszirkel den Todesstoß gab. Anlass war die unübersehbar keimende Liebesbeziehung zwischen Caroline und Schelling. Wilhelm, ihr Mann, hatte damit kein allzu großes Problem. Er liebelte selbst seit Beginn seiner Ehe anderweitig herum, wenn es auch selten ernst war. Das war ja eigentlich auch, wie beide feststellten, die Bedingung für ihren ungewöhnlichen Ehebund: wechselseitige Toleranz, Freiheiten. Während Wilhelm aber für schöne Schauspielerinnen schwärmte wie die nicht mehr ganz junge Friederike Unzelmann in Berlin oder für eine andere Schöne der Berliner Gesellschaft, die geschiedene Elisa de Nuys, in die er sich im Sommer 1799 verliebte, ist für Caroline nichts Vergleichbares bezeugt: kein Flirten, keine Liebelei. Dafür war ihr bald klar, dass es mit Schelling ernst wurde und dass Konsequenzen anstanden. Das stürzte sie in eine gewaltige Krise, denn die Freundschaftsehe mit Schlegel war wohl auch so etwas wie Selbstschutz, und sie gab dieses eigentlich gut funktionierende Arrangement keineswegs leichtfertig auf. Hätte die Sache nicht eine dramatische Wende genommen, und hätte ihre Umgebung nach den Ereignissen nicht Gift und Galle gespuckt, sie denunziert und an ihre Grenzen gebracht, die Beteiligten förmlich zur Stellungnahme gezwungen, dann hätten alle drei – Caroline, Wilhelm und Schelling – möglicherweise noch lange alles so gelassen, wie es war. Auguste, die mittlerweile halbwüchsige Tochter, war es gewohnt, mehrere männliche Bezugspersonen zu haben, in einem offenen, kreativen Kreis zu leben, in dem es auch Fluktuationen und Wechsel gab. Die sehr enge Beziehung zu ihrer Mutter bildete demgegenüber eine feste Konstante, und in dem offenen Kreis gab es immer Menschen, die sich um sie bemühten. Das war animierend. Das Mädchen genoss vielfache Zuwendung, Anregungen ohne Maß und überaus abwechslungsreiche Gesellschaft. Leider ist nirgends zu lesen, wie sich Auguste mit Dorotheas Sohn Philipp verstand. Das war ein hübscher und liebenswerter Junge, *«geschmeidig wie ein Page»*, wie Caroline schrieb. Philipp Veit wurde später ein bedeutender Maler. Am 20. September 1799 nahm die

Familie des Malers Tischbein, deren weibliche Parts sehr musikalisch waren und sie im Singen unterweisen wollten, Auguste einige Wochen mit zu sich nach Dessau, und Auguste war zum ersten Mal längere Zeit von ihrer Mutter getrennt. Carolines Briefe an ihre Tochter zeugen von einem äußerst vertrauten und zärtlichen Verhältnis, in dem die Vierzehnjährige eher wie eine jüngere Schwester behandelt wird als mit der damals noch üblichen elterlichen Distanz und latenten Autorität. So nebenbei erfährt man in diesen Briefen auch einiges über die Jenaer Hausgemeinschaft und ihre einzelnen Mitglieder, über die Gäste – Mittagsgäste mit zu viel Appetit oder lästige Nachmittagsgäste, die nicht mehr gehen –, über Freunde nah und fern sowie über illustre Nachbarn und ihre ermüdenden sportlichen Ansprüche.

«*Wüßte ich nur, wie es Dir ginge, mein Schäfchen*», schreibt Caroline kurz nach Augustes Abreise, «*noch ist der Fuhrmann nicht zurück. Wenn Ihr nur früh genug in Dieskau ankamt! Und wie wirst Du Dich heute Mittag bey dem Canzlerischen Tische angestellt haben? Wenn du dies erhältst, bist Du schon in Dessau, schreib nur bald. Gestern früh war schrecklich, es regnete den ganzen Morgen. Ich wuste keinen andern Trost als mir eine ganze Menge Blumen zu kaufen und um mich her zu setzen – das waren meine Kinder, sie rochen mich lieblich an, aber singen konnten sie nicht. Der Mittag ging noch toll genug hin, wir tranken aus Desparazion viel Wein, sie blieben lange, und darauf sezte ich mich zum Schreiben an die Mumu in Hannover. Abends Thee mit den beyden Brüdern. […] Mein liebes Mädchen, es gehe Dir recht wohl, wie ich auch nicht zweifle, aber es doch jede Minute wissen möchte. […] Adieu, liebe liebe Seele.*» Und eine gute Woche danach: «*Du Herzensmädchen, was hat mich Dein Brief gefreut, und die arme böse Mutter kann nun erst heut antworten! Du glaubst nicht, wie geschäftig ich in der letzten Woche gewesen bin, und krank dazu, denn endlich muß mir mein Laufen und Rennen, das ich so gern that, doch zu Haus und zu Hof kommen. Loderchen hat mir was verschreiben müssen. Nun ist das ganze Haus gereinigt und neu aufgeputzt. Ich habe dabey eine große Wäsche gehabt, und etwa einige 20 Vorhänge aufzustecken. Auch das neue Sopha ist gemacht, und es sieht alles aufs netteste aus, besonders ist unsre kleine Stube,*

*Auguste Böhmer.
Gemälde von Friedrich
August Tischbein*

mit dem Frommanschen Sopha, hübsch. Friedrich wohnt Dir wie der beste appanagirte Prinz. Diesen Abend supiren wir 3 bey Schelling, um ihm sein neues Nest einzuweihen. Er freut sich, daß Du ihn zum Bachus gemacht hast, indem Du ihn den Geber des Weins nennst, bald wird er auch der Geber der Freude heißen können, denn er ist sanft und liebreich, und scherzhaft, und läßt Dir sagen, Du möchtest ihm bey Deiner Wiederkunft nicht wie eine spröde Halbmamsell begegnen. Wilhelm macht alle Morgen ein Gedicht. Friedrich thut alle Tage nichts – als die Veit erwarten, die nicht über Dessau kommt. […] Vorgestern fand sich mit einmal Hardenberg ein, blieb aber nur bis gestern nach Tisch, was gut war, denn ich mochte ihn diesmal gar nicht leiden, er hat recht abgeschmacktes Zeug mit mir gesprochen, und ist so gesinnt, daß er, darauf wolt ich wetten, die Tiek mir vorzieht. Denk nur, Kind! wir wissen noch nicht, wann diese kommen, wahrscheinlich bald. – Ungemessen lange Spaziergänge haben wir gemacht, von 2 bis 7 ist das gewöhnliche Un-Maaß. Wilhelm will nicht mehr mit ausgehn, er liefe sich die Beine ab; da er nun die vorige

Woche jeden Morgen von 10 bis 1 Uhr mit Goethe hat auf und abspazieren müssen, so ist es wohl billig, daß er den Nachmittag ausruht, der Länge lang nach. Goethe hat seine Gedichte, nehmlich Goethens Gedichte, von denen ein neuer Band herauskommt, mit ihm durch[ge] sehn, und ist erstaunlich hold. Griesette war vor 8 Tagen unglücklich, denn Schiller ließ ihn auf den Abend bitten, wo Goethe und Schelling da waren, und er war schon mit uns bei Frommans, wo es auch wirklich etwas stupide zuging. Gestern ist er nun glücklich worden, denn da wurd er wieder gebeten und ging auch effectivement hin. Er kommt fast jeden Mittag her, wobey ihm jedoch weit mehr in den Mund herein, als heraus geht. […] Die Gurken sind angekommen und Friedrich spricht von nichts als s e i n e n Gurken, und nimmt sich viel Gurken heraus, wird sich auch gewiß dereinst schriftlich bedanken. Schelling läßt der Tischbein sagen, das wär' wenig, daß Goethe sie eine angenehme Gegenwart genannt. Ihm wäre sie auch eine äußerst angenehme Erinnerung. Adieu, ich drücke Dich braun und blau an mein Herz. Die Hufeland bringt Dich sicher mit.»

Doch die Rückkehr des Töchterchens verzögerte sich noch um einige Wochen, und so schrieb Caroline noch weitere launige Briefe an ihr abwesendes Kind. «*Gestern, mein liebes Hühnchen, ist Deine liebe Tante endlich dagewesen, ich hatte sie 8 Tage zu früh erwartet. Sie hat sich wirklich ganz ausgelassen gefreut mich zu sehn und betrübt Dich nicht zu finden. Erst gegen Mittag kamen sie. Der Superintendent Hoppenstedt, nebst seiner Frau, einer gebohrnen Glockenbringk, nicht viel älter und größer wie Du, ein artiges Weiblein, und der Doktor H. aus Göttingen mit Philippine, die furchtbar häßlich ist, so daß Sophie gut neben ihr aussah … Ihr Mann hat mir besser gefallen wie der Superintendent. Ich hoffe, es hat ihnen gut bey uns gefallen. Ihr hatte Lodern und Paulussens gebeten, nebst Sophie, und so machten wir einen ziemlich großen und lebendigen Tisch. Die Veit hatte sich sehr schön gemacht, wie sie denn uns allen, auch den gleichgültigen Personnagen, immer besser gefällt. Ich war im neuen Kleide auch verwegen hübsch. Nach Tisch gingen wir spazieren, dann Thee, dann wieder Souper und Punsch, wo Friedrich und ich uns betranken. Heut Nacht sind sie weiter nach Leipzig. […] Was Du lezt gegen Schelling sagtest, war gar nicht hübsch. Wenn Du Dich gegen ihn so sträubst, so werd ich glauben, daß Du auf Dein Mütterchen eifersüchtig bist. Er ließ Dir das mit der spröden Mamsell natürlich nicht sagen, das war ich, und was ist denn unverständlich darinn? Hast Du nicht zuweilen herbe Maniren wie ein saurer Apfel? Einen Beweis von Schellings Liebenswürdigkeit muß ich Dir erzählen, er hat mir heimlich schwarze Federn auf meinen Hut kommen lassen, der mir recht wohl steht. Nun denk! Ich war ganz verblüfft.»*

Das alles ist aufschlussreich. Es wird auch im Rückblick noch reichlich für Diskussionen sorgen – zum Beispiel die Rolle des halbwüchsigen Mädchens in dieser keimenden Liebesverbindung. Über Schelling äußerte sich Caroline in diesem Stadium im Großen und Ganzen nur sehr verdeckt. Einmal schrieb sie von dem *«geistreichen Trotz»* in seinem Gesicht. Das war im Zusammenhang mit der Mitteilung, dass Schellings sechzehnjähriger Bruder in Jena angekommen sei, der groß und stark sei und dickes und breites Schwäbisch spreche (die Schellings kamen aus Württemberg), wohl auch einige Ähnlichkeit mit seinem Bruder habe, bis auf den *«geistreichen Trotz im Gesicht»*. Allerdings war er auf der Reise vom Postwagen gefallen und noch entsprechend benommen davon. Neckisch wurde Caroline nun wieder zum Töchterchen, und auf neckische Weise ermahnte sie sie, nun sei's aber langsam vorbei mit der ewigen Lustbarkeit und dem «Außenbleiben». Außerdem bezog sie sich – *«auf Ostern»* – darauf, dass das Töchterchen demnächst konfirmiert werden solle, dass also nun gewissermaßen der Ernst des Lebens beginne. *«Meine liebe Auguste, ich habe gestern Dein Briefel* [schwäbelte sie da schon?] *bekommen, woraus ich seh, daß Du eine wüthige impertinente kleine Creatur bist, und auch den Schnupfen hast. Ich hoffe, die Tischbein hat sich glücklich ihrer Überladung entledigt. Eigentlich hab ich Dir weniger zu sagen wie Du mir auf mein leztes. Wie wird Dir dabey zu Muth geworden seyn! Ich wünsche, Du hast Dich freywillig entschlossen, denn sonst möchtest Du es unfreywillig thun müssen, nicht daß wir Dich zwingen wollen, mein Herz, aber der Zufall – denn Hufelands, die noch nicht in Berlin sind, reisen nicht über Dessau, sondern Leipzig, wo er jemand zu treffen denkt. Mein bestes Mädchen, Dein ganzer Sinn ist blos auf Belustigung gerichtet, und auf diese Weise wird nie etwas entschiednes aus Dir werden. Nicht nach dem Mütterchen sehnst Du Dich allein, obwohl ich weiß, Du thust das auch, und wir heulen auch gewiß beyde vor Freude, wenn wir uns wieder sehn. […] Wir haben die kleine Person verwöhnt. Sie will genießen, als ob Sie andern könnte zum Genuß verhelfen, wovon noch keine Rede ist. […] Adieu, mein Kind, mein liebes liebstes Wesen.»* Man möchte endlos aus diesen Briefen zitieren. Das ganze Jenaer Leben wird da so anschaulich und ebenso seine handelnden Helden und Heldinnen. Friedrich isst alle Gurken allein auf und ist der Auffassung, die Gurken seien sowieso ausschließlich für ihn. «*Wilhelm macht alle Morgen ein Gedicht*» – gleichsam auf Abruf, als würde er Listen für Akten ausfüllen. Sportlich komplett überfordert wird er von dem zwanzig Jahre älteren Goethe und seinen stundenlangen strammen Spaziergängen durchs Naherholungsgebiet «Paradies», sodass der eher betuliche Schlegel sich nachmittags hinlegen muss. Schelling schäkert mit Mutter und Tochter, doch auf gesetzte und bodenständig-schwäbische Art. Fünfzehn bis achtzehn Gäste zum Mittagessen, doch die Hausfrau nimmt alles gelassen und ist auch noch adrett aufgeputzt. Caroline betrinkt sich mit Friedrich am Punsch. Friedrich tut meistens gar nichts, hat aber von allen das schönste Zimmer. Fichtes Gattin, die ihrem berühmten und berüchtigten Mann vorerst nicht nach Berlin gefolgt ist, nervt einen ganzen Nachmittag mit ihrer wenig stimulierenden Gegenwart; erst gegen acht Uhr abends kann Caroline sie endlich hinauskomplimentieren. Dass Professorengattinnen im Allgemeinen nicht sehr anregend, mitunter «*stupide*» sind, wird Caroline zu erwähnen nicht müde. Einmal schickte sie Auguste ein von Wilhelm und Tieck mit besten Empfehlungen gemachtes Gedicht, das literarische Gelegenheitswerk eines einzigen Abends, zudem die Versicherung, dass Friedrich sie sehr lieb habe und ihr bald schreiben werde, sowie Grüße von Schelling an das «*noch zarte Kind*», von dem er wünsche, «*daß es nie aufhöre es zu seyn*», also ein Kind. «*Amen*». Über mangelnde väterlich-männliche Aufmerksamkeit konnte sich Auguste bestimmt nicht beklagen. Aber ein Kind war sie eigentlich wirklich nicht mehr. Noch aus Dessau schrieb Auguste an ihre Freundin Cäcilie Gotter, die Tochter der Freundin ihrer Mutter, die auch ihr eine Art zweite Mutter war: «*... Aber wie wirst du Dir vorstellen können, daß ich die Mutter auf so lange verlaßen habe, da Du weißt, wie ich sonst jammerte, wenn ich nur einen Tag nicht bei ihr war? Erstlich bin ich nicht mehr völlich so albern als vor 2 Jahren, und zweytens ergab ich mich anfangs auch nur mit großer Mühe in aller Wünsche. Nun ich aber hier mit dieser liebenswürdigsten Familie bin und sehe, daß man es aushalten kann, freue ich mich recht überwunden zu haben und wenn ich ja mich mannigmal sehne, so tröstet mich die Hoffnung des baldigen Wiedersehns. / ... Ich soll nun Ostern auch Confirmirt werden, Du kannst nicht glauben, wie ich mich davor fürchte! so bald, so unerwartet, ich hätte geglaubt wenigstens noch ein paar Jahre Zeit zu haben. Die Mutter war willens es erst in Gotha thun zu laßen, da aber Löffler nicht alles selbst verrichten kann und da ich in Jena mit Luise Seidler zusammen, und unter der Mutter ihrer eignen Aufsicht kann konfirmiert werden, so scheint sie diesen Plan aufgegeben zu haben. Und, verzeiht mir, auch ich, so sehr ich auch von eurer und eurer Mutter Güte überzeucht bin, möchte lieber in Jena Confirmirt werden. Denn wie solte ich bei einer so feierlichen Gelegenheit ohne die Leitung meiner lieben Mutter bestehn!*» Das war wirklich eine wunderschöne Mutter-Tochter-Symbiose.

Im März 1800 wurde Caroline sehr krank. Hintergrund dieser Erkrankung, die diffus als «*Nervenfieber*» bezeichnet wurde, ist vermutlich ihre emotionale Situation und die ungeklärte Beziehung mit Schelling. Dorothea, die die Entwicklung schon eine Weile beobachtete und die die Kranke jetzt notgedrungen auch pflegte, als zweite Hausfrau am Löbdergraben, war sich dieser Zusammenhänge sicher bewusst. Aber da war wenig Mitgefühl. Wie die Dinge jetzt standen, führten sie im Gegenteil zu totaler Entfremdung. Es mag seltsam klingen, aber Dorothea, die sich völlig mit Friedrich identifizierte, lebte in ihrem Hass auf Caroline, der jetzt unverkennbar zutage trat, so etwas wie ihre eigenen Schuldgefühle aus. Caroline wurde ihrem Ehemann untreu, jedenfalls emotional. Dass sie ihn nie geliebt hatte, stand für Dorothea zweifellos fest, und das warf sie ihr vor, verbunden mit dem Vorwurf der Kälte und eines oberflächlichen, manipulativen Charakters. Dass sie selbst sich von ihrem Mann getrennt hatte, der unter der Trennung erheblich mehr litt als Wilhelm unter der «Untreue» seiner Frau, auch mit mehr Folgen der gesellschaftlichen Reputation und immerhin mit dem Zurücklassen eines Kindes verbunden, schien sie vergessen zu haben. In einer sonderbaren Verdrehung der Tatsachen und ihres eigenen Hintergrunds bezichtigte sie im Rückblick die andere, zwei Männer zu ihrem Vorteil manipuliert, ihre Ehe zerstört und den Dritten im Bunde, nämlich ihren göttlichen Friedrich, der sie nur wieder auf die richtige Spur bringen wollte, im Sinne seines armen, betrogenen Bruders, mit böser Undankbarkeit behandelt zu haben. Dagegen hätten die sich zankenden Kontrahenten, nämlich Ehemann Wilhelm und Schelling, durch ihre perfiden Intrigen am Ende unwürdigerweise wieder zusammengefunden. Die Wirklichkeit sah sicher anders aus. Einiges spricht dafür, dass Friedrich der Urheber des totalen Zerwürfnisses war, und das ist nur mit einigen Schwierigkeiten nachzuvollziehen. Natürlich setzte er sich für seinen Bruder ein, war um dessen Wohl besorgt und um dessen Ruf, wollte vielleicht auch die Harmonie wiederherstellen. Auch dass die ehemalige schöne Dreieinigkeit, die eine so wesentliche Grundlage war für den Jenaer Dichter- und Philosophenkreis, durch das neue Element Schelling auf dem Spiel stand, wird man ihm als Sorge gut abnehmen können. Der abgrundtiefe Hass, den er aber im Zuge der Ereignisse auf Caroline entwickelte (und Dorothea, sein ergebenes Weib, filtert ihn nur, um ihn noch auf vergrößerte Weise zu projizieren), lässt sich, abgesehen von seinem wissenschaftlichen Konkurrenzverhältnis mit Schelling an der Jenaer Universität, nur durch eines erklären: Er selbst hatte dereinst seiner Liebe zu Caroline entsagt, und zwar zugunsten seines Bruders; die Tage im altenburgischen Lucka mochten ihm vielleicht noch einmal lebhaft vor Augen treten. Und nun «betrog» sie Wilhelm, und damit ihn selbst, Friedrich, das Alter Ego. Er empfand es als schrecklichen Treuebruch – umso mehr, als Wilhelm seiner und Dorotheas Meinung nach selbst zu schwach war, um sich zu wehren, und eine lächerliche Rolle als betrogener Ehemann zu spielen drohte.

Nach ihrer Genesung verließ Caroline mit Auguste das Jenaer Haus und brach zu einem unbestimmten Kuraufenthalt in Bad Bocklet bei

Bamberg auf, von Schelling begleitet, der in Württemberg seine Eltern besuchte und die beiden, Mutter und Tochter, in dem Badeort unter guter ärztlicher Aufsicht zurückließ. Wilhelm hatte Caroline und Auguste von Jena aus noch die halbe Wegstrecke begleitet. Es gab überhaupt kein Zerwürfnis zwischen Wilhelm und Caroline und eigentlich auch keines zwischen Wilhelm und Schelling. Dorothea aber beurteilt die Sache folgendermaßen: «*Weder er noch sie [Wilhelm und Caroline] haben sich würdig bei ihrer Geschichte (b)enommen. Ihr Haß auf den Friedrich kommt eigentlich daher, weil sie glaubt, er wäre schuld, daß Wilhelm gegen Schelling sei, und darin hat sie ganz Recht, er ist auch schuld, denn ich bin mit ihr darüber einig; hätte W. sich nicht vor Fried. geschämt, so wäre zwischen den Dreien alles recht friedlich und aufgeklärt zugegangen, Car. hätte heute einem, morgen dem anderen zugehört, und irgendein hübsches Stubenmädchen, oder wohl gar Auguste selbst, hätte die Ehe* EN QUATRE *vollständig gemacht. – Aber Friedrich, der anfangs, als Car. dem W. erklärte, was vorgegangen sei, meinte, es würde auch alles andre sich so würdig verhalten, war äußerst gegen ein Verhältnis, was mit schwerfälligen Beinen auf ein leichtes Gewebe, das für französische Gliedmaßen nur nicht zu zerbrechlich ist, hineintappte, er fand Carolinens Weise, zwei Männer gegen ihre Absicht (denn sie zankten sich auf die unangenehmste Weise fast jeden Tag) zusammenzuhalten, und drang auf eine gänzliche Scheidung von einem der beiden. W. nahm sich,* UM SICH NICHT LUMPEN ZU LASSEN, *etwas fester als sie gewohnt war, und daher war sie freilich äußerst unzufrieden mit F., daß er es sich einfallen ließ, seinen Bruder mit seiner Energie anzustecken. Sie sah nichts in seinem edlen Wesen als das Bestreben, sie bei W. zu verdrängen, sie sah es nicht ein, wie würdig er sie nahm und behandelte. Er dachte freilich daran, Caroline würde sich gern losmachen und für sich von ihren Arbeiten leben, aber sie war weit von diesem Gedanken entfernt, sie hält es für* TRIUMPHIERENDER, *wenn zwei Männer für sie arbeiten, wie nimmt sich das arme Pförtchen* WÜRDIG *gegen den Ehrenbogen* TRIUMPH *aus? – Mich hatte sie auch durch ein unliebenswürdiges Betragen auf einige Tage aus ihrem Zimmer entfernt (Friedrich war in vielen Wochen nicht zu ihr gekommen), und diese Zeit hat sie benutzt, W. wieder ganz für sich einzunehmen und mit Schelling zu versöhnen, so daß er nun gar nicht mehr zu detrompieren [eines Besseren belehren] ist, er gibt sich ganz hin, aus Schwäche, Gewohnheit oder Gott weiß welcher negativen Eigenschaft. Daß die ganze Welt darum weiß und ihn lächerlich findet, fällt ihm nicht ein, und läßt man etwas davon merken, so sagt er gleich: Nun, das müssen sie auch wissen, wenn sie alles wissen, daß es für mich kein Geheimnis war, also fällt kein* RIDICULE *auf mich. Riskiert man es, ihm die Wahrheit zu sagen, so bringt er es in demselben Moment Carolinen vor, der es dann nicht schwer wird, es im gehässigsten Licht gegen uns zu drehen.»*

Die Verdrehungen im gehässigsten Licht fanden wohl eher auf der anderen Seite statt. Offenbar empfand Dorothea, die im Großen und Ganzen ziemlich komplexbeladen war, auch Ressentiments gegenüber Carolines Souveränität: wie sie sich erlaubte, mit den Männern umzuspringen, die sie ja immer noch alle im Griff hatte, alle bis auf ihren göttlichen Friedrich, wie sie unbeirrt ihres Weges ging und so fort. Sie selbst, Dorothea, gab sich Friedrich gegenüber in nahezu sklavischer Unterwürfigkeit. In ihrem Tagebuch steht: *«UND ER SOLL DEIN HERR SEIN! – Diese Worte des Schöpfers sind nicht Moralgesetz, sondern NATURGESETZ und als solches liebevolle Warnung und Erklärung. Es können Frauen durch die unvernünftige Herrschaft der Männer unglücklich sein, ohne diese Herrschaft sind sie aber auf immer verloren und das ohne alle Ausnahme.»* Das klingt ziemlich verstörend für eine Angehörige eines so emanzipierten Kreises von Dichtern und Denkern. Vielleicht empfand Friedrich, der zu Dorotheas Leidwesen erotisch auf Abwege ging, unter anderem mit Sophie Mereau, angesichts einer so unterwürfigen Partnerin auch schlichtweg Überdruss. Was Dorothea in dem Brief andeutet – er war an Schleiermacher gerichtet und trägt das Datum des 15. Mai 1800 –, die *«Ehe en quatre»* mit der jungen Auguste, das baute sie später in höchst denunziatorischer Weise noch aus: Eigentlich sei der vierundzwanzigjährige Schelling, der der Tochter dem Alter nach ja näher stand als der Mutter, für Auguste vorgesehen gewesen. Caroline in ihrer frivolen und unverantwortlichen Art habe mit dem Gedanken gespielt, Auguste

Friedrich Wilhelm Joseph Schelling. Pastellporträt von Christian Friedrich Tieck, um 1801

entsprechende Flausen ins Ohr gesetzt, sich dann aber selbst des Bräutigams ihrer Tochter bedient, worauf das Mädchen, ohnehin stets zurückgesetzt durch seine kokette Mutter, die es nicht litt, dass ein Mann ihrer Tochter mehr Aufmerksamkeit schenkte als ihr, schwer in seiner ohnedies problematischen Entwicklung gestört worden sei. Die Vorwürfe gingen noch weiter. Doch davor ereignete sich eine Tragödie, die selbst diese Hasstiraden und zwischenmenschlichen Abgründe, die aus so vielversprechenden Freundschaftsbünden entstanden, zu einer Banalität machen. Alles begann mit dem neuen Element Schelling.

Friedrich Wilhelm Joseph Schelling war in Jena – spätestens nach Fichtes erzwungenem Rückzug – der aufsteigende Stern. Er war mit Goethes Unterstützung zum außerordentlichen Professor berufen worden. Seine 1797 erschienenen «Ideen zu einer Philosophie der Natur» hatten dem Dichterfürsten, der sonst so seine Probleme hatte mit systematischer Philosophie, offenbar imponiert. Spinoza war vielleicht das geheime Band dieser beiden, Goethes und Schellings, über das Caroline so glücklich war (und es gab noch mehr Bindeglieder aus ihrer und Schellings Vergangenheit und vielleicht ihrer wechselseitigen Seelengeschichte). Schelling wandelte sehr in Spinozas Spuren, was nichts Ungewöhnliches war zu der Zeit. Das Wunderkind Schelling verarbeitete seine Spinoza-Rezeption jedoch schon in sehr jungen Jahren zu einer eigenen Philosophie. 1775 in Leonberg geboren, entstammte er einer alteingesessenen schwäbischen Pfarrersfamilie. Wie Hegel und Hölderlin besuchte er das berühmte Tübinger Stift. Protestantische Mystik und pietistische Innerlichkeit prägten diesen frühreifen Geist von Anfang an. Wir finden das alles wieder in seiner wandlungsfähigen und doch durch Konstanten geprägten Philosophie. Aber er bekam noch weit mehr geistige Impulse in seinem Elternhaus als protestantische Theologie, denn sein Vater Joseph Friedrich Schelling war Orientalist; er hatte sogar bei Michaelis studiert, mit ihm auch im Briefwechsel gestanden. So lernte der junge Schelling neben Griechisch und Latein auch Hebräisch, Arabisch und neuere Sprachen. Er schloss ein Theologiestudium ab, studierte anschließend Mathematik, Naturwissenschaften und Medizin. All das bildete die Grundlage seiner Naturphilosophie. So weit gekommen, war Schelling knapp zweiundzwanzig. Mit ihm verglichen, war Friedrich Schlegel ein Dilettant. Friedrich versuchte es ja auch mit einer Lehrtätigkeit an der Jenaer Universität – mit äußerst mäßigem Erfolg. Sein Bruder war trocken und weitschweifig in seinen Vorlesungen, Friedrich war mitunter diffus, unverständlich. Ohnehin war es für die Schlegel-Brüder ein möglicherweise nur halb eingestandenes Problem, dass sie keine genuine Dichtung hervorbrachten; für eine eigene Philosophie hat es aber auch nicht gereicht. Wilhelm grämte sich nicht darum – auch nicht, als sein «Ion» in Weimar durchfiel. Er hat so etwas wie den modernen Kritiker aus der Taufe gehoben, und dank seines profunden Wissens hat er dem bislang ziemlich schlecht beleumundeten Stand wissenschaftliche Seriosität eingehaucht. Er konnte es durchaus verschmerzen, kein Dichter-Genius zu sein. Friedrich aber verzehrte sich vor Neid – auf wen zu Zeiten auch immer, jetzt jedenfalls auf Schelling, den jungen Überflieger, dem die Studenten zuströmten, der von Obrigkeit und wissenschaftlicher Welt hoch gehandelt wurde und der offenkundig auf eine Weise schon fertig war, während sein eigenes ewiges «Werden» vielleicht nicht nur der romantischen Programmatik Tribut zollte. Ihn als

Nebenbuhler seines Bruders zu ächten, steht wohl auch vor diesem Hintergrund. So jung Schelling war – er war geistig weit vorgedrungen und reif vor der Zeit. Caroline dagegen hatte etwas von der ewigen Jugend, schon äußerlich; sie war ein ewig jugendlicher Typ, wie man an dem Porträt der Mittdreißigerin sehen kann, auf dem sie fast wie ein Mädchen aussieht. Die zwölf Jahre Altersunterschied zwischen diesen beiden wurden dadurch relativiert.

Wie weit hatte sich die Beziehung der beiden entwickelt, als Caroline mit Auguste in Bad Bocklet zur Kur ging? Das ist schwer zu sagen. Caroline kämpfte wahrscheinlich noch immer einen ziemlich aussichtslosen Kampf, um sich den Status quo zu erhalten und nicht wieder vom bürgerlichen Wege abweichen zu müssen, wofür ein Mensch in noch immer recht festgefügten Zeiten, was Gesellschaftsmoral angeht, wahrscheinlich auch nur ein begrenztes Kraftkontingent hat. Ihre Kraft, die brauchte sie nur sehr bald für etwas ganz anderes.

Schelling propagierte eine medizinische Theorie, die damals en vogue war und die auch mit seiner Naturphilosophie harmonierte. Er wandte sie auf Caroline an, noch in Jena nach ihrem heftigen Krankheitsausbruch, und sie schien Wunder zu wirken. Es scheint indessen doch fraglich, ob Carolines Gesundung tatsächlich auf diese Behandlung zurückgeht. Die «Brown'sche Erregungstheorie», zurückgehend auf den schottischen Arzt John Brown, statuiert die Polarität von Erregbarkeit und Reiz, durch die das ganze organische Leben geprägt sei, die sich aber auch im Organismus des Menschen widerspiegele. Demnach kommt es zu Krankheiten, indem eine zu starke oder eine zu schwache Erregbarkeit des Körpers vorliegt beziehungsweise zu starke oder zu schwache Reize ihn affizieren. Demgegenüber bildet ein gesundes Verhältnis von Erregbarkeit und Reiz die Voraussetzung für einen gesunden Organismus. Bei den Krankheitstypen unterscheidet Brown zwischen Sthenie und Asthenie: zu hoher Körperkraft durch Übererregbarkeit und Körperschwäche wegen zu geringer Erregbarkeit. Bei Caroline ging man offenbar von Letzterem aus. Da die Brown'sche Behandlungsmethode nun so konzipiert war, dass das jeweils geschwächte Organ affiziert wurde, was bedeutet, dass Mittel verabreicht wurden, die dieses Organ nachgewiesenermaßen reizen (Bitterstoffe beim Darm, Bäder, Wärme und reine Luft bei der Lunge, Moschus, Opium, Musik oder Wohlgerüche, auch *«angenehme Beschäftigung der Augen»* bei einem geschwächten Nervensystem), machte man sich daran, die Patientin mit Reizmitteln zu versehen: Moschus, Opium, Wein, Chinin. Und es half – vielleicht reiner Zufall. Den Geliebten in ihrer Nähe, der sich um sie bemühte und sie versorgte, auch schlichterhand die Verantwortung für sie übernahm und die Mediziner mit ihren traditionellen Methoden entschlossen zum Teufel jagte, mit hinreichend Stärkungsmitteln versehen, darunter einem kräftigen *«Ungarwein»*, den Goethe geschickt hatte (und der war ein Kenner des Faches), erlangte sie jedenfalls ihre Vitalität wieder. Eine Schwäche blieb noch zurück – die sollte im Bade auskuriert werden. An den Briefen Augustes erkennt man deutlich, dass es keine Zerwürfnisse zwischen der Mutter und dem alten beziehungsweise dem neuen «Stiefvater» gab, dass alle mit der Situation gut zurechtkamen und mit ihr souverän umgingen. Schelling, den neuen Mann im Leben der Mutter und in dem Freundeskreis, nannte sie *«Mull»*, und sie war auch bereits, als Vertraute der Mutter, in die Gefühlsentwicklungen eingeweiht. Das mag man nun finden, wie man will. Es klingt nicht so, als habe es ihr geschadet. Anfang Juni schrieb Auguste an Schelling: *«Jetzt bin ich doch wieder ein bischen in Nahrung gesezt, die Mutter nimt es recht gern an, daß ich mich hinseze und Dir schreibe, denn sie wendet ihre Kräfte lieber darauf Dir von ihren Empfindungen bei Deiner Abreise zu sagen, als von Geschäften. Ich danke Dir recht sehr für das Mittel, was Du mir an die Hand gegeben hast Mutterchen zu amüsieren, es schlägt herrlich an, wenn ich auch noch so viel Narrenspossen treibe sie zu unterhalten und es will nicht anschlagen, so sage ich nur: ‹wie sehr er Dich liebt› und sie wird gleich Mullig, das erstemal, als ich es ihr sagte, wollte sie auch wissen, wie sehr Du sie denn liebtest, da war nun meine Weisheit aus, und ich half mir nur geschwind damit, daß ich sagte: mehr als alles, sie war zufrieden, und ich hoffe, Du wirst es auch seyn.»*

Der ganze Sprachwitz und die Lust an der Gestaltung, die Auguste in ihren Briefen entfaltet, auch eine gewisse Respektlosigkeit vor der weltlichen Herrlichkeit und ihren hierarchischen Ordnungen, zeichnen sie ohne Frage als ein echtes Kind der Romantik aus. Dass man sich gerade für Bad Bocklet entschied, hängt im Übrigen mit dem dort praktizierenden Arzt Andreas Röschlaub zusammen, der die Brown'sche Erregungstheorie anwandte. Mit der Unterkunft gab es Pannen, deshalb saßen Caroline und Auguste auch nach wie vor noch in Bamberg fest. Auguste schrieb Schelling: *«Nun stell Dir unser Unglück vor, mit dem schönen Logis bei Hofrath Faber ist es wieder nichts; der Herr Hofrath wollte es wohl sehr gern vermiethen, und mit dem Preis waren wir auch einig, nämlich 5 Carol. für 3 Monat. Aber nun hat der Herr Hofrath noch einen Vater, der Titular Geheimerrath ist und von dem der Sohn, der erstlich dum ist und zweytens viel Schulden hat, abhängt, und dieser will es durchaus nicht zugeben, das vermiethet wird. Röschlaub war selbst bey ihm, aber er allerley Vorwände, es wäre keine Frau im Hause, denn der Sohn ist Witwer mit kleinen Kindern, und da könnten Unordnungen entstehen, und es könnte was an den Möbeln verdorben werden und das Haus stünde so im Verkauf, und kurz, er giebt es nicht zu, und der Sohn kann nun nichts machen und steht da, als wenn er die Ruthe vom Papa bekommen hätte. Nicht genug, das die Frauen an diesem Orte Männer haben anderes Sinnes wie sie, um uns zu quälen, die Söhne haben auch Väter, und die Titular Geheimeräthe scheinen uns ganz besonders aufsäßig zu sein. Und was wirst Du erst sagen, wenn ich Dir erzähle, daß dieser halsstarrige Vater derjenige ist, vor dessen abscheulicher Nase wir einmals nicht zu abend essen konnten, der uns auf dem Spaziergang begegnete. Mit dem ist es also wieder nichts; ich ärgere mich nur, daß ich Dir schon davon geschrieben habe. Nun haben wir wieder ein andres auf der Spur, von dem wir aber noch nichts gewisseres wissen.»* Ein andermal schreibt sie am Ende eines Briefes an Schelling: *«Leb recht wohl, Du Mull, und vergiß das Uttelchen nicht, das so gern mit Dir spazieren ginge.»*

Anfang Juli kamen die drei in Bad Bocklet zusammen. Schelling stellte erfreut fest, dass es Caroline erheblich besser ging, dass sie geradezu wiederhergestellt war. Dann aber erkrankte Auguste, und was man zunächst nicht weiter veranschlagte, wurde bald als Ruhr diagnostiziert. Schelling schrieb noch am 6. Juli an A. W. Schlegel (ein weiterer Beweis dafür, dass auch die beiden Männer nicht in einem Zwist standen), Auguste werde sicher in wenigen Tagen so weit wiederhergestellt sein, dass man gemeinsam nach Bamberg zurückkehren könne. Er wandte auch auf das Mädchen die Brown'sche Erregungstheorie mit den entsprechenden Reizmitteln an. Aber es wirkte nicht. Vielleicht wirkte es in die Gegenrichtung, vielleicht beschleunigte es einen Prozess, der ohnehin nach den damaligen Möglichkeiten der Medizin unaufhaltsam war – und die Ruhr ist auch heute noch unter Umständen eine lebensgefährliche Krankheit. Jedenfalls ging es sehr schnell. Am 12. Juli 1800 ist Auguste im Alter von fünfzehn Jahren gestorben.

Dieses grauenhafte Ereignis war nicht nur eine Zäsur im Leben der Mutter – Caroline hat sich nie mehr von diesem Schlag erholt. Es zerschlug auch gewissermaßen mit einem Hieb den romantischen Kreis, seine Idee, seine Ideale, vor allem aber den Zusammenhalt seiner Mitglieder, die Vorstellung eines alternativen gemeinsamen Lebens außerhalb der üblichen bürgerlichen und patriarchalen Strukturen. Und dabei war gerade dieses vielversprechende junge Mädchen in diesem Kreis eigentlich ein Beweis dafür, dass so ein Zusammenleben gut funktionieren kann und ein wirkliches Alternativmodell ist. Auguste hat am Beispiel ihrer Mutter gelernt, wie wichtig es ist, authentisch zu leben. Sie lernte frühzeitig, dass Verhältnisse und Beziehungen auch zerbrechen können und dass Veränderungen zum Leben gehören. Da sie mit ihrer Mutter so eng verbunden war, gab es aber dank dieser Bindung einen sicheren Grund. Sie hat verschiedene Lebensmodelle kennengelernt und dass es die Möglichkeit weiblichen Überlebens gibt ohne männlichen Schutz. Die Beziehungsmuster der Erwachsenen um sie herum und ebenso auch zu ihr waren dynamisch, offen, entwicklungsfähig, vor allem aber lebendig und ohne hierarchische Vorgaben. Friedrichs Briefe an sie etwa zeugen davon. Das war der etwas verrückte «Onkel», der aber lieber ein älterer Freund sein wollte, kein Onkel, der mit Auguste herumflachste, selbst ewiger Kindskopf, aber wie mit einer jungen Erwachsenen, auf partnerschaftlicher Höhe: *«Warum nennst Du mich denn immer Onkel? – Respekt hast du doch nicht vor mir. Es hilft mir also zu nichts, als daß es mich erinnert, wie alt ich schon seyn muss, daß ich der Onkel von einem so großen Mädchen von eilf [zwölf] Jahren bin. Und alt bin ich doch wirklich nicht, wie die Mutter bezeugen kann, ob ich gleich seit meiner Abreise von Jena schon viele graue Haare bekommen habe, die mir aber sehr gut stehn. Nenn mich lieber Dein Brüderchen oder Freund oder Fritz.»* Dieser verspielte Ton war kein Widerspruch dazu, dass er ihr Griechisch beibrachte und sie zum fleißigen Lernen anhielt, während er ihr unverblümt seine eigenen Schwächen ausbreitete und sich mit der Zwölfjährigen sogar über seine erotischen Eskapaden neckte und austauschte: *«Was Du im Postscript von den Berliner Frauen und meinem Verhältniß zu ihnen andeutest, hat mich betrübt und erstaunt. Gottloser Schelm! – möchte ich zu Dir sagen, wie Apollo zu dem kleinen Hermes. Ich habe Dich lieber, als Du verdienst. Nun bist Du schon übermuthig und trozest. Das betrübt mich! Du hast also auch die Ähnlichkeit mit der Mutter; eine mehr als türkische Eifersucht. Das erfreut mich! – Es geschieht alles um Deinetwillen, Auguste, damit ich nähmlich in der Anmuth wachse, wie mir die Mutter immer gepredigt hat, und wie ich nun tichte und trachte von ganzer Seele und von ganzem Gemüthe; damit ich Dir nicht mehr so rauh begegne, wie wohl sonst, wenn wir wieder beisammen sind.»* Wenigstens sorgte Caroline dafür, dass die Zwölfjährige sich nicht mehr auf Onkelchens Schoß setzen durfte. Das alles führte vielleicht dazu, dass dieses Mädchen früher erwachsen wurde und dass Auguste ein ziemlich realistisches Bild von der Männerwelt hatte, ein anderes jedenfalls als Caroline und ihre Freundinnen im entsprechenden Alter. Und dieses herrliche Mädchen war nun nicht mehr. Es war ein unglaublicher Schock für alle, die es erfuhren und die sie gekannt hatten.

Wilhelm fuhr sofort nach Bad Bocklet und schrieb sechs Wochen später aus Bamberg an Luise Gotter: *«Ich habe noch um Ihre Verzeihung zu bitten, daß ich es dem Zufall und fremden Menschen überließ, die traurige Nachricht zu Ihnen zu bringen. Ich war aber während der zwey Tage, die ich nach Empfang derselben noch in Jena blieb, so ganz zerrüttet, daß ich durch die häufige schriftliche Wieder-*

hohlung mir nicht zu stark zusetzen durfte, wenn ich noch einige Kraft und Besinnung behalten wollte.» Denn August Wilhelm Schlegel verhielt sich auch hier so, wie er sich immer verhielt: Er war da, wenn andere in Not waren. Alles andere wurde demgegenüber zurückgestellt, auch eventuelle Misshelligkeiten mit Schelling, falls es diese denn überhaupt gab.

Auch Friedrich war tief verzweifelt nach der erhaltenen Todesnachricht. Aber bei ihm setzte sie eine perfide Wendung in Gang, was seine Haltung zu Caroline und zu den Ereignissen der jüngeren Zeit anbelangt, interpretierte er doch diesen Tod als einen Opfertod. Auguste als *«Sühneopfer»* (so Dorothea) für die sündhaften Vorgänge in ihrer Umgebung. Und die Schuldige war natürlich die Frau, die Friedrich sowieso für alles Unheil und die Aufhebung der schönen Dreieinigkeit verantwortlich machte: Caroline. Wirklich ein grausames Geschehen. Was hier geschah in diesem einstmals so hochgestimmten Kreis geistreicher Menschen, denen nun nichts niedrig genug war, um eine andere Person ihres Kreises zu diffamieren, die selbst kaum wusste, wie sie mit ihrem Leid um das verlorene Kind fertig werden sollte, ist niederschmetternd. Es ist schlicht nicht zu fassen. Dorothea und Friedrich beeinflussten mit ihrer Darstellung der Dinge, ihrer Hetze, so kann man wohl sagen, auch ihre nächste Umgebung, sodass Tieck und Novalis zum Beispiel bald gänzlich auf ihrer Linie waren, ebenso das Professorenehepaar Paulus, das zu einem angeblichen Kuraufenthalt nach Bad Bocklet geschickt wurde, um der üblen Nachrede noch einige Nahrung zu geben und weiteres Material zur einschlägigen Interpretation einzuholen. Eigentlich sei Auguste gar nicht an der Ruhr gestorben, so Dorothea, sondern an den seelischen Erschütterungen (durch die Mutter verschuldet), die der Krankheit vorausgingen und durch die sie dann in besonderem Maße anfällig war. Dorothea lässt sogar anklingen, dass Caroline in der Tochter eine Nebenbuhlerin loswerden wollte. Jedenfalls sei die Trauer der Mutter nur Heuchelei: *«Und nun die Ostentation der Trauer!»*, so wörtlich. Schelling trage mit seiner Behandlungsmethode, die er eigenmächtig und entgegen den Anordnungen der Badeärzte angewandt habe, auch seinen Part Schuld. Darauf musste man den verzweifelten Schelling sicher nicht noch von außen aufmerksam machen. Caroline, Schelling und Wilhelm Schlegel – was gaben diese drei wohl für ein Elendsbild der Trauer ab, als sie sich in dem fränkischen Badeort zusammenfanden, wo sie schließlich das Mädchen begruben! Die Version vom Opfertod der Auguste, von wem auch immer als erstes ausgesprochen, nistete sich nun aber auch in dem trauernden Paar hartnäckig ein, besonders bei Caroline, die darin gleichsam die Strafe Gottes für ihre verbotene Liebe zu Schelling sah. Es ist schwer zu sagen, woher solche selbstquälerischen Vorstellungen kommen: urchristliches Schuld- und Sühnegedankengut, tiefe Schuldgefühle als Aktivanteil an erfahrenem Unglück, das Bedürfnis nach einer Gesetzmäßigkeit, die dem Leben die Kontingenz nimmt und den eigenen Grenzüberschreitungen doch wieder in strafender Absicht den Riegel vorschiebt, in gewissem Sinn eine Kapitulation vor der Freiheit. Die höhere Hand schützt und steuert das Leben. Das ist eine Preisgabe, eine Selbstaufgabe, eine Abtretung von Verantwortung – und die höhere Hand lässt uns hoffentlich gerade im tiefsten Unglück nicht völlig allein. Ist es das? Was aber, wenn doch? Wenn sie uns doch allein lässt mit unserem Schmerz, unseren Fragen? Caroline war halb besinnungslos vor Schmerz; alles ist hier zu rechtfertigen. Und das Wagnis, den vorgezeichneten Weg zu verlassen, implizierte gegebenenfalls Sanktionen der grausamsten Art. In solchen Denkmustern mussten sich auch auf diffuse Weise und mit allerlei seelischen Umwegen die anderen Beteiligten aus der Ferne bewegen, denn anders ist der krankhafte Hass nicht zu erklären, den Dorothea und Friedrich jetzt und in den kommenden Jahren auf Caroline ausgossen. Die mittlerweile ehelich Verbundenen bedienten sich ab 1805 eines einschlägigen Vokabulars, wenn sie von Caroline sprachen, an der gleichsam ein Exempel der Teufelsaustreibung statuiert werden solle – mit viel Gestank, Schwefel und Rauch möge der Satan aus ihr entweichen, wenn er sich auch nicht in seiner ursprünglichen Missgestalt mit Klauen, Hörnern und Schwanz in ihr zeige. Das klingt in der Tat pathologisch. War Caroline für diese beiden eine Projektionsfläche ihrer eigenen Schuldgefühle und anderer unausgegorener Seelenzustände? Bei beiden war ja von alledem reichlich vorhanden.

Bis auf weiteres kehrte Caroline nicht mehr nach Jena zurück. Weder wollte sie Dorothea und Friedrich begegnen noch wieder in die häusliche Umgebung zurückkehren, in der sie die letzten Jahre mit Auguste verbracht hatte und wo sie alles an sie erinnerte. Als sie sich ihrer Freundin Luise zu einem kurzen Aufenthalt ankündigte, schrieb sie den Satz: «*Faße Dich selbst und Deine Kinder um meinen Anblick zu ertragen, ich lebe nur noch halb und wandle wie ein Schatten auf der Erde.*» Über Gotha reiste sie nach Braunschweig zu ihrer Schwester und deren Familie und zu ihrer Mutter. Dort blieb sie ein halbes Jahr, zeitweise in Gegenwart Wilhelms, der aber zugleich den Briefwechsel zwischen ihr und Schelling beförderte und auch begleitete.

Schelling fiel nach Carolines Abreise in eine tiefe Depression. Auch er quälte sich mit Schuldgefühlen, und hinzu kam die allmählich zutage tretende Weigerung seiner Geliebten, ihrer Verbindung jetzt eine feste Form zu geben, ja, sie nach allem, was passiert war, überhaupt noch als Liebesverbindung in Erwägung zu ziehen. Dass Caroline Zeit brauchte, Zeit zur Trauer vor allem, war ebenso unausgesprochen klar wie die Notwendigkeit einer vorübergehenden Distanz zwischen beiden. Als der Geliebte aber seelisch überhaupt nicht zurande kam, schrieb Caroline ihm, der wieder nach Jena zurückgekehrt war: «*Sieh nur Goethen viel und schließe ihm die Schätze Deines Innern auf. Fördre die herrlichen Erze ans Licht, die so spröde sind zu Tage zu kommen. Mein Herz, mein Leben, ich liebe Dich mit meinem ganzen Wesen. Zweifle nur daran nicht.*» Dann schrieb sie selbst an Goethe. Sie glaubte, dass nur er Schelling jetzt helfen könne. Es war der 26. November, die dunkelste Jahreszeit. «*Wenn Ihre eignen Hoffnungen von Schelling*», schrieb sie, «*und alles, was er schon geleistet hat, wenn er selbst Ihnen so lieb und werth ist, wie ich es glaube, so werden diese Zeilen ihre Entschuldigung finden, ungeachtet ihrer Seltsamkeit, die Sie bitten sollen ihm zu helfen. Ich weiß in der Welt niemand außer Ihnen, der das jetzt vermöchte. Er ist durch eine Verkettung von gramvollen Ereignissen in eine Gemüthslage gerathen, die ihn zu Grunde richten müßte, wenn er sich ihr auch nicht mit dem Vorsaz hingäbe sich zu Grunde richten zu wollen. Es kann Ihnen fast nicht unbemerkt geblieben seyn, wie sehr sein Körper und seine Seele lei-*

det, und er ist eben jetzt in einer so traurigen und verderblichen Stimmung, daß sich ihm bald ein Leitstern zeigen muß. Ich bin selbst müde und krank und nicht im Stande ihm die kräftige Ansicht des Lebens hinzustellen, zu der er berufen ist. Sie können es, Sie stehn ihm so nah von Seiten seiner höchsten und liebsten Bestrebungen, und der persönlichen Zuneigung und Verehrung, von denen er für Sie durchdrungen ist. Sie haben das Gewicht über ihn, was die Natur selber haben würde, wenn sie ihm durch eine Stimme vom Himmel zureden könnte. Reichen Sie ihm in Ihrem Namen die Hand. Es bedarf weniges weiter, als Sie wirklich schon thun, Ihre Theilnehmung, Ihre Mittheilung ist mehrmals ein Sonnenstral für ihn gewesen, der durch den Nebel hindurch brach, in dem er gefangen liegt, und manches, was er mir geschrieben, hat mir den Gedanken und den Muth gegeben Sie bestimmter für ihn aufzufordern. Lassen Sie ihn nur wissen, daß Sie die Last auf seinem Herzen und eine Zerrüttung in ihm wahrnehmen, die ihm nicht ziemt, und wenn das Geschick auch noch so ausgesucht grausam ist. Lassen Sie ihn einen hellen festen Blick auf sich thun. Sie werden durch jeden Wink auf ihn wirken, denn mag er noch so verschlossen und starr erscheinen, glauben Sie nur, sein ganzes Wesen öffnet sich innerlich vor Ihnen, wenn Sie sich zu ihm wenden, und wenn er nicht die heftige Erschütterung scheute Ihnen gegen über, so hätte er vielleicht selbst gethan, was ich sanfter, obwohl sehr bekümmert an seiner Statt thue: sein Heil Ihrer Vorsorge übergeben. Es ist das beste, was die Freundin für ihn zu thun vermochte, die ihn nicht auf die Art trösten kan, wie sie sich selbst trösten darf. Ich habe es gewagt im Vertrauen auf Ihre Güte und den ernsten Sinn meines Anliegens. Meine Augen sind trübe, ich sehe nur noch, daß er leben muß und alles Herrliche ausführen, was er sich gedacht hat. Wenn ich einen Wunsch besonders aussprechen darf, so ist es der, daß Sie ihn um Weynachten aus seiner Einsamkeit locken und in ihre Nähe einladen. Ohne weitere Antwort hoffe ich es beruhigend zu erfahren, daß Sie meine Bitte geachtet haben, und nur zum Überfluß ersuche ich Sie, ihrer auf keine andere Weise zu erwähnen. Braunschweig, d. 26ten Nov. 1800, Caroline Schlegel.»

Und so geschah es. Der Bund mit Goethe hat diesen beiden am Ende wieder zu Licht und Leben verholfen, aber das war nur sehr äußerlich auf Goethes tätige Hilfe gegründet. Bereits im Oktober hatte Caroline an Schelling geschrieben: *«Goethe tritt Dir nun auch das Gedicht ab, er überliefert Dir seine Natur. Da er Dich nicht zum Erben einsetzen kann, macht er Dir eine Schenkung unter Lebenden. Er liebet Dich väterlich, ich liebe Dich mütterlich – was hast Du für wunderbare Eltern! Kränke uns nicht.»* Ob Schelling allerdings hören wollte, dass Caroline ihn «mütterlich» liebe, ist eher fraglich. Zum ersten Mal tauchte da der Gedanke auf, den Caroline in den Monaten ihrer unmittelbaren Trauerverarbeitung und des Nachdenkens über ihre Zukunft mit Schelling, die von großen Erschütterungen und offenkundig auch wechselnden Einstellungen und Gemütsverfassungen gekennzeichnet waren, als seelische Lösung entwickelte: dass sie sich nicht als Liebende, sondern gleichsam als Mutter und Sohn angehören wollten, als liebende Freunde, um auf diese Weise das Andenken an Auguste rein zu erhalten und eine implizite Schuld abzutragen. Caroline hielt das nicht durch. Mit dem Ansinnen war ihr indessen auch klar, dass sie damit zwar ihr eigenes Gewissen schützte und reinigte, aber den Geliebten noch tiefer in Verzweiflung stürzte. Dann kam der Jahreswechsel. Schelling hatte ihr einen Ring zukommen lassen. *«Ja, dieß ist der erste, der einzige ächte Trauring für mich»*, schrieb sie, *«und er bleibt einzeln. Er sagt sich von der Zukunft los und bindet uns nur an eine kurze Vergangenheit.»* Die Silvesternacht selbst war für Caroline beklemmend. Man war sich damals nicht einig darüber, ob das neue Jahrhundert am 1. Januar 1800 oder am 1. Januar 1801 begann, und so bildete der eventuelle Jahrhundertbeginn eine weitere Hypothek, unausgesprochene Ansprüche, neues Abschiednehmen in ihrer zerrütteten Seelenverfassung. Wilhelm war bei ihr in Braunschweig. Schwester Luise ging ein paar Stunden auf einen Ball, kam aber auch schon um zehn Uhr abends zurück. Niemandem war offensichtlich nach Feiern zumute. *«Schlegel befand sich nicht wohl, er schlief in meiner Stube auf dem Sopha den ganzen Abend. Ich war noch zu Luisen hinuntergegangen, denn zu Bett legen wollte sich doch keiner; wir brauten eine kleine Schale Punsch mit huile de Canele, der Schlag 12 überraschte uns, ich wollte Schlegel noch wecken, ehe es ausgeschla-*

gen, denn es war mir, als könten üble Folgen daraus entstehn, wenn einer dabey nicht wachte, gleichsam als ob er das Zusammenklingen seiner Sterne verschliefe – also lief ich hinauf, er hatte den Schlag gehört, sich zusammengerafft und zu uns heruntergehn wollen, also begegneten wir uns wie die beyden Jahrhunderte auf der Treppe. Meine Seele aber war bey Dir und dem Ring an Deiner Hand.» Wie würde es weitergehen?

Was Caroline betrifft, so begann in diesen noch folgenden Wochen und Monaten der erzwungenen wie auch bewusst eingerichteten Trennung (Schelling, der im Sommer ein Freisemester gehabt hatte, nahm in Jena unter anderem seine Vorlesungen wieder auf) eine Annäherung nahezu mystischer Art an den fernen Geliebten, verbunden mit einer gewissen Anverwandlung von Schellings geistiger Welt, was umso bewegender ist, als sie ja gleichzeitig immer wieder ihren Entschluss formulierte, die Liebesbeziehung als solche nicht weiter fortsetzen zu wollen, sondern dieser Liebe zu entsagen. Doch die Briefe enthüllen einen faszinierenden Vorgang: den Beginn einer letzten Phase in ihrem Leben, in der sie durch das Einswerden mit Schelling zu ihrer eigenen geistigen Höhe geführt wurde, wenn man auch zuweilen den Eindruck gewinnt, als sei ein Teil von ihr schon auf dem Weg in ein anderes Leben, und das verwob sich mit Schellings eigenwilliger Metaphysik. Etwas von Caroline war gestorben mit Augustes Tod, zweifellos. Die inneren Wege, die sie jetzt ging, waren auch Wege zu ihr. *«Lieber Freund, ich komme weit her schon an diesem frühen Morgen und war dabey, wie sich die glühende Erde zuerst verhärtet hat und Blasen warf, aus denen die Berge wurden …»*, so beginnt ein Brief *«Dienstag früh [Januar 1801]»*. Sie las Buffon, die «Époques de la nature», seine Naturgeschichte, in der die Verschiedenheit der Lebewesen aus erdgeschichtlichen Ursachen und einer Zusammengehörigkeit der Organismen erklärt wurde – alles Propädeutika, wie man annehmen kann, für Schellings Naturlehre. Und dann äußerte sie den bemerkenswerten Satz: *«Wenn Du mir nur einen Übergang machen köntest von meinen Hölen und Bergeshöhn zu Deiner Philosophie, nehmlich einen gründlichen, denn übrigens ist mir nichts leichter als gleich da zu stehn, wo die Vernunft – sich selber faßt.»* Das und das Folgende, nur wenig spä-

Johann Wolfgang Goethe. Kreidezeichnung von Friedrich Bury, um 1800

ter geschrieben, wirft vielleicht ein kurzes Streiflicht auf das Geheimnis dieser eigentümlichen Frau, die einen Geist wie Schelling derart faszinierte. Vorangegangen war ein leidenschaftliches Bekenntnis, dass sie und er zueinandergehörten. Nur die Art und Weise, wie das denn sein solle, das ließ sie offen. *«Du wirst mich fragen, ob mir denn der Ausgang gleichgültig ist? Ja, muß ich antworten, und wenn die süße Liebe mich auch zurückhalten will. Ich bin meines unzerstörbaren Glücks, wie meines unheilbaren Unglücks gewiß. Das ist mein Vorrecht. [...] Der Genius, der mich leiten wird, das ist Dein Genius. Er wird gewiß gut seyn.»*

Das Gesetz. Das Lebensgesetz. Carolines innerer Dämon. Hier fand sich auch die Verbindung zu Goethe. Es ist nahezu eine Wiedergabe seiner orphischen Urworte in eigenen Worten und sicher auch eine Erklärung dafür, warum Goethe dieser Frau immer verbunden blieb, was seine mehr oder weniger geistreichen Zeitgenossen auch gegen sie sagten. Aber immer wieder trat auch Augustes Bild vor Carolines Augen (*«ich lebe und bewege mich immer nur in Dir, mein süßes Kind»*), und ihrer inneren Gegenwart sind wahrscheinlich auch Sätze an Schelling geschuldet wie: «*Du bist nun meines Kindes Bruder, ich gebe Dir diesen heiligen Seegen. Es ist fortan ein Verbrechen, wenn wir uns etwas anderes seyn wollten.*» Sie drückte es noch etwas deutlicher aus, und daraus geht hervor, dass sie und Schelling bereits vor Augustes Tod einmal ein Liebespaar waren, und dass Caroline sich deswegen mit Schuldgefühlen zerfleischte und dass sie immer noch einen Schuldzusammenhang sah zwischen dieser «verbotenen» Liebe und dem Tod ihres Kindes. «*Ja, ich habe ein Verbrechen begangen, da ich mich der Liebe überließ, aber, was ihr Fesseln anlegte, war und ist heilig, und nicht ein Mangel an freyer Gesinnung und nicht eine Halbheit der Liebe. Willst Du mir nie verzeihen, daß die unwiederstehliche Neigung zu Dir sie durchbrach? Nichts ist unheilbar für Seelen wie die unsrigen, und ich war kühn, aber nicht frevelhaft. Vergieb mir.*»

Ende April kehrte Caroline nach Jena zurück. Wie und ob sie dort sogleich Schelling wiedersah, ist den Quellen nicht zu entnehmen. Die Rückkehr und die Erinnerung an Auguste war sicherlich noch einmal eine gehörige Anfechtung auf all ihre Haltung und Seelenstärke gewesen. «*Wo ich gehe, da sind ihre Spuren, der ich nun so hilflos nachweine*», schrieb sie an Wilhelm. Insgesamt fand sie sich in einer Situation, die mehr nach Zerrüttung und Leere als nach einem wie auch immer gearteten Neuanfang aussah. Die Zurückgekehrte stand vor den Trümmern ihrer bisherigen Existenz. Auch wie es nun mit der Häuslichkeit weitergehen sollte, war zunächst unsicher. Notgedrungen kehrte sie vorläufig in das Haus am Löbdergraben zurück, wo sie einen gänzlich verwahrlosten Haushalt antraf. Er trug sogar noch die Spuren des jüngsten Gelages nach Friedrichs gerade begangenem «Doktorschmaus». Caroline stellte fest, dass der ursprüngliche Porzellanbestand bis zur Unkenntlichkeit dezimiert sei. Auch hätten sich die einstigen Mitbewohner, die *sie* dereinst gastfreundlich aufgenommen habe in eine funktionierende Einrichtung, dieser Einrichtung jetzt so schamlos bedient, als sei sie ihr Eigentum. Sofern Friedrich und Dorothea zugegen waren, kommunizierten sie und Caroline nur über Zettel in dem dreistöckigen schmalen Haus – ein eigentlich unhaltbarer Zustand. Von Braunschweig aus hatte Caroline verlauten lassen, da gebe es doch dieses Gartenhäuschen im «Paradies», das würde ihr völlig genügen. Caroline plante also ein Leben allein. Mit Wilhelm blieb sie auch weiterhin stets auf dem Laufenden. Er war oft in Berlin, hatte dort eine neue Geliebte, nämlich Sophie Bernhardi, die Schwester Ludwig Tiecks, die unglücklich verheiratet war und bald ihrem Gatten mit den Kindern unter Polizeiverfolgung davonlaufen würde – auch eine illustre Figur ihrer Zeit. Seilermeister Tiecks Kinder machten nun schon im Doppelpack als Schriftsteller von sich reden, und es gesellte sich dann noch ein Bildhauer unter den Geschwistern hinzu. Nichts dokumentiert deutlicher, wie Caroline zu dem alten Freund stand, ihrem noch-Ehemann und lebenslangen Vertrauten, über den sie nur wenig später sagen würde, er hätte immer nur ihr Freund sein sollen, sonst nichts, als ein Brief von ihr an Sophie Bernhardi vom 24. August 1801: «*Gern möchte ich Ihnen danken, daß Sie mir Schlegeln so hübsch und gesund und muthig wieder zugeschickt haben, aber ich hätte fast Lust ihn Ihnen auch wieder zurückzuschicken, denn wir können nichts mit ihm anfangen. Wir sind ihm alle nicht gut genug, und nichts will ihm so gefallen wie die Stäte, von welcher er kömt. Er schreyet nach Berlin, welches wohl nur die Bernhardis heißt; dort hat man ihn gepflegt und er hat nach seines Herzens Begehr gelebt, und hier ist alles eitel Stückwerk. Also, meine Liebe, wird es wohl mit dem Dank nicht viel werden, aufrichtig gesprochen, denn Sie haben uns den Freund verdorben. Ich werde ihn sauber emballiren [verpacken], und nur froh seyn, wenn er nicht etwa von der kurzen Pönitenz ganz zerbrochen bey Ihnen ankommt. Wenn es mir möglich ist, will ich ihn selbst überbringen, um zu sehn, wie er einmal recht zufrieden ist. Wenn ich mir recht die Freude überlege ihn so zu sehn, so erweicht sich denn doch mein Gemüth wieder zur Dankbarkeit gegen Sie und ich denke mit Vergnügen an die Stunde, wo ich Sie sehn werde. Caroline S.*» Doch die doppelte Haushaltsführung wurde mit der Zeit ziemlich teuer, auch wenn beide gut haushalteten und die Dinge mit Bedacht regelten. Im Folgejahr besuchte Caroline Wilhelm auf einige Wochen in Berlin. Das erneute Zusammenleben hatte anscheinend einen ernüchternden Effekt, verbunden mit der keimenden Einsicht, dass diese Ehe als Ehe eben doch eine Farce war. Es ist ohnehin sehr erstaunlich, wie lange die drei Beteiligten diese Interimslösung aushalten konnten. Schlegel und Schelling standen auf gutem Fuße, tauschten sich wissenschaftlich aus und empfahlen einander sogar gegenseitig; da war keinerlei böses Blut. Einmal schrieb Caroline an Wilhelm: «*Schelling bittet Dich inständig, ob Du ihm nicht willst beykommende griechische Stellen in das gehörige Metrum übersetzen. Er will Dir gern dafür thun, was er weiß und kann.*» Und ein andermal: «*Schelling sitzt dort und ließt in einem freyen Augenblick Dein erstes Gespräch im ersten Athenäum. Er rühmt, daß so viel Scharfsinn darin sey, und nimt sich vor es recht zu studiren.*»

Im September 1802 entschlossen sich die beiden Ehe-Freunde zur förmlichen Trennung. In einem ausführlichen Brief an Julie Gotter rechtfertigte Caroline ein halbes Jahr später ihren Entschluss. Es ist ein Rechtfertigungsbrief vor der Welt, der weit mehr umfasst als das Thema der beendeten Ehe mit Schlegel. «*Indem mir das Schicksal oft seine höchsten Güter nicht versagt hat, ist es mir doch zugleich auch so schmerzlich gewesen, und hat so seinen auserlesenen Jammer über mich ergossen, daß wer mir zusieht nicht gelockt werden kann, sich durch kühne und willkürliche Handlungsweise auf unbekannten Boden zu wagen, sondern Gott um Einfachheit des Geschickes bitten muß, und sich selbst das Gelübd ablegen, nichts zu thun um es zu verscherzen. Nicht als ob ich mich anklagte; was ich jetzt zu thun genötigt bin, ist bey mir vollkommen gerechtfertigt, nur verleiten kann das Beyspiel nicht. Ich habe nun alles verlohren, mein Kleinod, das Leben meines Lebens ist hin, man würde mir vielleicht verzeihen, wenn ich auch die lezte Hülle noch von mir würfe um mich zu befreyen, aber hierin bin ich gebunden – ich muß dieses Daseyn fortsetzen, so lange es dem Himmel gefällt, und das einzige, was ich dafür noch bestimmtes wünschen kann, ist Ruhe, wahrhafte Ruhe und Übereinstimmung in meinen nächsten Umgebungen. Diese kann ich in der Verbindung mit Schlegel nicht mehr finden; mannichfache Störungen haben sich dazwischen geworfen, und mein Gemüth hat sich ganz von ihr abgewendet; das habe ich ihm vom ersten Moment an nicht verhehlt, meine Aufrichtigkeit ist ohne Rückhalt gewesen.*» Gemeinsame Kinder hätten ihre Verbindung, meinte sie, vielleicht unauflöslich gemacht. Aber offenbar sei sie nicht mehr in der Lage, Mutter zu werden. So wolle sie Schlegel, *«der in der Blüthe seines Lebens steht»*, nicht mehr im Wege stehen, sein Glück auch in dieser Hinsicht anderweitig zu suchen. Sie hätte ihn, fügt sie hinzu, niemals heiraten, sondern immer nur in Freundschaft mit ihm verbunden sein sollen. Ihre Verbindung, *«die wir unter uns nie anders als wie ganz frei betrachteten»*, hätte vielleicht unter anderen Umständen trotzdem Bestand haben können. So aber habe sie's nicht. Caroline erwähnt Schelling mit keinem Wort. Nur dass Schlegel, wie Julchen sich sicher vorstellen könne, nie der Mann war, der eine hingebungsvolle Liebe in ihr auslösen konnte. An die zwischen ihnen bestehende Freiheit habe er zudem gelegentlich *«durch Frivolitäten erinnert»*. Das empfand sie als degoutant.

In dem Scheidungsgesuch, das Caroline und Wilhelm gemeinsam an den Herzog von Sachsen-Weimar richteten, nachdem Goethe sich bereits für ihre Sache eingesetzt hatte, werden solche Intimfragen natürlich ausgelassen. Es ist aber doch ein recht persönliches Schreiben an Serenissimus, was beweist, wie relativ unbefangen das Verhältnis Einzelner zu diesem burschikosen Fürsten sein konnte, zumal es ja in diesem Fall über Goethe lief, über den fürstlichen Freund. Aber nach der problemlos bewilligten Scheidung verließ Caroline mit Schelling, und zwar endgültig, das sachsen-weimarische Herrschaftsgebiet. Schelling winkte eine Professur in Würzburg. Vorher planten beide eine Italien-Reise, doch daraus wurde nichts, denn die Professur sollte noch im selben Jahr angetreten werden. Eine andere längere Zwischenstation hatte es aber in Murrhardt bei Schellings Eltern gegeben. Hier wurde das Paar am 26. Juni 1803 von Schellings Vater getraut.

«Tod, Wonne, Schmerz, Liebe, Leben … und Frieden.» *1803–1809*

Vielleicht war es Carolines eigentümliche Religiosität, die ja eigentlich gar keine war, ihre instinktsichere Disposition, ihr Leben aus einer inneren Gesetzmäßigkeit, durch die sie zugleich mit dem Universellen, mit den Gesetzen des Lebens verbunden schien, das sie für Goethe, den *«alten Heiden»*, so anziehend, geradezu wesensverwandt machte. Er fing Schelling auf, als dieser in Not war, und er setzte sich für die Scheidung von Caroline und Schlegel ein, weil er wusste, dass die Menschennatur heterogen und wandelbar ist, dass sie, authentisch gelebt, ihre je eigenen Entwicklungen und Häutungen durchmacht, dass es unmöglich ist, diesen inneren Dämon durch Gesetze von außen zu bändigen oder ihm eine lebenslang gültige Form zu verleihen, dass die Gesetze des Menschen gelegentlich mit den gesellschaftlichen Gesetzen in Kollision stehen und dass alles andere auf Illusionen beruht. In seinem Roman «Wahlverwandtschaften», 1810 erschienen, setzte er sich mit diesen Themen ziemlich radikal auseinander. So einige Befindlichkeiten, Beziehungsmuster, Gefühlskatastrophen und Paarbildungen entstammten vielleicht auch den aus der Nachbarschaft beobachteten Wirren im Jenaer Freundeskreis. Anderes entnahm der Dichter seinem eigenen Gefühlsleben und seiner eigenen Einbildungskraft. Ein Ehepaar in mittleren Jahren aus dem gehobenen Landadel, beide in zweiter Ehe verheiratet und als Jugendgeliebte nach mannigfachen Umwegen und Gesellschaftszwängen endlich miteinander verbunden, genießen ihr spätes Glück auf ihrem schönen Landsitz und in dem angeschlossenen Landschaftspark, mit dessen Gestaltung sie vollauf beschäftigt sind. Irgendwo tobt ein Krieg, aber das betrifft beide nicht; es ist nicht mehr als ein Hintergrundgeräusch in der Idylle, die auf eine Tragödie hinausläuft. Zunächst lädt Eduard, der Hausherr, seinen Freund ein, der nur der *«Hauptmann»* genannt wird, weil er sich mit seinem soldatischen Stand vollauf identifiziert, zur Zeit jedoch ohne Regiment und Beschäftigung ist und seinen ins Leere laufenden Tatendrang nun bei Charlotte und Eduard ausagiert, indem er mit Zirkel und Reißbrett den Park ausmisst und auf seine Weise gestaltet. Dann kommt Ottilie, die junge Nichte Charlottes, ein zartes Pflänzchen, eben aus einem Mädchenpensionat entkommen, wo sie eine etwas zurückgesetzte und traurige Rolle gespielt hat, da sie den Anforderungen nicht recht gewachsen war, aufgrund ihrer sensiblen und verhaltenen Art auch mit den gleichaltrigen vitaleren Mädchen nicht mithalten konnte. Aus der Zweisamkeit wird über Nacht eine Viererkonstellation, und Goethe versucht mit seinem vollkommen durchkonstruierten Roman, in dem gewissermaßen ein französischer Garten von der bedrohlichen Urwüchsigkeit einer wilden Landschaft durchzogen wird, während sich die Beteiligten bis zum Schluss weigern, diese Urwüchsigkeit (auch den Tod) anzuerkennen, ein chemisches Gleichnis zu exemplifizieren. In einer gemütlichen Abendrunde, in welcher der Hauptmann über die «Wahlverwandtschaften» der chemischen Elemente, die sich suchen und finden, sich trennen oder vereinigen, im Zusammenhang mit einer aktuellen Diskussion der Naturwissenschaft referiert, wird das Geschehen zwischen den Beteiligten wie in einer schicksalsschwangeren Exposition angekündigt, das mit ähnlich elementarer Notwendigkeit seinen Lauf nehmen wird wie bei den chemischen Stoffen.

Die Konstellation vollzieht sich allerdings anders als zunächst erwartet: Nicht die junge Ottilie, um deren Unschuld Tante Charlotte besorgt ist, verliebt sich in den wackeren Hauptmann, also D in Element C, sondern der stürmische Eduard, trotz seiner fortgeschrittenen Jahre ein ewiger Kindskopf geblieben, ein verwöhnter Aristokrat, der immer nach seinen Neigungen lebt und der es gewohnt ist, stets alles zu bekommen, was er sich wünscht, verfällt der fragilen Mädchenfrau, wie auch umgekehrt, und die äußerst souveräne Charlotte, die auffallende Ähnlichkeit hat mit Charlotte von Stein, findet ihre Wahlverwandtschaft und ihre Liebe in dem ebenso erdfesten Hauptmann. Die Paarbildung läuft über Kreuz: A liebt C, und B liebt D. Das Chaos beginnt. Freilich gehen die vier Beteiligten unterschiedlich mit den Anstürmen um. Eduard, der verwöhnte Aristokrat (im Roman findet sich noch mehr verkappte Kritik am Adel, aber auf Goethe'sche Art, sehr konziliant, zumal Eduard ja auch äußerst charmant und liebenswert ist), will seine Liebe um jeden Preis durchsetzen. Als es nicht zu gelingen scheint und zu viele Omina dagegensprechen, Schicksalswinke, so kann man sagen, da zieht er aus Trotz in den Krieg, das Schicksal auf seine Weise herausfordernd, aber immer in der kindlichen Haltung: Ich will es, und der Rest, alle Umstände mögen sich diesem Wollen dann beugen. Die maßvolle Charlotte, die eigentlich nie einen Fehler macht, von der kurzen Situation abgesehen, als sie sich, vom Hauptmann nach einer Bootstour ans trockene Ufer getragen, sekundenschnell dazu hinreißen lässt, ihn zu küssen – aber da ist sie ja auch schon in seinen Armen und völlig wehrlos; zurück auf dem Boden der Tatsachen und dem seichten Element des Wassers wie auch dem durchweichten Uferboden entronnen, hat sie sich wieder komplett in der Gewalt –, regelt alles im Sinne des harmonischen Ganzen und versucht die anderen auch dazu zu bewegen, dass alles beim Alten bleiben, dass man entsagen müsse. Der Hauptmann ist sowieso von Anfang an zur Entsagung bereit. Als Soldat ist er Selbstüberwindung gewohnt. Die Pflicht ruft, und es fällt ihm nicht schwer. Zu vieles würde man durch einen solchen Schritt preisgeben. Man würde Bande zerreißen, Sittengesetze verletzen, ja in gewisser Weise die Gesellschaftsordnung unterminieren – denn (ein immer wiederkehrendes Argument aus der konservativen Richtung, sobald Dinge dabei sind, sich zu verändern): Was, wenn das alle täten und unentwegt? Wie stünde es dann noch um die menschlichen Ordnungen? Eine wichtige, interessante Figur ist in diesem Zusammenhang der ominöse «*Mittler*», der früher einmal ein Geistlicher war, jetzt aber, da er im Lotto gewonnen hat, diesen Beruf nicht mehr ausüben muss und daher im unmittelbaren Umfeld der Schlossherren, im Dorf, in der Kirchengemeinde, in diversen Familien und anderen menschlichen Gemeinschaften, ob diese das nun wollen oder auch nicht, als Schlichter und Mittler auftritt, als Eheberater, Schlichter in Nachbarschaftsfehden und Erbstreitigkeiten und was nicht noch sonst, sich ungebeten in die inneren Angelegenheiten der Leute einmischt, im Sinne der Streitbeilegung und Einigung, wie er sagt, aber auf reichlich fragwürdige Art. «Mittler» ist das verkörperte Sittengesetz, ein rationalistischer Sittenrichter, der mit erhobenem Zeigefinger umherläuft, der Menschheit die Gesetze unter die Nase reibt: weltliche, geistliche und moralische Gesetzmäßigkeiten, und der eine Einheit um jeden Preis propagiert, unabhängig von den subtilen Seelenvorgängen der beteiligten Menschen und den höchst komplexen Abläufen in den Beziehungen. So hält er im Kreise der Vier ein leidenschaftliches Plädoyer für den *«Ehstand»*. Der sei die Basis aller menschlichen Zivilisation. Nichts stehe über ihm. Ihn zu verletzen, sei Sünde und Schmach. Damit beschleunigt er aber den Untergang der bereits an die Grenze ihrer sensiblen Natur gebrachten Ottilie, die an der Schuld zugrunde geht, die sie empfindet, auch ohne Mittler, und sich buchstäblich zu Tode hungert, auch – etwas befremdlich für Goethe – gewissermaßen als katholische Heilige endet, in einem gläsernen Sarg, himmelfahrend, verklärt, während Eduard, ihr Geliebter, ihr später «nachfolgt» und ihrem Märtyrertod einen dilettantischen Talmi-Selbstmord entgegensetzt. Nahezu antike Ausmaße hatte die Tragödie zwischenzeitlich genommen: herrliche Peripetien, unglaubliche Wendungen. In einer genialen Szene, etwa in der Mitte des Buches, verbringen Eduard und Charlotte, die rechtmäßigen Eheleute, die beide anderweitig emotional affiziert sind, eine Liebesnacht in Charlottes Schlafzimmer, das Eduard schon längere Zeit nicht mehr aufgesucht hat. Beide imaginieren sich allerdings währenddessen den eigentlich geliebten Partner herbei, und so wird daraus gleichsam ein Beischlaf zu viert und ein geistiger Ehebruch, den der Autor offenbar nicht minder anrüchig findet als Mittler den wirklichen. Charlotte wird in dieser Liebesnacht schwanger, und dieses Kind, das alle Beteiligten, vor allem die, die sowieso auf der Seite der Ordnung stehen und zur Entsagung bereit sind, zunächst als höheres Omen betrachten, dass die Ehe von Eduard und Charlotte geschützt werden soll und Vorrang vor allem hat, besitzt die Gesichtszüge aller beteiligten Vier. Ein monströses Produkt, keineswegs ein Zeichen des Himmels und der Versöhnung. Es stirbt, als Ottilie, die sich liebevoll um das neugeborene Kind kümmert, mit ihm auf den See hinausrudert und das Bündel, mit einer Hand gehalten, da sie in der anderen ein Buch hält, vor Schreck ins Wasser fallen lässt, als ein Schuss fällt. Eduard, der Geliebte, der eigentlich weggeschickt worden war, da er sich als Einziger nicht bereit zeigte, die wiederhergestellte Ordnung zu akzeptieren, der sich aber nun heimlich aufs Anwesen geschlichen hat, wollte Ottilie mit dem Gewehrschuss ein Zeichen geben, dass er die Dinge im Sinne ihrer Liebe geregelt hat. Das Kind ist ertrunken. Mit dieser Schuld kann Ottilie nicht leben. Sie, in Goethes reichhaltiger Damengalerie die geheimnisvolle Mädchenfrau mit magischer Intuition, die beispielsweise auch Metalle im Boden zu erspüren vermag und ebenfalls tief durchdrungen ist von einer inneren Gesetzmäßigkeit, spürt, dass alles heillos geworden ist, dass ein unbezwingliches Fatum den Willen der beteiligten Einzelnen, die die Dinge wieder ins Lot bringen wollen, durchkreuzt, und dass ein Opfer gebracht werden muss. Das Opfer ist sie. *«Ich bin aus meiner Bahn geschritten, und ich soll nicht wieder hinein»*, äußert Ottilie. Das junge Mädchen ist es am Ende, nicht die kluge Charlotte oder der vernünftige Hauptmann und schon gar nicht der rationalistische «Mittler», sie ist es, die die Wende bringt, die allerdings tragisch ist, eine Wende, die die Beteiligten und ihren Schuldzusammenhang sühnt. A und C, die Überlebenden der Quadrille von der vernünftigen Seite, die etwas kühle Charlotte und der seltsam gesichtslose und ja auch namenlose «Hauptmann», werden auch nach der Tragödie dem Leben erhalten bleiben und es auf wohltemperierte Weise weitergestalten. Aber nicht sie sind es, die den «Dämon» gespürt haben, der in den orphischen Urworten vorkommt, denn sie stehen dem Elementaren zu fern. Die ihn spüren, leben gegebenenfalls auch über Grenzen hinweg. Das war die Wirklichkeit. Mit dem Sittengesetz hatte sie wenig zu tun. Sowohl durch rationalistisches Übermaß wie in der Mittler-Karikatur als auch durch emotionale Maßlosigkeit, die rücksichtslose Unbedingtheit des Individuums, wie sie Eduard verkörpert, können wir im Sinne eines persönlichen Scheiterns schuldig werden, dessen Gegenmittel eine gut funktionierende und gepflegte Verbindung mit dem Gesetz in uns selbst ist. Nicht zu bezwingen ist aber der Schuldzusammenhang im Großen und Ganzen. Es ist das Wunschdenken des abendländischen Menschen, dass wir hier als Subjekte außerhalb stehen und alles steuern können, also auch unsere eigenen inneren Abgründe. Goethe hat nicht so gedacht. Sein Weltbild war offen, vor allem nach oben, und er suchte auch nicht nach einer «Idee». Seine katholischen Reminiszenzen sind gedankliche und ästhetische Spielereien, vor allem herrlich geeignet zur Apotheose des Weiblichen, die er so liebte. Freilich beeindruckte den Augenmenschen unter anderem die katholische Bildwelt, die er ja auch aus Italien gekannt hat. Außerdem war der Katholizismus, das hatte Goethe bereits bewiesen, dramaturgisch höchst wirkungsvoll, ein unvergleichlicher Fundus. Aber das sagt nicht viel aus über des Autors Verfassung. Vor dem Hintergrund einer Weltanschauung, die sehr im antiken Denken verwurzelt ist, wird bei ihm auch das Ungeheure assimiliert, und selbst der Tod, der ganz einfach von ihm *«nicht statuiert»* wird, jedenfalls nicht als das, was er ist in der christlichen Lehre, wird überwunden von der Aussicht auf eine *«Dauer im Wechsel»*. Durch «Mittler», schon gar nicht durch selbsternannte, säkulare und reformierte – dem Protestantismus, der Goethe sehr viel vertrauter war, erteilt er damit einen wirklich hämischen Hieb – lässt sich dergleichen nicht fassen: das Leben in seiner Buntheit und Ganzheit und Unberechenbarkeit, das den Menschen an Grenzen bringt und damit zu sich selbst. Deshalb verehrte er Caroline, deshalb verhalf er ihr zu ihrer Scheidung von Schlegel, deshalb war er Schellings Naturlehre verbunden, in der er von allen Werken idealistischer Philosophen vor ihm und nach ihm allein eine Anknüpfung sah an sein eigenes Werk und einen Denkstoß mit Zukunftscharakter, deshalb fing er Schelling in seiner seelischen Not auf, holte ihn sogar persönlich in Jena ab und brachte ihn über Weihnachten zu sich nach Hause, und deshalb gab er diesem Paar jetzt seinen Segen. Der «alte Heide».

Für Caroline war der Weggang aus Jena eine Erleichterung. Dieser Lebensabschnitt war beendet, und er hatte zu viele belastende Reminiszenzen. Der Kreis von einst war sowieso auseinandergefallen. Novalis war tot. Friedrich und Dorothea hatten Deutschland verlassen und lebten bis April 1804 in Paris. Die Beziehung zwischen den Schlegel-Brüdern war notdürftig wiederhergestellt. Wilhelm würde später versuchen, seine lukrative Verbindung mit Madame de Staël auch für den ewig mittellosen Friedrich zu nutzen. Dieser lebte bis 1808 mit Dorothea in Köln, dann in Wien. Nur mit Ludwig Tieck blieb auch später beim Ehepaar Schelling eine Verbindung erhalten. Aber auch diese war nicht ganz rein; die Vorbehalte, der Spott begleiteten Caroline für den Rest ihres Lebens, und Ausgangspunkt war immer der alte Freundeskreis, Dorotheas und Friedrichs Beschimpfungen, die nicht mehr aufhörten, wie entfernt die beiden Paare auch lebten. Über Tiecks Bruder, den Bildhauer Friedrich Tieck, lief aber auch Carolines wichtigstes Projekt für ihre letzten Lebensjahre, nämlich eine geplante, nie durchgeführte, jedenfalls nie fertiggestellte Büste Augustes für ihr Grab auf dem Bockleter Friedhof. Im Fränkischen, in Würzburg und Bamberg, aber auch noch halbwegs in Murrhardt bei Schellings Eltern war die Mutter wenigstens in der Nähe ihres begrabenen Kindes.

Caroline wurde von Schellings Familie sehr herzlich aufgenommen. Auch diese üble Nachrede, Schellings Eltern hätten Caroline als *»bösen Dämon»* betrachtet, entbehrt jeder Grundlage. Der Aufenthalt im idyllischen Murrhardt vor der geplanten Italienreise und vor dem tatsächlichen Umzug nach Würzburg, dort, wo sie von ihrem künftigen Schwiegervater mit Schelling getraut wurde, war eine Glückserfahrung, wie sie sie wahrscheinlich in diesem Leben nicht mehr erwartet hatte. An ihre Schwester Luise Wiedemann schrieb Caroline: *«Prälatur Murrhardt d. 5ten Juni [18]03. Ich begrüße Dich aus dieser fernen und friedlichen Gegend, liebe Luise, wo ich glücklich, ohne den kleinsten Zufall, angekommen und über alle Beschreibung wohl und herrlich empfangen worden bin. Ich bin nur 9 Tage unterwegs gewesen, ob ich gleich in Bamberg zwey volle Tage und einen in Würzburg blieb. Vom lezten Ort ist es nur zwey Tagreisen bis hieher. Der Ort liegt am Fuß der nicht wilden Gebirge, welche Franken und Schwaben trennen, ungleich lieblicher, als es wir es uns dachten, und nicht allein lieblicher, sondern schlichtweg sehr anmuthig in einem weiten Thal zwischen mannichfachen Hügeln und Bächen. Das Städtchen ist neu aufgebaut nach einem Brande, die Prälatur ist außerhalb der Stadt, das Haus ist wohl gebaut, hat einen großen freundlichen Vorhof, und Gärten, Seen und Wald hinter sich; auf einem kleinen Hügel* *liegt jenseit des Sees eine Wallfahrtskirche aus alten Zeiten. Nimm nun zu diesen leblosen, obschon sehr lebendigen Ansichten die guten Bewohner, Schellings ehrwürdigen Vater und seine herzlich gute Mutter, die Schwester, die beyden Brüder Carl und August, in welchen allen doch Schellingscher Geist in verschiednen Nuancen sich regt, und jeder sein ganz bestimmtes Wesen und Charakter an sich hat. Beate würde* s e h r *hübsch seyn, wenn sie nicht zu starck wäre, was aber bey dieser Fülle von allen Gaben Gottes und der gleichmäßigen gesunden Thätigkeit nicht zu vermeiden gewesen seyn mag. Ich bin nun schon 8 Tage hier und völlig eingewöhnt. Noch kann ich mich nicht recht über die Lage der Dinge außerhalb dieses geweiheten Bezirkes besinnen. Der entschiedne Ausbruch des Krieges vereitelt höchst wahrscheinlich die Reise nach Italien, und damit geht freylich viel verlohren, da ich sie nicht allein als einen irdischen Gewinn betrachtet habe, sondern besonders für Schelling diese Maaßregel für ganz unschätzbar hielt. Aber ergeben bin ich natürlich in alles, was sich zutragen mag. Auch ist doch wohl nicht alle Hoffnung irgend einer baldigen Endigung vergeblich. Ihr werdet aber in Euren Gegenden mit erneuten Kriegsgerüchten heimgesucht werden, und die Hannoveraner vielleicht mit mehr als Gerüchten, obwohl ich auch an diesem noch zweifle.[…] Bamberg ist mir der liebste Ort, der Lage nach, den ich kenne, dort möchte ich wohnen, wo auch Auguste noch so unbeschreiblich froh gewesen ist.»*

Ihre Schwiegereltern kamen Caroline mit Wärme entgegen, auch mit Schellings Geschwistern verstand sie sich gut (besonders zu Beate entstand ein wirklich freundschaftliches Verhältnis), sie war in einer neuen, landschaftlich anmutigen Gegend und in der Nähe ihrer verstorbenen Tochter. Neue, beglückende Verhältnisse und der endgültige, auch räumlich gegebene Abschluss des Alten, ein neuer Lebensabschnitt, Reisen, schöne, unbekannte Gegenden und die Aussicht auf eine Ehe mit dem Mann, den sie liebte. Was wollte sie mehr? Dass Schellings Eltern so vorurteilslos auf sie zugingen – schließlich war sie zwölf Jahre älter als Schelling und hatte eine auch ihnen sicher nicht unbekannte Vergangenheit; über ihre Rolle in der Mainzer Republik und den Aufenthalt in der Festung Königstein mokierten sich die «braven Bürger» noch bis zum Schluss –, spricht sehr für diese Menschen, deren protestantische Religiosität und tiefe Geistigkeit offenbar einen weiteren Horizont hatte als bei manchem selbstgerechten Vertreter von Zucht und Ordnung. Joseph Friedrich Schelling freilich war wohl schon allein von der Tatsache eingenommen, dass Caroline die Tochter von Michaelis war.

Im September war das Ehepaar Schelling in München. Noch immer war es nicht sicher, aber geplant, dass die Reise weiter über die Alpen führen sollte. Doch während der Aufenthalte in fränkischen und schwäbischen Gegenden konnte Caroline auch ein Stück Kindheit, Jugend und Studienzeit ihres Mannes nacherleben, und das kreuzte sich sehr beeindruckend mit der Erfahrung des offenkundigen Ruhms, den er mittlerweile in Deutschland genoss, denn die gelehrte Welt wollte ihn förmlich begutachten, und das wurde schon auf der Reise recht deutlich. An Schwester Luise schrieb Caroline: «*Von Studtgart gingen wir zuerst nach Tübingen, wo Schelling sich noch nicht präsentiert hatte vor den alten Karikaturen, die sich dort Professoren nennen. Ich habe da alles gesehn, wo er gelebt und gelitten, im Stipendium gewohnt, gegessen, wie er als Magister gekleidet gewesen, wie der Neckar unter seinen Fenstern vorbeygeflossen und die Floßen darauf, und alle alte Geschichten, die er so hübsch erzählt, ich habe auch Bebenhausen besucht, wo er seine erste Kindheit zugebracht; sein Vater war Professor der dortigen Klosterschule; es liegt mitten im Walde, die Hirsche kommen und fressen einem aus der Hand, Du weißts ja. Von Tübingen gingen wir über die sogenannte Würtembergische Alp nach Ulm, wo schon die Donau zwar nicht breit, aber tief und reißend strömt, von da nach dem prächtigen Augsburg, das in einer schönen Ebne liegt, und was ich möchte gekannt haben, ehe seine Kaufleute Grafen wurden – von dort nach München, alles auf Chausséen, über welche die Wagen wie mit Flügeln rollen.*» Und nun München. «*Hier ist nun eine ganz andre Welt, dergleichen ich noch nicht gesehn, nicht von Seiten der Natur, denn auch München liegt in einer unabsehlichen Ebne, und die Tyroler Gebirge zeigen sich nur von einer Seite wie leichte blaue Schatten am Horizont, aber der Menschen, der Trachten usw. Das ist ein Blut und ein Fleisch und Bein! Die Mädchen wunder-*

schön, goldne Mützen, vortreflichen Haarwuchs und dazu lange seidne Kleider für die eleganten, für die Philisterinnen Röcke mit hunderttausend Falten, lange Taillen, Kamisöler mit steifen Schößen, mit silbernen Ketten, das Brusttuch geschnürt, offne Busen und welche! Die Bauerweiber in Pelzkappen und steifen bunten Corsetten wie ein Panzer, in dem sie nur so drin stecken. Ich habe schon alles Volk durcheinander gesehn, denn heut ist eben ein Feyertag, und es gab eine Procession, der fast die ganze Bürgerschaft folgte. Solche dicke Andacht ist mir denn doch noch nicht vorgekommen, die Leute scheinen in ihrer derben Leiblichkeit doch gar nichts mehr von ihrem Leibe zu wissen, wenn sich der hochwürdige Leib naht. Ihre Rosenkränze nehmen kein Ende, die Kügle daran so dick wie welsche Nüsse und silberne Krucifixe von 1/4 Elle. Dafür nehmen sie es in Franken etwas leichter.» Satirische Einwürfe à la Caroline. Dicke Andacht der frommen Leute mit derber Leiblichkeit.

Der Stil machte sie am Ende zur Literaturkritikerin, gewollte Bösartigkeiten inbegriffen, jedenfalls messerscharf. Sie war hier in wirklich äußerst katholischen Gegenden, hatte dergleichen wahrscheinlich noch nie gesehen. München also, da würde sie auch noch mit Schelling leben. Caroline Michaelis-Böhmer-Schlegel-Schelling hat in ihrem bewegten Leben reichlich oft Haushalte aufgelöst und neu gegründet; da hatte sie jetzt schon Routine. Wie sich nun aber Mitte September herausstellte, ging es zunächst nach Würzburg, und zwar in eine neue Existenz. Caroline als Professorengattin. Das war sie zwar theoretisch auch schon an der Seite August Wilhelm Schlegels gewesen, aber Schelling erhielt eine ordentliche Professur, und das machte es amtlicher und verpflichtender. Die Neubesetzungen an der Würzburger Universität, zu denen auch Schelling gehörte, waren ein wenig den politischen Zeitläuften geschuldet, und sein Weggang nur drei Jahre später war es noch umso mehr. Wir befinden uns im Jahr vor der Kaiserkrönung Napoleons. Der siegreiche Feldherr, der so schön Schlacht an Schlacht und Sieg an Sieg reihte, dass Hegel in ihm den Weltgeist erblickte und auch Goethe voller Bewunderung war, ein Feldherr, der Europa neu ordnete, was bedeutete, es peu à peu zu erobern, und der behauptete, mit seinem Tun die Revolution zu vollenden, der hatte nun auch schon seine Außenposten in dem Flickenteppich des Deutschen Reiches, welcher aber mit seiner Hilfe bald keiner mehr sein sollte. Das linke Rheinufer war französisch besetzt. Um die in ihren Besitzrechten beeinträchtigten Reichsfürsten abzufinden und die Besitzverhältnisse neu zu formieren, tagte in Regensburg der Reichsdeputationsausschuss, der 1803 in seinem Hauptschluss die künftige Neuordnung Deutschlands begründete. Als Gegengewichte zu Habsburg-Österreich gingen vor allem Preußen sowie die süddeutschen und südwestdeutschen Staaten besonders gestärkt und begünstigt aus dieser Tagung hervor. Würzburg fiel künftig an Bayern, und erweitert und erneuert wurde im Zuge dessen auch die Universität. Neben Schelling wurden noch drei weitere Professoren aus Jena nach Würzburg berufen: der Jurist Hufeland sowie die Theologen Paulus und Niethammer. Alle drei hatten in Jena Carolines berühmten Mittagstisch frequentiert – vor den Ereignissen, die den Freundeskreis spalteten –, und so wirkt es dann ganz besonders befremdlich, dass diese drei und ihre Gattinnen neben der herausragend missgünstigen Gattin des Mediziners von Hoven an Caroline und (weit dezenter) ihrem ihrer Meinung nach bedauernswerten Ehemann einen Rufmord begingen, der seinesgleichen sucht. Zu allem Überfluss mussten sich die Schellings, die Paulus' und die Hovens zu Anfang ein Haus teilen, in abgetrennten Wohnungen freilich, die von der Universität zugeteilt waren, die aber, wie es damals üblich war, auch für Vorlesungen verwendet wurden. Im Januar 1804 schilderte Caroline Luise Gotter in Gotha: «*Im Anfang des November kamen wir hier wieder an, also in der ungünstigsten Jahreszeit, deren Einfluß ich nicht entging, so wohl ich mich den Sommer über befunden hatte; ohne alle Bequemlichkeit, denn ich habe in Jena alles verkauft, außer Betten und Wäsche, die ich noch nicht vorfand; fast ohne Wohnung, denn diejenige, welche uns von der Regierung zugesagt war, war nicht geräumt und nicht eingerichtet, weil einige Wochen über Ungewißheit obwaltete, ob nicht alles nach Bamberg verpflanzt würde. Nun kannst Du denken, ob ich Beschwerlichkeiten zu überwinden hatte, besonders da in den ersten 14 Tagen Schelling 2mal nach Bamberg zu unserm Curator, den Grafen von Thürheim, gerufen wurde, wohin mir meine Gesundheit nicht erlaubte ihn zu begleiten. Ich hatte übrigens doch meine Schwägerin bey mir, die den Winter bey uns zubringt. Nur bin ich noch in meiner häuslichen Einrichtung nicht weiter als zu einer provisorischen gediehn, meine Zimmer für mich, deren 4, ein Schlafzimmer, ein Wohnzimmer und 2 große für Gesellschaft, in einer Reihe und durch Flügelthüren mit Glasscheiben verbunden, werden erst ganz in Stand gesetzt. Schellings Auditorium allein war fertig wie billig, ein hübsch dekorirter Saal, ganz anders glänzend wie der Jenaische und noch stärker besetzt.»* Also, von Studenten hatte Schelling nach wie vor regen Zulauf. Caroline schrieb: *«Er hat sich in einem hohen Grade, neben dem daß seine Vorlesungen das Gespräch des Tages sind, das Zutrauen der Leute überhaupt erworben, seine Persönlichkeit versöhnt ihm die Feinde selber. Es ist eine nicht zu verachtende Genugthuung für ihn, daß er eben an diesem Orte so ehrenvoll angestellt wurde, wo er die niederträchtigsten Widersacher hatte.»*

Doch mit der Niedertracht ging es hier in Würzburg erst richtig los. Schelling war ebenfalls keine bequeme Natur, und er entfachte Neid, Widerspruch, durch die Wandlungen und Entwicklungen seines Denkens auch Gegnerschaft in den ursprünglich eigenen Reihen, etwa bei Fichte, der längst sein Gegner war – doch alles das war weit weg. In Würzburg griff ihn vor allem Paulus an und mit ihm die Zunft protestantischer Theologen, und auf die Dauer hatte Schelling auch Auseinandersetzungen mit dem katholischen Klerus. Das aber bewegte sich noch auf wissenschaftlicher Ebene und erklärt nicht die persönliche Häme gegen Schellings Ehefrau Caroline, die jedes nur vorstellbare Maß überschritt. Dankbare Briefadressaten für die entsprechenden Auslassungen sowie eifrige Mittäter aus der Ferne waren das Ehepaar Schiller und das Ehepaar Schlegel (Friedrich und Dorothea waren mittlerweile verheiratet). Die Briefe dieser Beteiligten werfen ein anderes Licht auf die Epoche der klassischen und romantischen Literatur und des deutschen Idealismus, als man vielleicht gewohnt ist. Es ist befremdlich, dass Vertreter des Geistes auf ein solches Niveau sinken können. *«Madame Luzifer»* und ihre *«bösen Einflüsse»*, heißt es – O-Ton Professor Paulus, aber das war schon nahezu obligatorisch. Sie sei eine bösartige Natur, die dumme Lügen verbreite, und Schelling sei zu beklagen, dass er sich so *«unterjochen lasse»* (Friedrich Schiller an Wilhelm von Humboldt). Man solle ihre Wohnung nach katholischer Sitte ausräuchern lassen, um ihre bösen Einflüsse zu vertreiben, meint Paulus. Gut immerhin, dass sich zwischen ihrer Wohnung und der Paulus'schen Wohnung eine Kirche befinde. Von den unsäglichen Briefen der ebenfalls aus Württemberg stammenden Henriette von Hoven, die auch behauptete, sie stehe von früher Jugend an sehr gut mit Schellings Eltern, welche Caroline angeblich als *«bösen Dämon»* bezeichneten, sei hier nur ein einziger Auszug gegeben, der aufgrund seiner Länge aber die ganze Bandbreite enthüllt. Der Brief ist an Charlotte Schiller gerichtet.

«Die Nachrichten, die ich über die berühmte Dame erhalten hatte, der Eindruck, den ihr persönliches Betragen auf mich machte, waren nicht geeignet, mir Mut zu machen und ihren Umgang zu wünschen; im Gegenteil, es fiel mir schwer, wenn ich mich mit ihr in einem Hause dachte, und darum weigerte ich mich, unsere freie Wohnung zu beziehen. Hoven tröstete mich damit, daß mit dem Teufel gut auszukommen sei, wenn man ihn kenne. Die Eltern von S., die seit meiner frühen Jugend viel Liebe für mich hatten, verhehlten mir nicht, daß sie befürchteten, dieser böse Dämon möchte meinen Frieden stören. Ich nahm mir nun vor, recht klug, gefällig und höflich zu sein und mich übrigens entfernt zu halten. Ich gestehe, daß es mich Überwindung kostete, die äußeren Zeichen der Achtung zu beobachten; ich zwang mich um Hovens, um ihres Mannes willen. Schon in Ludwigsburg hatte sie angefangen, nach Hoven ihre Netze auszuwerfen; als er hier ankam, gab sie sich alle Mühe, ihm gefällig zu sein; sie schmeichelte, lispelte, tat gelehrt, süß, verschämt, putzte sich, hüpfte um ihn her, wollte für ihn sorgen, kurz, sie bot alle Künste auf. Meine Ankunft war ihr höchst fatal, ob sie sich gleich freundlich gegen mich zeigte. Sie fing bald an, mich bearbeiten zu wollen und meine Gefälligkeit zu mißbrauchen. Mein höflicher Widerstand machte sie nur dreister. Sie versuchte mit ihrer Gelehrsamkeit zu imponieren, ich bemerkte es nicht. Sie putzte sich wie ein fünfzehnjähriges Mädchen und zeigte mir diese Herrlichkeiten mit gravitätischem Schritt; ich tat, als sähe ich es nicht und zog immer wieder mein gewöhnliches Kleid an. Sie

ließ sich austragen, ausfahren, ich sollte sie begleiten; ich entschuldigte mich. Sie legte Spitzen, Zeuge, allerlei Dinge vor mir aus und setzte mit bestimmtem Tone dazu, daß ich solches kaufen und – haben müßte. Ich erwiderte kalt, daß ich keine Lust hätte. Sie tadelte meine häusliche Einrichtung, ich lächelte dazu; sie spottete über dieses und jenes, ich hörte es nicht, zog mich aber natürlich immer mehr von ihr zurück. Demungeachtet hofmeisterte, korrigierte sie unaufhörlich, borgte Verschiedenes aus meiner Haushaltung, als wären die Sachen nur für sie da. Als ich wegen künftiger Gesellschaften allerlei anschaffen s o l l t e und mit dürren Worten erklärte, daß wir nie Gesellschaften geben würden, ward sie wütend, lief davon, schalt mich träge, geizig. – Ich verfolgte ruhig meinen Lebensplan und achtete nicht auf ihr glänzendes Beispiel. Weder die Menge der prächtigen Kleider, die Trumeaus zu 100 Talern, die Fußteppiche, kostbaren Ofenschirme, türkischen Sitze, noch die Bedienung änderten das mindeste in meiner häuslichen Einrichtung. Dafür erhielt ich freilich einen Ehrentitel – die schwäbische Küchenmagd! Mit Hoven kam sie nicht weiter, er blieb stets derselbe, höflich und munter, sprach lieber mit dem Manne als mit ihr und kam seit meiner Ankunft weniger hinüber. Dies nahm sie natürlich höchlich übel und verwünschte das fatale schwäbische Weib, mit der gar nichts anzufangen sei. Sie mochte sich freilich ganz was anderes von mir versprochen haben, mich bildsam, gelehrig, gehorsam glauben und brauchbar zur Folie, wodurch sie gerne desto mehr geglänzt hätte, dieser schlecht geschliffene böhmische Stein! Als sie das letztemal zu mir wollte, war ich ausgegangen; darüber entbrannte sie, war grob gegen Minchen, und seitdem sah ich sie – dem Himmel sei Dank, nicht wieder, es sind jetzt sechs Wochen. Sie veranlaßte ihren Mann, unhöflich gegen Hoven zu sein, nun sehen sich diese beiden auch nimmer. Was sie vollends recht in Harnisch gebracht hat, sind die Besuche des Grafen [Thürheim] bei uns und überhaupt Hovens Verhältnisse mit ihm. Daß wir diesen Grafen nicht zu ihr brachten, sie nicht herüber baten, dies ist, wie Hoven sagt, die Sünde wider den heiligen Geist – die nie vergeben wird. Hier scheint sie ihr Glück nicht zu machen und ihre Rechnung zu verfehlen; sie wollte ganz Würzburg dressieren. Die Weiber fliehen sie, und die Männer lachen sie aus. Auch ist ihre Lebensgeschichte ziemlich im Umlaufe. Ihren Äußerungen nach steht sie in besonders guten Verhältnissen mit Goethe, was ich aber sehr bezweifle. Was haben Sie denn an ihr gesündigt? Sie und Schiller stehen gar nicht in Gnaden. Überhaupt scheint es mir, daß niemand einen eigentlichen Wert bei ihr hat als ihr eigenes Ich, sogar ihr untertäniger Gemahl nicht, ob sie gleich höchst zärtlich tut, ihm die Hände tausendmal leckt und, wie Hoven sagt, mit ihm grünäugelt. Er ist ein unglücklicher Mensch. Sie wird ihm überall seine Existenz verkümmern. Es ist sehr zu beklagen, daß sie so mächtigen Einfluß auf ihn hat, ob sie ihn gleich oft mißhandelt und despotisiert und dann wieder auf der Erde kriecht. Die Augen werden ihm noch schrecklich aufgehen.»

Der Brief sagt mehr über die Briefschreiberin als über das karikierte Objekt. Ein Satz allein ist da schon aussagekräftig genug: «*Ich verfolgte ruhig meinen Lebensplan und achtete nicht auf ihr glänzendes Beispiel.*» Es sind die unterschiedlichsten Persönlichkeitstypen, die zu Opfern solcher Kampagnen werden – heute nennt man das Mobbing. In diesem Fall handelt es sich um eine Person, die sich um Konventionen recht wenig scherte und die ihren Weg ging, was immer ihre Umgebung auch dazu sagte, und so etwas schafft Neid. Ein Engel war Caroline bestimmt nicht. Auch sie lästerte – ob immer nur in der Replik, ist schwer zu beurteilen –, und sie schaute zu, dass sie sich auch gesellschaftlich positionierte, sich gegebenenfalls aber eben auch abgrenzte. «*Kriechend*», anbiedernd und scheinheilig verhielt sie sich sicher nicht. Ihr Briefkonvolut dokumentiert das an keiner Stelle. Aber offenbar hatte sie auch noch in fortgeschrittenen Jahren eine kokette und einnehmende Art, mit der Männerwelt umzugehen. Dass Geschlechtsgenossinnen, vor allem die weniger erfolgreichen, so etwas nicht mögen, ist klar, und Männer, die nicht souverän sind in dieser Sphäre, empfinden es vielleicht als Unterminierung der patriarchalischen Weltordnung, wenn eine Frau sich nicht an die Rollenvorgaben hält. Doch bei leichtfertiger Koketterie blieb es ja nicht. Diese Frau hätte sonst nicht so viele Männerfreunde, so viele männliche Vertraute in ihrem Leben gehabt, in langjährigen, gänzlich asexuellen Beziehungen. Einen besonderen Anspruch auf «*Gelehrsamkeit*» hat

Caroline dagegen niemals erhoben; sie hat in diesem Bereich sogar Understatement betrieben. Es sieht eher ganz danach aus, als ob sie lebenslang bei der Auffassung blieb, eine Frau büße durch dezidierte Gelehrsamkeit ihre Weiblichkeit ein. Da sie so dicht an den Quellen saß und mit Menschen verkehrte, die einen ganzen Kosmos durchschritten hatten, bestand da wohl wenig Gefahr der Selbstüberschätzung, aber umso mehr Möglichkeiten für eigene Aufschwünge. Schelling folgte sie, soweit sie das konnte. Doch diese Anverwandlung, diese Assimilierung hängt, wie ich meine, auch sehr stark mit der etwas weltvergessenen Mystik zusammen, zu der sie seit Augustes Tod eine Neigung hatte. Wieviel Caroline von Schellings komplizierter und manchmal schwer zugänglicher Philosophie wirklich verstanden hat, bleibe dahingestellt. Aber sie bildete mit diesem Mann eine Symbiose, wie sie sicher nur wenige bilden, wenige Paare, wenige Liebespaare. Es war eine große und gegenseitige Liebe. Auch das mochte Neid schaffen. Indessen war Caroline für sich, als Persönlichkeit, *«glänzend»* genug, um sich nicht über Schelling oder irgendeinen anderen Mann ihres Lebens definieren zu müssen. In dieser Liebe zu Schelling ging sie jetzt vollkommen auf. Doch sie blieb trotzdem immer die Persönlichkeit, die sie war. Dass sie selbst nichts veröffentlicht hat, kann auch damit zu tun haben, dass sie der Meinung war, ihre polarisierende Persönlichkeit stehe auch so schon genug am Pranger; wir wissen es nicht. August Wilhelm Schlegel äußert im Vorwort zu seinen «Kritischen Schriften», die Arbeiten seien *«zum Teil von der Hand einer geistreichen Frau, welche alle Talente besaß, um als Schriftstellerin zu glänzen, deren Ehrgeiz aber darauf nicht gerichtet war»*. Warum auch immer.

An Schellings Seite hat sie sich aber doch immerhin überwinden können, einige Rezensionen für die Jenaische Allgemeine Literaturzeitung zu schreiben, und diese sind ziemlich bissig. Unter anderem besprach Caroline den Musenalmanach auf das Jahr 1805, herausgegeben von Adelbert von Chamisso und K. A. Varnhagen. Der Name der Herausgeber tue aber gar nichts zur Sache, so die Autorin, ebenso wenig wie die anderen Phantasienamen, die in dem Almanach als vermeintliche Poeten fungierten, denn es handele sich sowieso nur um Nachbildungen (um Plagiate, würde man heute sagen). Den Kunstgriff mit den fingierten Poeten (*«Novalis», «Bonaventura», «Inhumanus»* und *«Sternchen»*, gelegentlich sogar eine *«Sophie»* und eine *«Auguste» – «die Herausgeber, in einen weiblichen Mantel und Kragen geworfen»)* habe es ja schon bei Tieck und Schlegel gegeben (die gaben den Musenalmanach 1802 heraus). In dem nun zu besprechenden Jahrbuch werde allenthalben der ästhetische Tagesjargon wiedergegeben, literarische Modethemen und Modemotive und Nachahmungen der Erzeugnisse gegenwärtiger Dichter, und alles vermische sich eigentlich dabei mit allem; das Ganze, wird angedeutet, hat neben dem Plagiatorischen auch etwas Inzestuöses. Auch belustigt sich die Rezensentin über die inflationäre Verwendung von Grenzerfahrungen, suizidalen Stimmungen, religiösen Erweckungserlebnissen und einer «Light»-Version idealistischer Philosophie samt ihrer esoterischen Grenzgängereien. Das ist keine Rezension, sondern eine Kultursatire. *«Hier giebt es zahllose Sonette an Philosophen (Fichte), Dichter (Goethe, Tieck), an die werthen Freunde unter einander, an sonstige imaginäre Wesen, von den Elementen, und an die Elemente, an die Tag- und Jahreszeiten, von den Farben und den Klängen, auch gerade solche, wie Petrarch zu machen pflegte. Cyclusse von Gedichten, Goethische Epigramme, ein Fragment, nicht viel schlechter wie* D i e G e h e i m n i s s e*; Canzonen, Originale und übersetzte, Terzinen, Variationen oder Glossen. Hymnen aus dem Lateinischen durften nicht fehlen; die V[erfasse]r haben sich sogar in ihrer Auswahl bis zur unbefleckten Empfängniß der Jungfrau erhoben. Gedenkt ihr der Romanze vom Licht von Fr.* S c h l e g e l*: hier ist sehr anzüglich eine vom* S c h a l l *zu lesen. Überall stoßt ihr auf gebrochene Verse; manche sind durch und durch gerädert; schwere Verse, dreysylbige Reime, kein Symptom mangelt. Was etwa den Symptomen selber mangelt, würde leicht nachweisen können, wer sich von Amts wegen die Mühe zu geben hätte. Tiefer hinein habt ihr dieselbe Wirthschaft. Das Ganze ist erstaunlich ernsthaft: man weiß, daß der Scherz am schwersten nachzuahmen ist. Wenn die Gedichte nicht philosophisch sind, so ist doch ein guter Theil Philosophie dabey consumirt worden, die nicht eben aus der ersten Hand an die V[erfasse]r gekommen seyn muß. So hat sich vermuthlich der*

Mißgriff eingeschlichen, den Urheber der Wissenschaftslehre mit Magneten, Metallen und der vier Weltstriche Richtung zu incommodiren. [...] Von Selbstvernichtung wird manches verhandelt, vom Tode, der Leben ist, vom Doppeltode der folglich ein doppeltes Leben ist, und dem das Uns als Wahrheit ersteht. Die Liebe zeigt sich glutvoll und wuthvoll, strafend und anbetend. Wo sie sich sinnlich äußert, da scheint sie es nur um der höchsten Ansichten der Physik willen zu thun. Es ist damit zwar nur eine etwas anders modificirte Epoche der Empfindsamkeit eingetreten, wie zu Werthers Zeiten, die aber bey weitem nicht so unschädlich ist. Zum eigentlichen Todmachen ist diese zu stolz; dagegen bringt sie alles Große um, was sie in ihren kleinen Kreis hineinzuziehen sucht, und tödtet sich selbst in ihrer Erscheinung. Das simple Lieben behält, wenn es auch der hundertste neun und neunzigen nachspricht, immer etwas erfreuliches und wahres; es läßt sich daran glauben; allein die complicirte Empfindung verräth sich, sobald sie nicht ächt ist, als eine reine Nichtempfindung. Man muß nicht darüber rechten, daß die Empfindsamkeit, wenn man sie über alle Berge glaubt, sich immer wieder einstellt, wir können sie eben nicht los werden, sie gehört zu unserer Natur, wenigstens von der christlichen Zeitrechnung an: nur wäre zu wünschen, daß ein jeder seine eigene hätte, und sich nicht mit einer fremden quälte.» Da sie das ebenfalls anonym schrieb, setzte sie sich auch keiner erheblichen Gegenwehr aus – Varnhagen und Chamisso waren von dem Verriss nachvollziehbarerweise niedergeschmettert und empfanden ihn als *«Blitzmordrecension»*.

Wer so souverän und ironisch über eine ganze Literaturszene herfällt, zumindest das etwas selbstbezügliche und redundante Almanachwesen, die großen Namen durchaus inklusive, der braucht sich nicht von einer intellektuell unbedarften Professorengattin den Geist absprechen zu lassen. Also, die *«schwäbische Küchenmagd»*, aber auch Dorothea Schlegel, die ihr vielleicht auch grollte, weil sie erkannt hatte, dass Friedrich einmal in Caroline verliebt war, während sie selbst in seinem Leben mittlerweile vor allem als Zuarbeiterin fungierte, als bequeme Stütze der Alltagsbewältigung und in einer ewig dienenden Rolle, sowie alle anderen, die Caroline so sehr mit

Unrat bewarfen, sie hatten schlechte Karten, und sie erreichten ihr Ziel nicht. Caroline blieb gegen ihre Tiraden immun. Das ist erstaunlich genug, Zeichen eines beträchtlichen Selbstbewusstseins. Aber lästig und unangenehm war das alles natürlich doch, zumal auch Würzburg, wie Jena, wie Weimar, wie Göttingen, einfach nicht groß genug war, um solchen vergifteten Netzwerken dauerhaft und auf sozial verträgliche Weise ausweichen zu können. Das Ehepaar Schelling war jedenfalls erleichtert, als sich eine Möglichkeit bot, Würzburg den Rücken zu kehren. Schelling hatte für diesen Schritt einen guten Grund. Wenn es kein Vorwand war, dann war es zumindest eine kommode Erklärung. Das Bistum Würzburg ging nach dem Frieden von Preßburg Ende 1805 an den Großherzog von Toskana, den Bruder Franz II. Schelling hatte aber seinen Eid auf die bayerische Regierung geleistet, auf Bayern, das an der Seite Frankreichs gegen Österreich gekämpft hatte. Er sagte, er könne aus Gewissensgründen keinen Eid auf die neue Regierung leisten, und er verlangte von der Universität einen Ersatz für die verlorengegangene Professur. So ermöglichte man ihm die Aufnahme in die Münchener Akademie der Wissenschaften – ohne Lehrverpflichtungen bis auf weiteres. Schelling ging im April 1806 nach München, und Caroline löste in Würzburg den Haushalt auf, um im Mai nachzukommen.

Indessen war Kaiser Napoleon gerade dabei, das Deutsche Reich aufzulösen. Ziel war die Schaffung deutscher Satellitenstaaten um die kaiserliche Sonne herum, deren Regenten ihre formale Macht und ihre uralten Namen behielten, auf verlockende Weise verbunden mit Vergrößerungen der Territorien und Erhebungen ihrer klangvollen Titel, die aber der kaiserlichen Macht in Paris nichts entgegensetzten. Bayern wurde nach dem Frieden von Preßburg, der Ende 1805 den Dritten Koalitionskrieg beendete, zum Königreich erhoben und beträchtlich erweitert. Bayern, Württemberg und Baden wurden mit voller Souveränität ausgestattet und waren Preußen und Österreich fortan gleichgestellt. Als Franz II., der letzte Kaiser des Heiligen Römischen Reichs deutscher Nation, am 6. August 1806 die Kaiserkrone niederlegte – nach einem Ultimatum Napoleons, französische Truppen würden ansonsten Österreich angreifen –, so war das auch für ihn nur der Endpunkt einer seit Jahren absehbaren Entwicklung. Bereits zwei Jahre zuvor hatte Franz das Kaisertum Österreich ausgerufen. Von nun an nannte er sich Franz I. von Österreich. Der von Napoleon geschaffene «Rheinbund» war eine Art Ersatz für das ziemlich geräuschlos untergegangene Reich, ein Zusammenschluss deutscher Staaten unter französischem Protektorat. Hier wurde nun zwanzig Jahre lang französisch regiert – nicht zum Schlechtesten; am Rhein wurden die so dringend notwendigen Reformen, vor allem im Verwaltungsbereich, früher und nachhaltiger eingeführt als irgendwo sonst in deutschen Landen. Dort, wo der «Code Napoléon» eingeführt wurde, das erste bürgerliche Gesetzbuch auf deutschem Boden, bildete er die Grundlage der späteren Landesverfassungen. Angesichts von so viel Effizienz und französischer Energie konnte man mancherorts auch die Realität der Fremdherrschaft ein wenig verdrängen. Dass die Welt sich so schnell veränderte, ohne dass man recht begriff, wie das zuging, war als Befindlichkeit sicher ziemlich verbreitet. Goethe schreibt in seinen «Annalen»: *«Zwar brannte die Welt an allen Ecken und Enden, Europa hatte eine andere Gestalt angenommen, zu Lande und See gingen Städte und Flotten in Trümmer, aber das mittlere, das nördliche Deutschland genoß noch eines gewissen fieberhaften Friedens, in welchem wir uns einer problematischen Sicherheit hingaben.»* Das bezog sich auf die Jahre vor dem Herbst 1806, als Preußen endlich seine langjährige Neutralität durchbrach, um dem Expansionsstreben Napoleons entgegenzutreten, aber im ungünstigsten Moment. Nur wenige quittierten die preußische Niederlage und die Auflösung des alten Reiches so schulterzuckend wie Goethe. Über den auf St. Helena verbannten Napoleon sagte der alte Goethe im Rückblick: *«Warum büßt er? Was hat er wie jener Prometheus den Menschen gebracht? Auch Licht: eine moralische Aufklärung. Er hat die Unzulänglichkeit der übrigen Regenten aufgedeckt. Er hat einen jeden aufmerksam auf sich gemacht. Den bürgerlichen Zustand des Menschen, seine Freiheit und was diese betrifft, ihren möglichen Verlust, ihre Erhaltung, ihre Behauptung hat er zum Gegenstand der Betrachtung, des Interesses von einem jeden gemacht. Er hat dem Volke gezeigt, was das Volk kann, denn er hat sich ja an die Spitze desselben gestellt.»* Aber vielleicht war Goethe wegen der politischen Entwicklungen in der Gegenwart doch nicht so hundertprozentig mit sich im Reinen. Als Caroline ihn seinerzeit wegen der geplanten Büste Augustes für das Grab auf dem Bockleter Friedhof in künstlerischer Hinsicht um Rat fragte, da zeigte er eine Reaktion, die sie frappierte und die sie kaum einordnen konnte, denn er fand, es sei *«sündlich»*, *«ein Kunstwerk, das gut und schön werden soll, in ein barbarisches Land unter freien Himmel zu relegieren, besonders in der jetzigen Zeit, wo man nicht weiß, wem Grund und Boden im nächsten Jahr gehören wird»*. Das war geradezu eine geheimrätliche Ausfälligkeit. Caroline reagierte verdutzt. *«Barbarisches Land?»*

Noch am 1. Dezember 1805 hatte Caroline aus Würzburg an Luise Gotter geschrieben: *«Ihr werdet wohl auch mit Durchmärschen heimgesucht werden, denn Preußen rückt unsern Gränzen zu, von der andern Seite kommt Augereau um uns auf jeden Fall zu schützen.»* Ein Jahr später schrieb sie der Freundin aus München: *«Unser Geschick hat uns allen kriegerischen Scenen bis jetzt entzogen – wir haben weder den Sieger noch Besiegte zu sehn bekommen. Besiegte sind wir zwar sämmtlich.»* Das war nach der Schlacht von Jena und Auerstädt, der Entscheidungsschlacht am 14. Oktober 1806, der preußischen Niederlage. Plastische Schilderungen erreichten die Schreiberin in diesen Tagen aus dem von französischen Truppen besetzten und geplünderten Weimar – auch von Goethe selbst, der an Schelling schrieb. Caroline gibt seine Schilderung wieder: *«72 Stunden brachten sie in der Todesangst gleichsam zu; Geld und Geldeswert verschmerzt man, sagt er, wenn man nur das Theuerste und Liebste durchbringt. Öffentliche Blätter sagen, daß er sich am Tage der Schlacht mit der Vulpius trauen ließ – als wenn er Bande noch hätte knüpfen und fester anziehen wollen in einem Augenblick, wo alle Bande gelöst scheinen! – Sein Haus entging der Plünderung, weil sich gleich Marschälle da einquartirten. So sind auch Frommans ohne Plünderung durchgekommen, haben aber dafür 8 Tage lang 130 Menschen zu bewirthen gehabt. Ich habe einen Brief von ihrem Bruder Wesselhöft gelesen, der in dem ehemaligen Schützelschen Haus wohnt, dem ging es desto übler; er war 3 Tage lang den Anfällen der Marodeurs ausgesetzt, wurde mit Frau und Hausgenossen bis aufs Hemde ausgezogen, gemißhandelt, mehr wie einmal hatten sie die Bajonette auf der Brust – am Morgen der Schlacht brach Feuer aus in der Johannisgasse, niemand konnte löschen, die Straßen waren versperrt durch nachrückende Truppen, ja niemand wollte löschen, es war, als wünsche man, daß alles untergehn möchte.»* Bei all dieser beklagenswerten Verheerung ist doch an mancher Stelle eine gewisse Sympathie für die französische Seite in Carolines Äußerungen unüberhörbar. Nicht für Napoleon. Über dessen gnadenlose Universalherrschaft, der die Verheerungen zu verdanken waren, machte sie sich keinerlei Illusionen. Aber es scheint, als habe sie bis zum Schluss eine Art französische Idee aufrechterhalten, die ja doch die Initialzündung war für die Veränderungen, auch hier in Deutschland. Da stand sie Friedrich Schlegel gar nicht so fern, der à la longue die Zukunft Europas in einer Verschmelzung deutscher und französischer Positionen sah. Madame de Staël wollte das auch. Mit dieser Grande Dame zog Wilhelm Schlegel gerade durch europäische Lande. Caroline hatte ihn in ihrer Begleitung in Würzburg wiedergesehen, aber da war die große Dame gerade in Trauer und auf dem Weg in die Schweiz zur Beerdigung ihres geliebten Vaters. Caroline erlebte sie später in München in einer besseren Verfassung und in besseren Umständen.

Bayern, der mächtigste Rheinbundstaat, war kein Kriegsschauplatz, und das Leben ging weiter. «*Ich lebe hier in der Hauptstadt, als wenn ich auf dem Lande lebte, nach meiner gewöhnlichen stillen Weise*», schrieb Caroline. «*Wir haben ein logis, wo die façe der Häuser auf einen freyen Platz vor der Stadt hinausgeht, und ich sehe die Tyrolergebirge aus dem Fenster. Mein Mann ist sehr heiter, sehr gesund und so placirt, wie er es nur wünschen konnte. Er hat als Mitglied der Akademie der Wissenschaften seine ganze Zeit für sich und ein Gehalt, das ihn vor Sorge schützt. Eingerichtet habe ich mich nur ganz nothdürftig, mich dünkt, ich möchte mich nirgends mehr ansiedeln, und es ganz buchstäblich nehmen, daß wir nur Pilger sind.*» Caroline entwickelte allmählich so etwas wie eine überzeitliche Sicht, und somit relativierten sich auch die Machtverschiebungen und die politischen Umstürze. Alles sah sie in einem größeren Zeitzusammenhang – wenn nur das Liebste und Nächste geschützt war. «*Seit Du schriebst*», so am 30. November 1806 an ihre Schwester Luise in Braunschweig, «*ist unser Vaterland wieder in Besitz genommen, gebe Gott auf solche Bedingungen, daß die Mutter nicht leidet. Doch sollte sie nicht mehr ausgezahlt werden, so müssen wir alles thun, um dieses bey den französischen Behörden zu erhalten, und ich zweifle auch nicht daran, da der Name Michaelis in Frankreich noch nicht vergessen ist. – […] Den künftigen Herrn von Hannover ahndet man wohl noch nicht? Hierüber zerbrech ich mir auch nicht den Kopf, wie die Beute der Welt ausgetheilt wird. Was liegt euch daran, denn wahrlich um keinen von den Regenten ist es Schade, die jetzt zu Grund gehn, dergleichen bekommt jedes Land leicht wieder.*» Das war nun fast eine Goethe'sche Position, als er über Napoleons Kahlschläge urteilte. Preußen zum Beispiel hatte die Niederlage verdient. Caroline schreibt: «*Alle Nachrichten stimmen dahin überein, daß die Verblendung und Dummheit auf der Seite der Preußen ins Unglaubliche gegangen ist, daß alles den Kopf verlor oder keinen hatte, Fehler auf Fehler gehäuft wurden, und noch jetzt! Die Übergabe aller der Vestungen! – Wir lesen jetzt die Geschichte des 7jährigen Krieges, das war ein andrer Kampf wie dieser siebentägige. Oft alles verloren, aber dann durch den Geist wieder alles gerettet, der nicht unterging, der letzte Funken aus der Asche wieder angefacht und in helle Flammen verwandelt.*» Wie und wo aber sollten jetzt helle Flammen entstehen? Phönix aus der Asche? So richtig gut sah es nicht dafür aus.

Caroline war glücklich, dass sich ihr Münchener Heim mit der Zeit wieder zu einem Treffpunkt alter und neuer Freunde entwickelte. Ihre Familie lud sie immer als erstes ein, auch die Kinder der Schwester oder der Freundin in Gotha, denn da sie selbst keine Kinder mehr bekam, fühlte sie einen umso stärkeren Drang, die Kinder anderer um sich zu haben. Schon das zeugt von dem starken Lebenskern Carolines. Sie hatte vier Kinder verloren, und vor allem der letzte Verlust war ihr wirklich ans Leben gegangen. Aber das erfahrene Leid hielt sie nicht davon ab, sich auf den Kreislauf des Lebens immer wieder neu einzulassen. Schon in den Jahren ihrer Ehe mit Wilhelm klingt durch, dass sie unglücklich darüber war, selbst keine

Anne Germaine de Staël. Gemälde von François Gérard, um 1810

Kinder mehr zu bekommen; an einer Briefstelle, anlässlich einer Gratulation für eine glückliche Niederkunft. Zur Zeit ihrer Eheschließung mit Schelling war sie knapp Vierzig, und mit der Gebärfähigkeit war es anscheinend vorbei.

Als Wilhelm auf der Durchreise mit seiner französischen Herrin in München aufkreuzte, war Caroline begeistert – nicht zuletzt darüber, dass ihr geliebter Schelling und ihr sehr lieber Wilhelm einander während des Aufenthalts so herzlich begegneten. Wenn sie irgendeinen letzten Wunsch im Hinblick auf ihre alte und neue Ehe gehabt hatte, mit zukunftsweisendem Blick und unter Einbeziehung alter Reminiszenzen, dann war es wohl der. *«Wir haben hier kurz vor Weinachten»*, schrieb sie am 15. Januar 1808, *«Frau von Stael nebst ihrer Familie und Schlegel gesehn. Diese Anwesenheit, welche etwa 8 Tage dauerte, hat uns viel angenehmes gewährt. Schlegel war sehr gesund und heiter, die Verhältnisse die freundlichsten und ohne alle Spannung. Er und Schelling waren unzertrennlich. Frau von St. hat über allen Geist hinaus, den sie besitzt, auch noch den Geist und das Herz gehabt Schel-*

Ludwig Tieck.
Lithographie, um 1820

ling sehr lieb zu gewinnen. Sie ist ein Phänomen von Lebenskraft, Egoismus und unaufhörlich geistiger Regsamkeit. Ihr Äußres wird durch ihr Innres verklärt, und bedarf es wohl; es giebt Momente oder Kleidung vielmehr, wo sie wie eine Marketenderin aussieht und man sich doch zugleich denken kann, daß sie die Phädre im höchsten tragischen Sinne darzustellen fähig ist. Die Gesellschaft war hier auf der Durchreise nach Wien.» Die einzelnen Mitglieder ihres ehemaligen Jenaer Kreises, die mittlerweile in alle Winde verstreut waren – nur Tieck ließ sich noch gelegentlich sehen –, kommentierte Caroline aber auch mit einigem Spott. Friedrich Schlegel betreffend, konnte sie da ganz hemmungslos sein. Er und Dorothea ergingen sich weiterhin über sie in sehr üblen Tiefschlägen, und so ist auch Carolines Satz, wenn doch jemand Dorothea totschlagen würde, bevor sie sterbe, damit sie dies im Seelenfrieden tun könne, nicht gar zu schockierend. Schade, meinte sie, dass niemand aus dem ehemaligen Jenaer Kreis mehr etwas dichte; wenigstens erfahre man nichts mehr davon. Einer, der damals eher am Rande gestanden hatte und nicht so recht ernst genommen worden war, nämlich Clemens Brentano, der hatte einen Roman geschrieben, den Caroline jetzt las und der ihr gefiel: «Godwi oder Das steinerne Bild der Mutter», Untertitel: «Ein verwilderter Roman von Maria». In München lebend, fand sie anscheinend auch die Allgegenwart der Muttergottes in einem Roman nicht mehr weiter gewöhnungsbedürftig. Clemens' Schwester Bettina tauchte dann im nächsten Jahr auch bei ihr auf. *«Es ist ein wunderliches kleines Wesen, eine wahre Bettine (aus den venetianischen Epigrammen) an körperlicher Schmieg- und Biegsamkeit, innerlich verständig, aber äußerlich ganz thöricht, anständig und doch über allen Anstand hinaus, alles aber, was sie ist und thut, ist nicht rein natürlich, und doch ist es ihr unmöglich anders zu seyn. Sie leidet an dem Brentanoschen Familienübel: einer zur Natur gewordnen Verschrobenheit, ist mir indessen lieber wie die andern.»*

Dagegen die Tiecks. *«Mit den Tieks ist überhaupt eine närrische Wirthschaft hier eingezogen. Wir wußten wohl von sonst und hatten es nur vor der Hand wieder vergessen, daß unser Freund Tieck nichts ist als ein anmuthiger und würdiger Lump, von dem einer seiner Freunde ein Lied gedichtet, das anfängt:*

Wie ein blinder Passagier
Fahr ich auf des Lebens Posten,
Einer Freundschaft ohne Kosten
Rühmt sich keiner je mit mir.

Aber ich meyne, wir haben hier nach der Hand wieder erfahren, was es mit dieser Familie für eine Bewandniß hat, und wie sehr die Gaunerei mit zu ihrer Poesie und Religion gehört. Sie kamen von Wien her, weiß der Himmel warum und was sie für Anschläge dabei gefaßt haben mochten, leben 8 Wochen lang auf's splendideste im Wirtshaus, beziehen dann ein Privatquartier für 100 fl. monatlich, haben einen Bedienten und sonst noch 3 Domestiquen, einen Hofmeister für die Kinder der Bernhardi usw., zu dem allen aber keinen Heller eignes Geld. Es ist bekannt, daß Tieck nie welches hatte, daß er stets auf Kosten seines Nächsten lebte, jetzt unterhielt ihn seine Schwester *und sie wird vom Baron Knorring unterhalten**, *der aber nicht hier ist, weil er von Wien, theils seiner dortigen Verwandten, theils Schulden wegen, nicht weg kann, indem ihm sein Vater nicht Geld genug zu den außerordentlichen Depensen für die Tieks schickt. Eben deswegen kann er auch nur spärlich Geld schicken und nun ist hier alle Augenblicke die Noth; aber die Erfindung und Unverschämtheit, die Ausgelerntheit, hat ihnen bislang noch durchgeholfen; Savigny hat eine große Summe hergegeben unter andern. Indessen sind sie dabei völlig preisgegeben und es möchten bald alle Quellen verstopft seyn, wenn nicht Knorring bald kommt. Die Lage der Dinge ist stadtkundig, aber ihre noble Fassung dabei unerschütterlich. Der arme Tiek erscheint in seiner doppelten Qualität als Kranker und Armer in seiner ganzen Unfähigkeit sich selbst zu helfen, weichlich, ohnmächtig, aber immer noch aimable – wenn Leute dabei sind.»* Kein gutes Haar ließ Caroline inzwischen an Sophie Bernhardi, und suspekt fand sie auch die religiösen Umtriebe der Tiecks. «*Von Rom aus ergab sich besonders, wie weit es mit diesen Menschen geht, dort haben sie mit der Religion Handel treiben wollen und die Proposition gehörigen Orts gemacht, für eine Pension junger Künstler zum katholisch werden anzuwerben – nur daß der päbstliche Hof auf so etwas nicht mehr entriren mochte.*» Später schrieb Caroline: «*Ich habe nie unfrömmere, in Gottes Hand weniger ergebne Menschen gesehn als diese Gläubigen.*» Und abschließend über die Tiecks: «*Die drei Geschwister, jedes mit großem Talent ausgerüstet, in der Hütte eines Handwerkers geboren und im Sande der Mark Brandenburg, könnten eine schöne Erscheinung seyn, wenn nicht diese Seelen und Leib verderbliche Immoralität in ihnen wäre.*»

Im Februar 1808 starb Carolines Mutter in Kiel, im Hause der Schwester – ein Ereignis, das Caroline völlig zu Boden warf, wie sie selbst mit einem gewissen Erstaunen feststellte. An ihre Schwester Luise schrieb sie: «*Ich fühlte den Fall wie den Riß des letzten nahen und natürlichen Bandes zwischen der mütterlichen Erde und mir, ich gedenke dessen, was ich schon verlohren, und wie ich, ich möchte*

* Das ist Sophies Liebhaber und späterer Ehemann.

sagen, durch jeden Ackord des Schmerzens angeregt worden bin bis zur Zerrüttung und so vielfältigen Tod überleben mußte.» Es war also eine Bestandsaufnahme, ein Anlass zu sehr viel tiefer gehender Trauer. Caroline äußerte auch, nun könne sie in Schellings Gegenwart endlich ihren Schmerz zeigen, was sie beim Tod Augustes nie richtig gekonnt habe, aus der Angst heraus, den geliebten Mann mit hineinzuziehen und seine Schuldgefühle damit zu bestärken. Auch ihre Familie war ja in alle Winde zerstreut, und Carolines Wunsch, wenigstens Luise und ihre Familie dauerhaft um sich zu haben, einschließlich der Mutter, die dann dabei gewesen wäre, hatte sich nicht erfüllt.

Schelling arbeitete gerade an einer Schrift über das Wesen der menschlichen Freiheit. Er war in der Tat glücklich über den weitgehend freischaffenden Status, den er nun hatte und der ihm neben einem festen Gehalt anregenden Austausch im Umfeld der Münchener Akademie der Wissenschaften bot, der ihn aber des alltäglichen akademischen Kleinkriegs enthob. Hegel hatte in seiner Vorrede zu seiner «Phänomenologie des Geistes» gegen ihn polemisiert. Aber Gegner solcher Größenordnung hielt Schelling gut aus. Das waren Auszeichnungen, solche Gegner. Als Schelling 1801 den ersten Entwurf seiner Identitätsphilosophie vorlegte, warf ihm Fichte einen Rückfall in den vorkantischen Dogmatismus vor. In seiner Schrift über Giordano Bruno, den er als einen Vorläufer Spinozas betrachtete, entwickelte Schelling daraufhin seine Lehre vom Absoluten als ursprünglicher Einheit von Geist und Natur. Damit wollte Schelling die cartesische Trennung von *res extensa* und *res cogitans* überwinden, und er wandte sich auch gegen einen mechanistischen Naturbegriff, wie ihn die aufstrebenden Naturwissenschaften entwickelten. Sein Denken trug mittlerweile aber auch stark esoterische Züge. Über Bruno gelangte er zu dem Mystiker Jakob Böhme. Später wird Schelling die Meinung vertreten, die Kunst, die alles Trennende vereinige und die, ebenso wie die intellektuelle Anschauung, imstande sei, das Absolute unmittelbar zu erfassen, in dem sich die Gegensätze von Geist und Natur, Subjekt und Objekt, Idealem und Realem zu einer großen Einheit auflösen, sei der Philosophie in diesem Sinne sogar noch übergeordnet. Wie aber stand es nun um die menschliche Freiheit? Ein heikles Problem – fasst man es philosophisch, nämlich als Frage nach der geistigen und moralischen Freiheit des Menschen, während die rein äußere Freiheit ja meistens als «Freisein von etwas», vor allem von Abhängigkeit, also negativ definiert wird und als solche auch im politischen Sinn einigermaßen eingrenzbar ist. Arthur Schopenhauer, der für seine eigene Untersuchung der menschlichen Willensfreiheit eine maßgebliche Unterscheidung von Schelling übernommen hat, nämlich die Unterscheidung von intelligibler und empirischer Freiheit, von Kant herrührend, aber in einer anderen Akzentuierung, formuliert Jahre später die gleichermaßen schillernde wie provozierende Fragestellung: *«Kannst du auch wollen, was du willst!»* Aber Schopenhauers Willensbegriff ist mit dem Schellings nicht zu vergleichen, und so setzen die beiden Denker dann auch trotz dieser gemeinsamen Grundunterscheidung recht unterschiedliche Akzente in ihren Untersuchungen über die menschliche Freiheit. Während Schopenhauer den Determinismus des empirischen Charakters betont – ausgehend von einem «Willen», der als blind drängende Vitalkraft gedacht wird, die nur sich selber will und ganz sicher nicht im Bunde steht mit der Vernunft – und die Freiheit des intelligiblen Charakters, die eine apriorische Größe ist, gleichsam *vor* dem sich selbst konstituierenden Individuum liegt, nur ziemlich nebensächlich erwähnt, ist es bei Schelling umgekehrt. Schopenhauers Antwort auf die Frage, ob ich denn *wollen* kann, was ich will, lautet: *«Du kannst thun, was du willst: aber du kannst, in jedem gegebenen Augenblick deines Lebens, nur Ein Bestimmtes wollen und schlechterdings nichts Anderes, als dieses eine.»* Die Freiheit liege im Esse, also im Sein, die Notwendigkeit im Operari, also im Handeln. *«Mit Einem Wort: Der Mensch thut allezeit nur was er will, und thut es doch nothwendig. Das liegt aber daran, daß er schon ist, was er will: denn aus dem, was er ist, folgt nothwendig Alles, was er jedesmal thut. Betrachtet man sein Thun objective, also von außen; so erkennt man apodiktisch, daß es, wie das Wirken jedes Naturwesens, dem Kausalitätsgesetze in seiner ganzen Strenge unterworfen seyn muß.»* Da Schelling aber, der im Anschluss an Kant die Freiheit des Menschen ebenfalls von seinem intelligiblen Wesen her definiert, die Rückkopplung an Gott herstellt und die Frage nach Gut und Böse als Wahlmöglichkeit des Menschen mit einfließen lässt, also den Willen traditionell an die Vernunft bindet, erhält der Gegensatz gleich eine andere Wendung – und die traditionelle Priorität. Für Schelling manifestiert sich die Frage nach der moralischen und geistigen Freiheit des Menschen in der Wahlfreiheit zwischen Gut und Böse. Seine intelligible Freiheit ist eine freiwillige Unterwerfung unter den Universalwillen Gottes, während sein Beharren in eigennützigen Motiven, im Eigenwillen, sich vom Universalwillen abwendet. Nach Schellings pantheistischer Gottesvorstellung in dieser Phase seiner Philosophie offenbart sich der liebende Gott, der aber ebenso dem Werden unterworfen ist wie sein endliches Geschöpf, also der Mensch, als Einheit der Gegensätze. In seinem 1804 erschienenen «System der gesamten Philosophie und der Naturphilosophie insbesondere» schrieb er: *«Die Freiheit, welche sich das Individuum als Individuum zuschreibt, ist keine Freiheit, sondern bloße Tendenz, absolut in sich selbst zu sein, die an sich selbst nichtig ist, und welcher die Verwicklung mit der Notwendigkeit als das unmittelbare Verhängnis folgt. – Die meisten denken sich unter Freiheit nichts anderes als Willkür, d.h. ein Vermögen zu tun, was ihnen beliebt; selbst die Tugend ist nur Willkür bei ihnen, und diese Freiheit preisen sie auch als das höchste Gut des Menschen an. Allein daß diese Willkür keine Freiheit sei, dies könnte sie selbst die bloße Erfahrung lehren. Denn diejenigen, die am meisten nach ihrem Gefallen zu handeln glauben, werden gerade am meisten durch Affektionen der Lust, des Hasses, der Leidenschaft überhaupt zum Handeln getrieben. So wie sicher niemand tugendhaft ist, der es nicht vermöge einer göttlichen Notwendigkeit ist, die sich seiner bemächtigt. […] In uns selbst liegt jene Harmonie der Notwendigkeit und der Freiheit – sie liegt nämlich in der Quelle der adäquaten Ideen in dem Ewigen der Seele. Daß das Bewußtsein dieses Punkts den Menschen im Handeln beständig entflieht, ist notwendig, da eben ihr Handeln, ihr Streben nach außen auf der bestimmten Trennung der Freiheit von der Notwendigkeit beruht, weil sie sich einbilden frei zu sein, da doch nur eine ewige und absolute Notwendigkeit in ihnen handelt. Sie werden nicht gewahr, daß der Punkt, nach dem sie am Ende selbst streben, ihre Freiheit nämlich in Har-*

monie mit der Notwendigkeit zu setzen, in ihrem Handeln notwendig vor ihnen flieht, daß er nicht vor, sondern hinter ihnen liegt, und daß sie erst zum Stehen kommen müssen, um ihn zu finden. Das Wesen der Seele ist eines. Es gibt keine Vermögen, die etwa in der Seele ruhten, nicht ein besonderes Erkenntnis- und ein besonderes Willensvermögen, wie die falsche psychologische Abstraktion dichtet, sondern es ist nur Ein Wesen, nur ein An-sich der Seele, in welchem alles ein und dasselbe ist, was die Abstraktion trennt; und nur, was aus diesem An-sich der Seele quillt, es sei nun im Wissen oder im Handeln, ist absolut, ist wahr, ist zugleich frei und notwendig. Der menschlichen Seele Freiheit zuzuschreiben, wurde man vorzüglich dadurch verleitet, daß man ihr erst einen besonderen Willen als ein eignes Vermögen zuschrieb, welches ein bloßes Produkt der Imagination ist. In der Seele als solcher finden wir wahrhaft nichts als einzelne Akte des Wollens; aber außer diesen einzelnen Akten des Wollens gibt es so wenig noch einen besondern Willen, als es etwa außer den einzelnen ausgedehnten Dingen noch eine besondere Körperlichkeit gibt. Die einzelnen Akte des Wollens sind aber in der Seele als Seele jederzeit notwendig bestimmt, und also nicht frei, nicht absolut.»* Bei Schopenhauer klingt das später sehr ähnlich. Beide, Schelling und Schopenhauer, weisen im Übrigen eine normative Ethik zurück.

Ohnehin ist die Frage nach der philosophischen Freiheit ja ein Paradoxon – sofern man davon ausgeht, dass der Kausalnexus Wirksamkeit hat, also die gegenständliche Welt nach Ursachen und Wirkungen funktioniert. Und zum Thema der pantheistischen Gottesvorstellung kommentiert Schopenhauer: «*Pantheismus ist die vornehme Form des Atheismus.*» Also doch wieder der Mensch *ohne* Gott. Das macht seine Freiheit viel schwieriger und unerträglicher.

Im Leben der Caroline Michaelis-Böhmer-Schlegel-Schelling hatte die Freiheit ein durchaus janusköpfiges Antlitz, was aber dieser Frau, die von einem inneren Dämon geleitet wurde, eine gelungene Integrationsleistung abforderte – ein Ergebnis, das in sich schlüssig und überzeugend ist, aber mit dem ursprünglichen Gedanken von persönlicher

* Hervorhebung der Autorin.

Freiheit vielleicht nicht mehr viel zu tun hat. Nach der Freiheit der Mainzer Tage kam der Absturz und dann die Vernunftheirat – und der Rest ist Geschichte. Vielleicht sehen wir am Beispiel von Caroline aber die Freiheit als Kunst, sich selbst treu zu bleiben. Freiheit in Harmonie mit der Notwendigkeit. Freiheit ist kein Absolutum, so wenig wie in Schellings Philosophie.

Caroline Schelling starb am 7. September 1809 mit 46 Jahren im evangelischen Stift von Maulbronn, einem säkularisierten Kloster, wo Schellings Eltern inzwischen lebten, an der Ruhr, die in der Umgebung grassierte. Schelling schrieb: *«Die großen Schmerzen, die mit dieser Krankheit verbunden sind, hat sie fast nur Einen Tag und mit der edelsten Standhaftigkeit und wahrer Geistesgröße getragen. Ihre letzten Tage waren ruhig; sie hatte kein Gefühl von der Gewalt der Krankheit noch der Annäherung des Todes. Sie ist gestorben, wie sie sich immer gewünscht hatte. Am letzten Abend fühlte sie sich leicht und froh; die ganze Schönheit ihrer liebevollen Seele that sich noch einmal auf; die immer schönen Töne ihrer Sprache wurden zur Musik; der Geist schien gleichsam schon frei von dem Körper und schwebte nur noch über der Hülle, die er bald ganz verlassen sollte. Sie entschlief am Morgen des 7. September, sanft und fast ohne Kampf: auch im Tode verließ sie die Anmut nicht; als sie todt war, lag sie mit der lieblichsten Wendung des Hauptes, mit dem Ausdrucke der Heiterkeit und des herrlichsten Friedens auf dem Gesicht.»* Auguste war neun Jahre zuvor an derselben Krankheit gestorben. Schelling sagt: *«jetzt ebenfalls auf der Reise unterliegt ihr das theure Leben der Mutter.»* Aber er sagt auch: *«Ihr ist jetzt wohl; der größte Theil ihres Herzens war schon längst jenseits dieses Lebens.»*

Schelling geriet nach Carolines Tod in seine zweite große Lebenskrise und heiratete später Pauline Gotter, die Tochter von Carolines lebenslanger Freundin Luise.

In einem denkwürdigen Satz hatte Caroline ihm von Braunschweig aus, als sie so haderte mit dem *«Verbrechen»* ihrer Liebe zu Schelling, weniger in Angst um sich selbst, als darum, Schelling durch ihre Verweigerung in Verzweiflung zu stürzen, auch noch in schrecklichem Kampf, diese Trauer um ihre Tochter überhaupt zu bewältigen, höchst philosophisch und esoterisch, spinozistisch und mystisch und identitätsphilosophisch mitgeteilt: «*Ich muß doch auch probiren, ob ich nicht aus Tod ╳ Wonne / Schmerz ╳ Liebe Leben und Frieden herausbringen kann. Woher mir die Ursätze kommen, darum wirst Du mich wohl nicht so scharf befragen.*»

Literaturverzeichnis

WERKE

Bonaventura: Nachtwachen, hrsg. v. Wolfgang Paulsen, Stuttgart 1990
Nachtwachen von Bonaventura. Bibliophile Ausgabe hrsg. v. Steffen Dietzsch mit Radierungen von Michael Diller, Frankfurt a. M. 1991
Burke, Edmund: Betrachtungen über die Französische Revolution, übersetzt v. Friedrich Gentz, Warendorf 2005
Forster, Georg: Werke in vier Bänden, hrsg. v. Gerhard Steiner, Frankfurt a. M. 1967–1970
Goethe, Johann Wolfgang: Sämtliche Werke, Briefe, Tagebücher und Gespräche, 40 Bände, Frankfurt a. M., 1985–1999
Huber, Therese: Romane und Erzählungen, Hildesheim 1989
Kant, Immanuel: Werke in zehn Bänden, hrsg. v. Wilhelm Weischedel, Darmstadt 1983
Kant, Immanuel: Die Religion innerhalb der Grenzen der bloßen Vernunft, hrsg. v. Rudolf Malter, Stuttgart 1974
Novalis: Werke, hrsg. v. Gerhard Schulz, München [5]2013
Schiller, Friedrich: Werke, Nationalausgabe, Weimar 1962
Schelling, Friedrich Wilhelm Joseph von: Werke, hrsg. v. Manfred Schröter, München 1962–1979
Schlegel, Friedrich: Kritische Ausgabe, hrsg. v. Ernst Behler u. a., Darmstadt 1958 ff.
Schlegel, Friedrich: Lucinde, Frankfurt a. M. 1985
Schleiermacher, Friedrich: Über die Religion. Reden an die Gebildeten unter ihren Verächtern, Hamburg 1970
Schopenhauer, Arthur: Werke in fünf Bänden nach den Ausgaben letzter Hand, hrsg. v. Ludger Lütkehaus, Frankfurt a. M. 2006
Tieck, Ludwig: Der blonde Eckbert/Der Runenberg, Stuttgart 2002
Tieck, Ludwig: Der gestiefelte Kater, Stuttgart 2001
Tieck, Ludwig: Werke in vier Bänden, hrsg. v. Marianne Thalmann, München 1963–1966
Wackenroder, Wilhelm Heinrich/ Tieck, Ludwig: Herzensergießungen eines kunstliebenden Klosterbruders, Stuttgart 1997
Walpole, Horace: Die Burg von Otranto. Eine gotische Geschichte. Zeitgenössische Übertragung von Friedrich Ludwig Wilhelm Meyer (1794), Zürich 2000

Walpole, Horace: Über die englische Gartenkunst, übersetzt von A. W. Schlegel, Heidelberg 1994

BRIEFAUSGABEN

Caroline. Briefe aus der Frühromantik, hrsg. v. Erich Schmidt nach Georg Waitz, Bern 1970 [Übersetzung der französischen Briefpassagen: Sabine Appel]

Therese Huber. Briefe, hrsg. v. Magdalene Heuser/Petra Wulbusch, Berlin/Tübingen 1999–2005

Briefe von und an Friedrich und Dorothea Schlegel, in: Friedrich Schlegel: Kritische Ausgabe, hrsg. v. Raymond Immerwahr, Bände 23 und 24, 3. Abtl., Darmstadt 1985

QUELLEN UND HILFSMITTEL

Athenaeum, hrsg. v. A. W. Schlegel und F. Schlegel, Berlin 1798–1800, Nachdruck: 3 Bände, Darmstadt 1983

Die Mainzer Republik. Der Rheinisch-deutsche Nationalkonvent, hrsg. vom Landtag Rheinland-Pfalz, Mainz 1993

Frank, Erich: Rezensionen über schöne Literatur von Schelling und Caroline in der Neuen Jenaischen Literatur-Zeitung, in: Sitzungsberichte der Heidelberger Akademie der Wissenschaften 1912, 1. Abtlg., Heidelberg 1912

Göttinger Jahrbuch 1952 ff.

Michaelis, Johann David: Lebensbeschreibung, Rinteln/Leipzig 1793

Romantik-Handbuch, hrsg. v. Helmut Schanze, Stuttgart 1994

SEKUNDÄRLITERATUR

Anonymus: Die Narrenkappe des Autors. Vor 200 Jahren erschien der pseudonyme Roman: «Nachtwachen von Bonaventura», Neue Zürcher Zeitung 21. 5. 2005

Becker-Cantarino, Barbara: Schriftstellerinnen der Romantik, Epoche – Werk – Wirkung, München 2000

Becker-Cantarino, Barbara (Hrsg.): Die Frau von der Reformation zur Romantik. Die Situation der Frau vor dem Hintergrund der Literatur- und Sozialgeschichte, Bonn 1980

Behler, Ernst: Friedrich Schlegel in Selbstzeugnissen und Bilddokumenten, Reinbek bei Hamburg [7]2004

Bennent, Heidemarie: Galanterie und Verachtung. Eine philosophiegeschichtliche Untersuchung zur Stellung der Frau in Gesellschaft und Kultur, Frankfurt a. M. 1985

Bockenheimer, Karl Georg: Wedekind, Georg Christian, in: Allgemeine Deutsche Biographie 41 (1896), S. 396–398

Grimm, Reinhold/Hermand, Jost: Die Klassik-Legende, Frankfurt a. M. 1971

Haase, Carl: Caroline Michaelis und Georg Ernst Tatter, in: Göttinger Jahrbuch 29 (1981), S. 203–224

Hattenhauer, Christian: Das Heilige Reich krönt seinen letzten Kaiser. Das Tagebuch des Reichsquartiermeisters Hieronymus Gottfried von Müller und Anlagen, Frankfurt a. M. 1995

Harpprecht, Klaus: Georg Forster oder Die Liebe zur Welt. Eine Biographie, Reinbek bei Hamburg 1990

Hoffmeister, Gerhart: Goethe und die europäische Romantik, München 1984

Hoock-Demarle, Marie-Claire: Die Frauen der Goethezeit, München 1990

Horn, Gisela: Romantische Frauen. Caroline Michaelis-Böhmer-Schlegel-Schelling, Dorothea Mendelssohn-Veit-Schlegel, Sophie Schubart-Mereau-Brentano, Rudolstadt 1996

Kirchhoff, Jochen: Schelling, Reinbek bei Hamburg ^{4}2000

Kleßmann, Eckart: Caroline. Das Leben der Caroline Michaelis-Böhmer-Schlegel-Schelling, München 1975

Kleßmann, Eckart: Universitätsmamsellen. Fünf aufgeklärte Frauen zwischen Rokoko, Revolution und Romantik, Frankfurt a. M. 2008

Koopmann, Helmut: Freiheitssonne und Revolutionsgewitter. Reflexe der Französischen Revolution im literarischen Deutschland zwischen 1789 und 1840, Tübingen 1989

Lehne, Friedrich: Mainz im Zeitalter der Aufklärung und der Revolution, in: Claus Träger (Hrsg.): Mainz zwischen Rot und Schwarz. Die Mainzer Revolution 1792–1793 in Schriften, Reden und Briefen, Berlin 1963 (DDR), S. 51–54

Noack, Paul: Olympe de Gouges, München 1992

Pikulik, Lothar: Frühromantik. Epoche – Werke – Wirkung, München ^{2}2000

Pikulik, Lothar: Leistungsethik contra Gefühlskult. Über das Verhältnis von Bürgerlichkeit und Empfindsamkeit in Deutschland, Göttingen 1984

Prandi, Julie D.: Spirited Women Heroes. Major Female Characters in the Dramas of Goethe, Schiller and Kleist, Frankfurt a. M./ New York 1983

Roßbeck, Brigitte: Zum Trotz glücklich. Caroline Schlegel-Schelling und die romantische Lebenskunst, München 2008

Schirmer, Ruth: August Wilhelm Schlegel und seine Zeit, Bonn 1986

Schweigard, Jörg: Aufklärung und Revolutionsbegeisterung. Politik im Hörsaal: Die Haltung der Professoren, in: www.epoche-napoleon.net, 2012

Schwering, Markus: Politische Romantik. Die Romantiker und die Politik, in: Romantik-Handbuch, hrsg. v. Helmut Schanze, Stuttgart 1994, S. 473–505

Steiner, Gerhard: Georg Forster, Stuttgart 1977

Stephan, Inge: Inszenierte Weiblichkeit. Codierung der Geschlechter in der Literatur des 18. Jahrhunderts, Köln/ Weimar 2004

Storz, Gerhard: Klassik und Romantik. Eine stilgeschichtliche Darstellung, Mannheim 1972

Stummann-Bowert, Ruth: «Besser muß es also mit den Männern werden und mit uns.» Therese Huber verh. Forster geb. Heyne (1764–1829), Schriftstellerin und Redakteurin, in: Göttinger Jahrbuch 43 (1995), S. 91–112

Schulz, Gerhard: Novalis, München 2011

Stern, Carola: «Ich möchte mir Flügel wünschen.» Das Leben der Dorothea Schlegel, Reinbek bei Hamburg [13]2006

Träger, Claus (Hrsg.): Mainz zwischen Rot und Schwarz. Die Mainzer Revolution 1792–1793 in Schriften, Reden und Briefen, Berlin 1963 (DDR)

Uerlings, Herbert (Hrsg.): Theorie der Romantik, Stuttgart 2009

Vierhaus, Rudolf: Göttingen und die Französische Revolution, in: Göttinger Jahrbuch 37 (1989), S. 145–156

Abbildungen

Bildnisse Göttinger Professoren aus zwei Jahrhunderten. 1737–1937, Göttingen 1937 (Sammlung Voit): S. 10
Archiv C.H.Beck: S. 17, 25, 121
Eckart Kleßmann: «Ich war kühn, aber nicht frevelhaft». Das Leben der Caroline Schlegel-Schelling, Bergisch Gladbach 1992: S. 45
Privatbesitz. Foto: © Wolfgang Kunz: S. 60, 217
akg-images: S. 98, 132, 169, 225, 238, 266 (Erich Lessing)
Oliver Kemmann und Hermann Kurzke: Untergang einer Reichshauptstadt. Johann Wolfgang von Goethe. Belagerung von Mainz, Frankfurt 2007: S. 111, 116
Klaus Günzel: Romantikerschicksale. Eine Porträtgalerie, Berlin [2]1991: S. 124
ullstein bild: S. 133
Novalis: Schriften. Hrsg. v. Ludwig Tieck und Eduard von Bülow. Dritter Theil. Mit Novalis Bildniß, Berlin 1846: S. 161
Friedrich Schlegel: Lucinde, Berlin 1799: S. 164
«Nachtwachen von Bonaventura», Penig 1804: S. 180
Hulton Archive / Getty Images: S. 267

Personenregister